LE LAMA BLEU

*Né en 1927 à Bois-Colombes (Hauts-de-Seine), près de Paris,
Jacques Lanzmann commence une carrière de peintre (groupe de
l'Ecole de Paris) qu'il abandonne pour voyager autour du monde.
Il gagnera sa vie comme ouvrier dans une mine de cuivre au
Chili, joueur professionnel, contrebandier, homme de ménage,
camionneur, peintre en bâtiment, et rapportera de ses expédi-
tions des romans-reportages pleins de verve et de couleur.*

*Principaux livres : La Glace est rompue (1954), Le Rat d'Amé-
rique (1956), Cuir de Russie (1957), Les Passagers du Sidi-Brahim
(1958), Un Tyran sur le sable (1959), Viva Castro (1959), Qui vive !
(1965), Le Têtard (1976), Les Transsibériennes (1978), Rue des
Mamours (1981), La Baleine blanche (1982).*

Critique dramatique aux Lettres françaises *de 1955 à 1958, fon-
dateur avec Daniel Filipacchi du magazine* Lui *(1963-1969) et
d'Edition spéciale avec Jean-Claude Lattès (1968-1973), il a écrit
divers scénarios pour le cinéma et la plupart des chansons de
Jacques Dutronc.*

Naître sous le nom de Cristobal, au cœur de la cordillère des
Andes, d'une Indienne quechuas et d'un juif pied-noir en cavale,
au sein d'une communauté qui, croit-on, pratiquait la religion
juive, et qu'un grand théologien a identifiée comme étant l'une
des dix Tribus perdues d'Israël, c'est peu commun. Etre sur-
nommé le *Lama bleu*, puis être vendu à un couple de Français
qui, à Paris, vous rebaptise David, est encore plus inhabituel.
Mais lorsque, à treize ans, on se retrouve avec sa sœur cadette,
échoué dans un petit village péruvien, on finit par se croire promis à un destin exceptionnel.

C'est ainsi que Cristobal-David-le lama bleu et sa sœur seront
amenés à conduire un groupe de péones de la Cordillère vers
Israël, la Terre Promise.

Commence alors une aventure où Jacques Lanzmann réunit,
avec humour, l'épopée de deux grands peuples de l'histoire, les
Juifs et les Incas. Mêlant la tendresse et la sensualité, la drôlerie
et la gravité, il signe, avec le *Lama bleu*, son roman le plus beau
le plus profond, le plus ému

JACQUES LANZMANN

Le Lama bleu

ROMAN

JEAN-CLAUDE LATTÈS

Au conquistador Aaron Lévi,
dit Luis de Montezinos.

Au théologien Manassé Ben Israël.

A l'ethnologue Jean-Patrick
Razon, sans lequel Maurice
Ben Israël n'aurait su trouver
le chemin de Huacarama.

Au « talmudeur » Charles
Mopsik, qui m'a aidé à para-
chuter le Messie en cordillère
des Andes.

A mon fils David.

*On pourrait croire à juste raison que l'Histoire
ne s'écrit pas, car elle se fait. Cela ne devrait pas
nous empêcher de penser, et d'aussi juste raison,
que l'Histoire, maintes fois, s'est inspirée de l'Ecrit.*

Ce livre a été écrit
à Cuzco
à Yanaoca
et à La Celle-Saint-Cloud.

CHAPITRE PREMIER

Il a trente-deux ans. Il s'appelle Nemessio et habite
le village de Huacarama. A Huacarama il est né, à
Huacarama il devrait mourir, mais entre cette naissance qu'il n'a pas voulue et cette mort qu'il ne
souhaite pas il s'écoulera un temps très long qui a
pour nom la vie. Il a une femme et deux enfants. Un
père sous la terre et une mère encore au-dessus mais
qui traîne la maladie de solitude derrière elle comme
le lama traîne sa gale dans les oreilles. La gale et la
solitude, ce sont les deux fléaux de Huacarama.
L'une et l'autre n'empêchent pas, cependant, la nuit
de succéder au jour, pas plus qu'elles n'interdisent
aux lamas de brouter l'ichu, cette herbe de l'altiplano élancée, drue, et à l'homme de ruminer toutes
les choses de l'existence qu'il ne parviendra jamais à
comprendre. Son existence ici à Huacarama, et partout alentour, est à la fois flottante et ancrée. Elle est
comme la barque que l'on voit parfois amarrée dans
les criques des rios. Elle tourne sur elle-même malgré les courants et les remous jusqu'au moment où
les dieux ont décidé que le corps et l'âme de
l'homme sont aussi pourris que la barque. C'est
alors que survient l'anéantissement. Cela commence
par des petits trous qui s'agrandissent, par des planches ou des os qui craquent, éclatent, laissant chez
l'une s'engouffrer l'eau, chez l'autre entrer le vent

mauvais qui éteindra plus ou moins doucement la flamme.

N'allez surtout pas croire que cette flamme est haute et vive ou qu'elle éclaire superbement la vie. Non, pas du tout. La flamme, à Huacarama, c'est plutôt une veilleuse, une petite lumière à peine perceptible mais qui subsiste comme les lucioles depuis et bien avant l'Inca. Du temps d'Atahualpa et même de Manco Capac, la flamme montait librement d'un feu, jaillissait d'un brasier, tandis qu'aujourd'hui, faute de bois et de soleil, elle couve sous la cendre et le crachat. Son ruban rouge est invisible.

Huacarama, c'est un village perdu habité par des hommes perdus qui attendent depuis des siècles et des siècles l'arrivée d'un messager divin. Tout le village, tous les hommes de la région en sont là. Ils sont et rien de plus. Le plus, c'est pour plus tard, pour demain, mais personne bien entendu ne se pose la question de savoir si demain sera différent d'hier parce que, ici, dans les Andes, sur les hauteurs, à quatre mille mètres et davantage, tout est uniforme et semble plat. Le véritable abîme, c'est qu'il n'y en a pas et que l'on est voué à se regarder à l'horizontale au lieu de pouvoir, comme ailleurs, s'apercevoir d'en bas ou d'en haut.

Nemessio vit donc de l'autre côté des montagnes, à l'autre bout du monde, et encore faudrait-il être certain que les Andes fassent toujours partie du monde. Du monde il ne connaît rien. Il ne sait rien. Il ne voit rien. Personne à Huacarama ne possède de radio, ne reçoit les journaux. Aucun signal, aucune ouverture si ce n'est, tous les quinze jours, frère Francisco qui montait de Yanaoca dire sa messe dans l'église que d'autres hommes ont construite. Peu d'entre eux ont été jusqu'à Yanaoca où passe la route qui va de Cuzco à Puno. Rares sont ceux qui se sont risqués vers Combapata où passe le chemin de fer. A quoi bon en effet aller là-bas les mains pleines pour en revenir les mains à moitié vides. Seuls ceux qui sont chargés du troc ou de quelques achats font le voyage à la ville, deux jours de marche, pour échouer sur un marché où ils ne rencontrent que des gens semblables à eux-mêmes et des commerçants qui les roulent de corps et d'esprit sous prétexte qu'il n'y a pas très longtemps la terre leur appartenait. Il y a eu la réforme agraire mais pas celle des mentalités. Les mentalités sont restées ce qu'elles étaient. D'un côté il y a les forts, de l'autre les faibles, et ça n'est pas parce que Nemessio et les siens possèdent un carré d'orge ou de pommes de terre que les autres ont moins d'argent ou moins d'arrogance. Au contraire, les anciens propriétaires qui les saignaient à blanc les saignent à présent à blanc et à noir. Etre saigné à blanc et à noir, en langage quechua, c'est être vidé de sa sueur et de son espoir. C'est être d'un côté tiré par les pieds, de l'autre par les cheveux, une manière de laisser le corps se débattre tout en le retenant prisonnier. Si certains, quatre ou cinq fois l'an, font le voyage à la ville pour en rapporter des bougies, des plantes médicinales et les feuilles de coca grâce auxquelles Guispe le sorcier, qui est aussi hampeq, guérisseur, et watoq, devin, peut prédire l'avenir et suivre l'évolution d'une maladie, les autres n'ont ni la curiosité, ni le temps, ni la volonté de s'y rendre. Il faut travailler dur à la chacra, au champ, huit ou dix heures par jour sans compter celles où l'on travaille de la tête, celles où on prend des cuites mémorables, histoire, justement, de se noyer la mémoire dans l'alcool. Celles où l'on apprend aux enfants à devenir ce que les adultes sont : des sales poivrots d'Indiens, des pauvres types tiraillés entre les cultures du sol et les cultures du ciel.

A force d'avoir enterré les enseignements des

ancêtres, d'avoir lâché l'Inca pour le Christ, les vierges du Soleil pour la Sainte Vierge, les Apachetas pour les églises, le Machu-Picchu pour le Vatican, ils sont devenus les bâtards, les croque-morts de leur propre civilisation. D'elle, il reste heureusement en eux quelques traces indélébiles, quelques rites magiques, quelques pratiques barbarisantes qui resurgissent tantôt pour être aussitôt canalisées par Guispe qui est également altomesayoq, investi du grand prestige, et qui se réclame à juste titre – n'a-t-il pas été plusieurs fois foudroyé – des pouvoirs reçus directement du ciel. Du pouvoir, Guispe en use et en abuse. Il est à la fois le maître d'école, le maître des magies, le maître à penser et le maître du village. C'est lui qui est en relation avec l'alcade de Yanaoca, avec les autorités de Combapata, avec les Apus et les Auquis, les esprits des ancêtres, les grands Wamanis des montagnes. Il converse, à tout va, avec la Pacha-Mama, déesse de la terre. C'est vers elle qu'il se tourne lorsqu'il s'agit de faire rentrer au village une âme égarée ou volée. Guispe qui est venu au monde les pieds en avant sait également se défaire du duende, cet esprit malin qui tournoie autour de la victime envoûtée. Il connaît les chemins tortueux, qui mènent à la porte éternelle et parvient même à l'entrouvrir pour y laisser passer une âme en perte de corps. Il est capable de soulever les montagnes pour y débusquer les démons, Supay ou Wati, qui s'y planquent. Il peut diagnostiquer la nature d'une maladie en fouillant les boyaux des cochons d'Inde ou en étudiant la forme des grains de maïs. Guispe sait tout sur tout et sait tout faire : la pluie comme le beau temps. Mais cela n'empêche pas les gens du village d'être toujours aussi seuls et aussi implacablement perdus dans un coin de la Cordillère où nul, nunca, ne vient, et d'où nul, nunca, ne part. Mais que viendrait-on faire à Huacarama ? Y chercher, y voir qui, quoi ? Huacarama est un enfer de banalité. Il faut donc croire que les pouvoirs de Guispe sont limités à la seule misère, à la seule illusion locale. D'ailleurs Guispe lui-même ne s'y trompe pas. Il n'y a qu'à le voir à la nuit tombée se soûler la gueule à l'aguardiente pour finir à quatre pattes au petit matin froid dans la seule et unique pièce de sa baraque de torchis. Il a beau dire et faire croire qu'il se soûle ainsi pour chasser les démons, les noyer dans l'alcool et les conserver en lui, à l'état de fœtus comme dans un bocal, Nemessio ne s'y trompe pas. Nemessio sait bien que Guispe le sorcier n'en reste pas moins un homme et qu'il est, de ce fait, atteint, comme eux, du mal de vivre.

Nemessio a trente-deux ans, mais il en paraît cinquante. C'est déjà un machu-runa, un vieil homme. Il ne lui reste que six dents : deux molaires se chevauchant tant bien que mal, trois canines de vieux chien jaunes et une incisive perdue dans le brouillard épais de la bouche. Cela suffit tout juste à mastiquer les feuilles de coca. Quant à la viande, les rares fois où on en mange, c'est Cipriana, sa femme, qui la lui mâche. Cette viande qui passe d'une bouche à l'autre, cette salive qu'on se refile avec appétit, avec violence, lorsque le mouton ou le cochon d'Inde a fait longtemps défaut, c'est tout ce qu'il reste de leur rapport amoureux. Cela fait trois ans, depuis la naissance de leur dernier-né, que Nemessio n'a pas monté sa femme. Ils sont tous deux ridés, creusés, minés, à croire que la lassitude les a sapés par en dessous. Le chagrin, la peine ont fait leur travail souterrain. Muchas penas, demasiado malo. On n'a plus envie de se rentrer dedans. Plus envie de se remplir. Le sexe est comme les dents, il a perdu sa vigueur, son incisivité. Il branle dans la braguette comme la canine sur son pivot. Il faudrait des miracles pour le réveiller. Quant au vagin de Cipriana, malgré les philtres d'amour préparés par Guispe et toutes les drogues absorbées, soit directement, soit par la bouche, il est resté froid et fendu en son milieu comme une pierre gelée. Ni sang ni sécrétions. Il est sec, gercé, tari.

Et pourtant il arrive que Nemessio soit pris d'un désir soudain. Peut-être est-ce dû à l'aji, le piment étalé sur les galettes ou les patates. Peut-être est-ce dû aux onguents, au climat, à un rêve, à l'influence de la Mama-Killa, cette pleine lune qui fluxe et refluxe sang et sève. Lorsque Nemessio ressent ces moments de printemps, quand le sexe se distend et gonfle comme prêt à s'envoler du buchis, le pantalon en bayeta, ça n'est point vers sa femme qu'il se dirige, mais il va au plus vite jusqu'à la puna où paissent ses lamas.

Il a sa bête préférée : une femelle de six ans qui crache juste ce qu'il faut, histoire de se faire prier. Après avoir bien craché et s'être débattue, après avoir reçu bon nombre de coups du zuriago de boyaux tressés, la femelle vaincue s'agenouille. Pénétrée brutalement, elle s'apaisera durant la fornication. C'est chaud et gras. Profond et voluptueux. Accroché à la laine de ses flancs, Nemessio s'y vide, s'y égoutte. La bête tressaille. On dirait qu'elle y prend goût, qu'elle en redemande encore, si bien que le sexe de l'homme, logé au fond des entrailles, se remet en joie et qu'il boute à tout va une nouvelle fois la lama agenouillée au milieu du troupeau ébahi. A Huacarama, les lamas s'amusent comme ils le peuvent. Faute de regarder passer des trains, ils regardent le maître passer son envie sur la bête. S'arrêtant de brouter, l'espace d'un désir humain, ils lèvent leurs visages pathétiques de chameaux lunaires et fixent de leurs yeux pochés cette scène à peine plus extravagante que l'entrée d'une locomotive en gare de Combapata. Bien que réprouvée par Guispe, comme par tous les sorciers et curés des environs, cette pratique est aussi courante que salutaire. Elle donne à l'animal ses lettres de noblesse, à l'homme son passeport de bestialité. Il ne faut y voir ni vice ni vertu. Rien qu'une habitude de facilité, derrière laquelle, sans doute, se profile inconsciemment un vieux rite anthropophagique, car, s'il n'est pas coutume de manger sa femme après l'avoir honorée, il est courant d'abattre la lama porteuse de son propre sperme et d'inviter à la « noce » de chair les amis qui méritent de profiter de toute cette énergie transmise depuis des années par l'homme à sa bête préférée.

Lorsque Nemessio, satisfait, eut rangé son sexe derrière la braguette épaisse du pantalon tissé de la même laine que celle empoignée à pleines mains, il aperçut l'incroyable : un homme venu on ne sait d'où se tenait sur la ligne des crêtes. Il était à deux cents mètres au plus de l'Indien, qu'il avait peut-être surpris en plein péché. Il fit un geste de la main, un mouvement ample et englobant qui évoquait le prêche, puis il descendit lentement, avec peine et épuisement.

Un homme ici, en ce mois, en cette année, en ce siècle, en cette ère, dans cette froideur, ce crépuscule, ce bout du monde ! Nemessio n'en croyait pas ses yeux.

Ceux de l'inconnu étaient bleus. Aussi bleus que sa peau était blanche. Il était drapé dans un poncho déchiré, délavé aux saisons pluvieuses et dont les extrémités nouées en balluchon, à en juger par le volume, ne contenaient pas grand-chose d'autre qu'un peu de chuño et de viande séchée. L'homme était grand et droit. Elancé et aussi redoutable qu'une patte de condor. Il avait des serres dans le regard, une façon de vous attraper avec l'œil et de ne plus lâcher sa proie. Condor et chat, rapace et félin : la comparaison s'imposa à Nemessio.

Parvenu à la hauteur du campesino, l'étranger demanda où il se trouvait. Il montrait du doigt en contrebas le village ramassé sur lui-même avec sa trentaine de petites maisonnettes construites, semblait-il, pour y abriter quelques nains égarés souffrant, qui sait, tout ensemble du soroche, le mal d'altitude, et du susto, cette déprime typiquement andine qui rompt le cœur et coupe les jambes, permettant ainsi à l'âme de s'échapper plus facilement.

Combien de pueblos semblables l'étranger avait-il traversés dans son errance ! Mais l'étranger était-il un errant égaré ou bien venait-il à dessein en ce village ? Etait-il négociant, prédicateur, charlatan ? Etait-il le messager des dieux ou du diable ?

Nemessio calculait. Cela faisait huit mois et demi que l'alcade de Yanaoca n'avait envoyé un récolteur d'impôts. Plus d'un an que la police de Combapata n'était montée. Quant à ce genre d'homme, aux yeux si bleus, à la peau si blanche, à la barbe si noire, il n'en était jamais venu par ici, ou alors il fallait faire appel à la mémoire historique, aux narrations des anciens qui eux-mêmes le tenaient de leurs ancêtres ou de quelques livres, pour remonter aux temps lointains de la conquête espagnole. Cet homme bleu-blanc-noir était-il un Pizarre ou un Bolivar ? Un dominateur ou un libérateur ? Etait-il le tombeur d'Atahualpa, le bourreau de Tupac Amaru dont le village natal n'est qu'à trois heures de marche de Huacarama ? Est-il de la trempe des San Martin ou des Santa Cruz ? Fait-il le jeu des jésuites ou milite-t-il au mouvement de la Izquierda Revolucionaria ? Serait-ce un rebelle des cimes, un maquisard des sentiers de lumière ? Est-il natif de la lointaine Cuzco, capitale de l'ordre cosmique, nombril du monde, ou bien nous vient-il de derrière l'horizon des mers, de cet Est turbulent dont le vent apporte encore de temps à autre une odeur de poudre ?

Il s'appelle Maurice Ben Israël. Il a trente-deux ans, le même âge que Nemessio. Il ne dira pas tout de suite d'où il s'est échappé ni pourquoi il est venu jusqu'à Huacarama. Il est épuisé. Pas fatigué comme après une longue marche, un effort soutenu. Pas las et sans flamme comme le sont les habitants de Huacarama, mais plutôt vraiment vidé de ses muscles et de son sang comme si on l'avait dragué de l'intérieur durant des mois et des mois avec une épuisette, ramenant de ses profondeurs toutes ses forces vives pour ne laisser que de la crevure, la vermine et les bactéries. Il croit avoir le cancer, la leucémie, mais n'en est pas certain. Il a quelque chose de grave, c'est sûr. Quelque chose qui le pique et le cloue. Qui lui martèle la tête sans rémission aucune. Ce qu'il sait, c'est qu'il en a bavé du côté d'Ayacucho, là-bas, à six cents kilomètres à vol de condor sur l'antique terre des Chancas, fils de pumas et de tigres, qui ne sont plus aujourd'hui que des fils de pouilleux, des fils de putes. Au règne du grand Pachacütec a succédé le règne des voyous, des truands, des banditos. Les morochucos, ces chevaux de légende, ne sont plus que des ânes plus ou moins bâtés, que des bourricots bêtement têtus. Et, si la ville est toujours dominée par le Nevado de Rashuhuilca, elle est également sous la coupe réglée de la corruption.

Ainsi pensait d'Ayacucho Maurice Ben Israël. Il avait ses raisons et ses convictions. Il en avait gardé des marques indélébiles dans sa chair et des souvenirs ineffaçables dans sa tête. Mais Maurice Ben Israël, cet homme de nulle part, au nom prophétique et au prénom de Belleville, allait taire son épopée andine. Ça n'était ni son intérêt, ni sa préoccupation de raconter sa vie, car s'il est, pour l'heure, en cavale, il est aussi habité par bien plus grave, par bien plus haut que ces misérables souffrances corporelles et morales que tout prisonnier endure, fût-il de roc ou de guimauve.

Ils sont tous assis autour de lui. Les hommes de Huacarama mais aussi les femmes. Elles sont là, quelques silencieuses fileuses de quenouille. Rien apparemment ne se passe sous le feutre ocre de leurs chapeaux ronds. Rien non plus sous les jupes et les jupons qui les encombrent; crinolines de dérision, elles leur confèrent pourtant une grâce unique. Ces femmes ont le physique de leur pays et lorsque, frileuses, elles posent sur leurs épaules pointues l'ample manta traditionnelle, elles apparaissent alors nobles et légères. Les voici tour à tour mamacunas mûres et fillettes studieuses, comme jadis leurs semblables qui filaient le même alpaca et des amours autrement plus grisantes dans la maison des femmes; harem et couvent où les Vierges du Soleil réservées à l'Inca apprenaient en trompe-l'œil la science des caresses.

Ils sont tous là assis à l'indienne sous le préau de l'école, seul bâtiment à mesure humaine. Ils écoutent parler l'étranger de l'Est dont ils comprennent difficilement l'espagnol. Ils sont à égalité d'alphabet : l'étranger ne connaît pas le quechua, rares sont les Quechuas qui connaissent le castellano. Mais l'étranger ne parle pas pour ne rien dire. Il dit, et on suit sur ses lèvres le long, le très long chemin qu'il a parcouru pour venir jusqu'ici.

A l'écart de la communauté dont il a la charge, Guispe, l'éminence grise, écoute et réfléchit. Il s'est posé sur le tabouret du maître et pétrit de ses doigts agiles une sepja carrée, petite amulette chargée de puissance. Ben Israël n'en voit pas les dessins. Ils sont usés mais restent encore très perceptibles au toucher. Ils représentent une chaise, un couple et une clef. Cela signifie paix et force au foyer. Au cou de Guispe pend également une illa rectangulaire. Elle n'est pas plus volumineuse que la sepja, mais on y découvre néanmoins un schéma assez précis du village où s'ordonnent symboliquement les habitations. Le pouvoir de cette seconde amulette est double. Elle doit protéger les personnes l'espace d'un vœu et leur apporter ensuite sécurité et prospérité.

Guispe possède des dizaines et des dizaines d'amulettes dont certaines sont capables de changer, selon lui et ses consultants, l'équilibre social et la rotation de la terre. Mais jusqu'à présent, pour ce qui est du social et de la rotation, Guispe n'a pas réussi à changer grand-chose. Si ses patients l'ignorent ou feignent de l'ignorer, Guispe n'est pas dupe, c'est un bon sorcier, un remarquable hatun-pongo qui préfère la fertilité au désastre et qui spécule davantage sur le bienfait des dieux que sur le méfait du diable. Dios et daño sont en l'homme comme l'homme et le diable sont en Dieu. Evidence populaire ou précepte inca ? Guispe tient cette vérité de sa propre sagesse. Et cette sagesse, ce bon sens des sorciers andins appelés à jouer les rôles les plus divers sur la scène de la vie : guérisseur, ensorceleur et devin, amène Guispe à penser que se tient là, devant lui, en la personne de ce revenant de l'Est, la plus grande amulette jamais mise à sa disposition. Cette vue de l'esprit, considération assez hâtive, n'est pas pour déplaire à l'étranger.

Ainsi doit-on constater une certaine convergence des messages entre Guispe et Ben Israël. Les deux hommes vont-ils se mesurer, s'affronter, s'entraider ou s'entre-déchirer ? Cela dépendra de l'histoire que l'Hébreu Ben Israël a choisi de raconter à l'Inca Guispe et dont le préau de Huacarama amplifie déjà largement la rumeur.

Maurice Ben Israël a placé son récit sous le signe de la Quinuamama : la mère de la coca. Il est épuisé mais habile. Il connaît, pour en avoir usé, la vertu magique de la feuille de coca. Cette feuille, il l'a mastiquée au point de ne plus sentir sa langue, son palais, ses jambes. C'est grâce à elle qu'il est ici. Elle lui a donné vigueur, force morale et facilités aériennes. Que l'on ne fasse surtout aucune comparaison entre l'état physique qu'il présente aujourd'hui et l'état d'âme qui le transcende. Cela fait des années qu'il marche, des décennies qu'il est en route, des siècles qu'il se propulse à travers le continent sud-américain. A Panama, il a étendu les bras et touché du même coup l'Atlantique et le Pacifique. Il a ramené à lui les deux océans pour n'en faire qu'un seul. Il a canalisé les eaux et exploré les fonds sous-marins. Panama, Venezuela, Colombie. Il a poursuivi sa quête. Il a fouillé les jungles, reniflé les trottoirs, escaladé les montagnes. Pas un corridor, pas un chaco, pas un fleuve qu'il n'ait traversé ou franchi. Pas un massif, pas une cheminée, pas un névé qui n'aient reçu la visite de son pied et gardé son empreinte. Mais que cherche Maurice Ben Israël ? Court-il après un animal mythologique, derrière une baleine blanche ou plus vraisemblablement n'essaie-t-il pas de rejoindre son âme perdue ?

Nemessio et Guispe, grands connaisseurs en âmes perdues et volées, sont enclins à envisager cette dernière hypothèse. Ils croient à la survie de l'âme après la mort. Le corps se désagrège, il part en poussière et en pierres. N'est-il pas déjà de son vivant allapacamasca, une sorte de terre animée ? L'âme de l'étranger s'est-elle transformée en karkaria pour mieux planer sur les ailes du vent ?

Ben Israël se garde de révéler immédiatement ce qu'il poursuit. Il est épuisé, d'accord, mais il a le sens du spectacle. On ne tient pas les hommes en haleine sans contrôler son souffle.

Il parle debout, appuyé à un mur chaulé. Il fait froid et clair. Il a mangé et bu. Il a compris à quel genre d'hommes il s'adressait. C'était peut-être ceux-là même qu'il tentait de débusquer. Mais tentait-il et débusquait-il vraiment ? N'était-il pas plutôt en train de se fabriquer une légende derrière laquelle d'autres légendes allaient s'accrocher comme les wagons à la locomotive ? De ce train du ciel, Ben Israël était le conducteur. Il fonçait à toute allure dans la nuit péruvienne, mais cela ne l'empêchait pas, lorsqu'il le jugeait opportun, d'emprunter des voies de garage ou de s'arrêter en rase campagne. Pour lui, la destination comptait moins que le moyen de transport, car pour transporter, transborder et transmettre il n'avait pas son pareil.

Et ça continuait : Equateur, Paraguay, Guyane, Amazonie. Il avait cherché sur l'Orénoque, sur le rio Negro, dans les favellas de Rio, de Belém à Manaus, dans la pourriture sauvage du Mato Grosso, dans les Etats de l'Est où sévit la famine. Il avait séjourné parmi les moustiques, les marécages, les serpents. Il avait été mordu, piqué, attaqué. Il avait fait ami-ami avec des Indiens, ennemi-ennemi avec d'autres. Il avait été fléché, cloué, mis au pilori, mis au pilon. Il avait joué à cache-cache avec la vie et la mort, il avait été croqué et digéré par les crocodiles, mais plus il avançait dans sa quête, plus elle le fuyait.

Et voici que soudain, adossé à ce mur chaulé qui blanchit son poncho crasseux, Maurice Ben Israël lâche un peu de cet essentiel que l'auditoire attend : il est à la recherche de la « Terre d'Immortalité », du « Pays de l'Age Parfait », et ne s'arrêtera qu'après l'avoir rencontré.

Point n'est besoin de regarder l'assistance. Le hasard n'est pas le pain quotidien de Ben Israël. Il sait qu'il vient de faire mouche comme il sait où la mouche s'est posée. Huacarama ne figure sur aucune carte géographique, mais quelle importance puisque Huacarama s'inscrit sur sa carte à jouer !

En dehors de Nemessio et Guispe, personne ou presque ne comprend l'espagnol, mais, lorsqu'il s'agit de tension et d'émotion, le langage est universel. Guispe, bourré à craquer de coca et d'aguardiente; Guispe, bardé de sepjas, d'illas, d'amulettes et de gris-gris de toutes sortes; Guispe, grand sorcier, grand devin et petit père de son peuple sursaute : la Terre d'Immortalité, le Pays de l'Age Parfait, la Terre sans Mal, la Maison de Danse, le Sol des Grands Ancêtres, la Maison de Notre Grand-Mère. Tous ces mots lui parlent et lui chantent. Ils sont lourds de symbole, de peine et d'espoir. Ils réveillent en Guispe, comme chez les plus anciens qui s'affairent déjà autour de leur chef, l'époque des grands courants messianiques qui a vu d'un bout à l'autre de l'Amérique du Sud des populations entières se mettre en marche vers l'absolu. Aucune n'est jamais revenue entière de ces voyages mystiques et exploratoires au pays du paradis perdu.

Maurice Ben Israël connaît-il l'origine et l'ampleur de ces mouvements messianiques ? Il y a lieu de le supposer. Si le hasard n'est pas son pain, il fait parfois bien les choses, levant pâte et lièvre. Pâte qu'il suffit alors de pétrir, lièvre qu'il suffit de piéger. Et Ben Israël ne va pas s'en priver. Des mémoires il a fait surgir exodes et messies. Le sien s'appelle Yinnon. C'est celui des Juifs. Le leur se nomme Inkarri. C'est celui des Incas. Reste à savoir si Yinnon et Inkarri ne forment qu'un seul et même Messie; si la tribu andine du sorcier Guispe et du berger Nemessio est faite du même pain azyme que les dix tribus perdues d'Israël. De cela Maurice Ben Israël a son idée. Elle n'est pas vague, plutôt folle et fixe, mais Ben Israël n'a aucune envie d'en argumenter. Il n'est pas venu à Huacarama pour philosopher, quand bien même l'événement, envers et contre lui, se mettrait à enfler et à déborder la région. Pour l'instant, Maurice Ben Israël ne pense qu'à se planquer. Il ne philosophe pas, il mystifie. Certes, il a des connaissances. Il a reçu des enseignements. Il sait qu'un de ses lointains parents, le théologien Manassé Ben Israël, a publié en 5410, l'année 1644 de l'ère vulgaire, un essai retentissant : *Esperanza de Israël,* tendant à démontrer – on vivait alors en pleine crise messianique – que les Indiens d'Amérique étaient d'ascendance juive et tenaient vraisemblablement leur origine des dix tribus de l'antique royaume d'Israël perdues depuis leur déportation par les Assyriens. Les théories sur lesquelles spéculait Manassé, le lointain parent de Maurice, étaient tirées d'un ouvrage écrit par un autre Marrane, Luis de Montezinos, grand voyageur et grand affabulateur. Montezinos racontait que, se trouvant dans le Nouveau Monde du côté d'Iquitos, il avait rencontré des Indiens qui pratiquaient des rites juifs. Montezinos s'appelait en réalité Aaron Lévi. Il était aussi courageux qu'imaginatif. Quittant Iquitos pour la Cordillère, il avait loué quelques mules à des Indiens. Or il arriva à ces derniers qu'en passant la montagne, par jour de grand vent et de pluie, plusieurs fardeaux tombèrent.

Irrités par le labeur et les colis qu'il fallait refaire, les Indiens se mirent à gémir et à se lamenter tant et plus sur le mauvais sort, disant qu'ils méritaient ce châtiment, ne fût-ce que pour les absoudre des péchés dont ils se sentaient responsables. Montezinos-Lévi les encouragea et leur demanda de prendre patience, promettant qu'ils auraient bientôt un jour de repos. A quoi les Indiens, offusqués, répondirent qu'il ne serait pas juste qu'ils l'eussent, car ils avaient maltraité les meilleures et les plus saintes gens du monde, et qu'ils méritaient bien, en conséquence, tout le labeur et les traitements inhumains que les Espagnols leur infligeaient.

Après quoi Montezinos, apitoyé, tira d'un coffre de cuir biscuits et confiture et leur dit :

« Prenez ceci, bien que vous pensiez en mal des Espagnols dont je suis. »

Les Indiens répondirent qu'ils ne s'étaient pas vraiment plaints d'eux, ce qu'ils auraient pu faire avec raison, car les Espagnols étaient cruels, tyranniques, mais que bientôt ils en tireraient vengeance par l'intermédiaire d'un peuple caché et qui pratiquait les rites juifs.

Quelque temps plus tard, comme Montezinos arrivait à Cuzco, il fut arrêté par l'Inquisition, car l'Inquisition, et Maurice Ben Israël était très ferré là-dessus, frappa aussi bien l'Amérique que l'Espagne. De sa prison, se recommandant un jour à Dieu, Montezinos-Lévi prononça ces paroles :

« Béni soit le nom d'Adonaï qui ne m'a pas fait idolâtre, barbare, nègre ou Indien. »

Après avoir lâché ces derniers mots, il se rétracta aussitôt en corrigeant :

« Mon Dieu, qu'ai-je dit là ? Ne m'a-t-on pas parlé d'Indiens juifs ? »

Chaque jour il répétait sa prière et chaque jour il allait un peu plus loin. Le premier jour il dit :

« Mon Dieu, mon Dieu, suis-je fou ou bien sage ? Comment est-il possible que des Indiens soient hébreux ? »

Le deuxième jour il dit :

« Ma parole, ils doivent être hébreux. »

Le troisième jour il dit :

« Je le sais, je le sens, ils sont hébreux. »

Il considéra qu'une telle imagination, un tel sens divinatoire ne pouvaient être le fait du hasard ou du mauvais traitement. Se souvenant en même temps de ce qui s'était passé avec ses porteurs en cette montagne nommée Cordillère, il résolut par serment d'examiner ce qu'il y avait de vrai en tout cela au cas où Dieu aurait la bonté de le sortir de sa prison. Il rechercherait ces Indiens et s'informerait de bonne source et d'aussi bonne volonté de la signification des paroles entendues.

Gracié, absous par les dieux, Montezinos se remit en route et eut la fortune de rencontrer ces mêmes Indiens, qui acceptèrent de le mener auprès de leur chef, le cacique Francisco. Le voyage fut long et pénible. Il coûta beaucoup d'or et d'énergie à Montezinos-Lévi. Ils traversèrent des jungles et des montagnes. Ils passèrent des grandes chaleurs aux grands froids, de la pluie à la neige, des crocodiles aux loups, de la végétation luxuriante au dénuement le plus total; mais lorsque, enfin, Montezinos fit front au cacique Francisco, il se découvrit et se présenta de la sorte :

« Moi, je suis un Juif de la tribu de Lévi. Mon Dieu est Adonaï et tout autre dieu n'est que tromperie. »

A ces mots, l'Indien troublé lui demanda :

« Comment s'appellent tes ancêtres ? »

Il répondit qu'ils s'appelaient Abraham, Isaac et Jacob. L'Indien répliqua :

« N'as-tu pas un autre père ? »

Il répondit qu'il avait un père comme tout le monde et qu'il se prénommait Antonio. L'Indien se montra mécontent et dit :

« Sur certaines choses tu m'as donné satisfaction, mais sur d'autres je ne puis te donner crédit car tu ne sais pas me dire quels furent vraiment tes pères. »

Montezinos, stupéfait, répéta sous serment qu'il disait la vérité et, après quelques échanges de phrases et d'humeurs, l'Indien, assez fâché, lui dit :

« Réponds-moi. N'es-tu pas plutôt fils d'Israël ? »

Imaginez la surprise de Montezinos qui n'en était cependant pas au bout, puisque quelques minutes plus tard le cacique ajouta :

« Ecoute ! Si tu as le courage de l'âme et du corps, si tu oses venir avec moi, tu sauras ce que tu désires savoir. »

Montezinos affirma qu'il avait le courage de l'âme et du cœur. Pour le corps, il ne savait pas. Ce à quoi l'Indien ordonna :

« Ote tout ce que tu as dans tes poches. Chausse ces sandales. Prends ce bâton et suis-moi. Nous partons faire un long voyage. »

Montezinos abandonna sa cape, son épée et tout ce qu'il emportait d'habitude avec lui, puis ils se mirent en marche. Le cacique transportait dans sa hotte trois mesures de maïs grillé, deux cordes à nœuds et des sortes de crampons pour s'amarrer aux passages de rochers difficiles et des torrents impétueux.

Ils cheminèrent ainsi toute une semaine et se reposèrent le samedi. Ce détail a son importance. Ils reprirent leur marche dimanche et lundi. Le mardi matin, à huit heures, ils atteignirent un fleuve plus grand que le Douro. L'Indien lui dit :

« Nous sommes arrivés. C'est ici que tu dois voir tes frères. »

Ça tombait bien parce que Montezinos, malgré toute sa foi, n'en pouvait plus. Faisant un étendard de son pagne, l'Indien lança un signal. Peu de temps après, une fumée s'éleva de la jungle. Le cacique dit :

« Ils savent que nous sommes ici. »

Quelques minutes passèrent, puis ils virent arriver un canot duquel débarquèrent une femme et deux hommes. Le cacique Francisco se jeta à leurs pieds, mais l'un d'eux le releva avec humanité et affection. Puis, ayant échangé des paroles dans une langue que Montezinos ne comprenait pas, les deux hommes et la femme embrassèrent l'étranger. Francisco lui dit :

« Ils t'embrassent, ils t'honorent, mais ne t'imagine pas que tes frères vont te dire une deuxième chose avant que tu n'aies entendu la première. »

Les hommes du canot placèrent Montezinos entre eux et tout en pagayant récitèrent, sans davantage se faire prier, le verset du Deutéronome VI-4 : « Chemah Israël, Adonaï Elohenou, Adonaï ehad. » Autrement dit : « Ecoute Israël, Adonaï est notre Dieu, Adonaï est Un. »

L'histoire vécue par Montezinos ne s'arrête évidemment pas à cette prière biblique, mais ce bref passage, pris de sa plume, donne une idée du document sur lequel « talmuda » Manassé, l'aïeul de Maurice Ben Israël.

Maurice avait donc étudié à fond non seulement le texte de Montezinos mais surtout celui de Manassé dont les conclusions, aussi fantaisistes que fascinantes, laissaient planer de sérieux doutes. Selon Manassé, les Indiens avec lesquels, près de quatre siècles plus tard, se trouvait Maurice descendaient d'Ophir, fils de Yokatan, neveu de Heber. Appelant l'alphabet hébraïque à son secours, Manassé démontrait que, transcrit en hébreu et lu à l'envers, Ophir devenait Perou, de même que Yokatan devenait Yucatan.

Il y a loin du Mexique au Pérou et Maurice Ben Israël en savait quelque chose, ou du moins il le laissait entendre, mais, les circonstances n'étant pas propices à ces développements géographico-théologiques – nous en apprendrons la raison plus tard – l'étranger, qui n'avait abattu qu'une partie de son jeu, s'en tint là. Il avait suffisamment troublé son auditoire pour se rendre compte que la partie était gagnée. Huacarama, le bled des bleds, cette capitale du néant, lui était acquise. Elle allait devenir sa cache. Ça durerait ce que ça durerait. L'important était que les choses se calment du côté d'Ayacucho et que nul n'ait l'idée de venir le traquer par ici.

On avait logé Maurice chez Nemessio. L'Indien possédait trois petites maisons d'une pièce : l'une où il habitait avec sa femme et ses enfants, l'autre où il rangeait le métier à tisser, la troisième où vivait sa vieille mère. Le tout n'excédait pas trente mètres carrés. Les murs étaient en briques de boue séchée mélangée de paille et de bouse de lama. Sur le sol de terre battue, le lit était fait de ce que chacun y apportait : peaux de moutons, vieux ponchos, herbe et paille, sans oublier les puces et autres parasites que l'altitude ne rebute pas. On avait déménagé la mère de Nemessio chez sa sœur, mariée au frère de Guispe, et passé un coup de balai et de magie à la va-vite, de sorte que l'étranger puisse y reposer en paix.

Par la porte basse entrouverte, seule ouverture du logement, Ben Israël apercevait les brebis dérangées par la pleine lune et qui chahutaient curieusement dans le corral. Il en était de même à l'intérieur de la pièce pour les poulets et les cuys, ces cochons d'Inde promis au sacrifice et dans les tripes desquels Guispe lisait l'avenir, prédisant bonnes ou mauvaises chances, années fructueuses ou désastreuses.

Les bêtes n'étaient pas seules cette nuit-là à montrer des signes de nervosité et Guispe n'avait pas eu besoin d'éventrer un cobaye pour prédire que la venue de l'étranger était ressentie par tous comme un événement considérable. Et pas seulement par les hommes et les bêtes mais encore par les éléments d'ordinaire si calmes les nuits de pleine lune.

Le vent se levait, s'infiltrant sous le chaume des toits, et à son mugissement criard répondaient ponctuellement les roulements du tonnerre. L'étrange, c'est qu'il n'y avait aucun nuage visible, aucun orage perçu. Si quelques habitants s'en formalisaient, Guispe, quant à lui, savait à quoi s'en tenir. Il s'agissait d'une manifestation du Divin. La lune, d'ailleurs, était là, toute pleine, pour en témoigner. Rien de malin, de méchant. Le tonnerre ne grondait pas, il ronronnait. Guispe prêtait attention plus que tout autre aux phénomènes atmosphériques. C'était son rôle d'interpréter le Ciel, son devoir de l'appeler à l'aide, son obligation, quelquefois, de s'y opposer grâce à la force que lui confèrent ses pouvoirs secrets. Guispe, comme tous les hommes du monde, s'accommode mieux de la lune vive que de la Killawanuy : lune morte. Il redoute les éclipses et particulièrement celles de la lune parce que l'astre ainsi caché pourrait en profiter pour s'endormir, en douce, en cachette de la terre. Elle risquerait alors de perdre son chemin interplanétaire et de se faire dévorer dans l'obscurité par un monstre affamé. Pour conjurer le mauvais sort et éviter le cataclysme d'un monde sans lune, Guispe recommande aux siens de taper sur les casseroles, de crier sur les toits et de battre les chiens à mort.

Rappelée à l'ordre, la Mama-Killa réapparaîtra.

Mais, pour l'heure, la Mama-Killa brille de tout son or. Le vent caresse la terre. Le tonnerre ronronne et Ben Israël ronfle. Il s'est endormi brusquement en quelques battements de cœur et il y a fort à parier que Guispe y est pour quelque chose. Potion ou passes magnétiques, bien malin qui devinera.

Guispe a convoqué chez lui une dizaine d'hommes parmi les plus sages de Huacarama. Nemessio, malgré sa zoophilie, fait partie de ce comité d'honneur. N'a-t-il pas été l'élu du contact ? Le premier à avoir aperçu et jugé l'étranger ?

On est serrés chez Guispe. Très serrés même dans cette petite pièce enfumée où planent le parfum suave de l'infusion de coca, l'odeur sucrée de l'aguardiente et l'effluve excrémentiel des corps rarement dénudés et pratiquement jamais lavés. Le rio Apurimac est à six heures de marche et il faut une fête exceptionnelle, Pâques ou Noël, pour que l'on s'y rende et qu'on y prenne, en groupe, ses ablutions.

Rien d'anormal donc si le thème de cette réunion de sorciers est placé sous le signe du paradis perdu. On y évoque la migration sans fin des Tupi-Guarani brésiliens jetés à corps perdu vers l'est à la recherche de cette « Terre sans Mal » dont les chamans louaient la plénitude. Après d'innombrables souffrances, famine, maladies, massacres, ils finirent par échouer dix ans plus tard, s'étant paumés dans leur continent, en la province péruvienne de Chachapoya. Au lieu de la terre promise, ils y trouvèrent des conquistadores espagnols fraîchement débarqués, diables barbus et cuirassés, poursuivant leurs rêves d'or et de gloire.

Nullement découragés, les Tupi-Guarani, croyant avoir mal interprété leur mythe, remettent ça pour dix ans, changeant l'est en ouest. La marche, cette fois-ci, durera des siècles, si bien qu'au début du vingtième un savant brésilien localisa un petit groupe de Guarani du côté de São Paulo. Le savant s'accrocha à eux. Il colla à leurs corps décharnés et à leur esprit fou jusqu'à la plage d'Itanhaem. En découvrant la mer démontée qui barrait la route de l'Est, ils chantèrent et dansèrent des jours et des nuits afin d'entrer en état de transe et de ressentir ce don de légèreté qui leur permettrait de s'envoler pareils à la mouette par-dessus l'Océan et d'aborder la « Terre sans Mal ».

Suicide, extermination. La plupart y trouvèrent la mort. Seuls les sorciers, qui ne s'en prenaient qu'à eux-mêmes, qui n'avaient su déchiffrer les arcanes secrets du mythe, continuaient à espérer.

Et derrière les Guarani, derrière ou en même temps, se chevauchant sur les siècles, s'intoxiquant, s'autosuggestionnant, ce fut le tour des tribus Tanygua, des Oguaviva, des Apapokuva, des Mbüa. Ils abandonnaient villages, champs, territoires de chasse ancestraux, se lançant à l'assaut des jungles et des forêts vierges, butant les uns comme les autres sur une plage tranquille barrée d'un océan infranchissable. On a vu ces migrations inspirées, ces exodes messianiques se prolonger jusque dans les années 1950 et il n'est pas étonnant, par conséquent, que Guispe et les anciens du village en sachent la formidable aventure.

Si les Andes ont été épargnées de ces mouvements purement mystiques, elles en ont connu d'autres et d'aussi larges, d'aussi tragiquement terminés, bien que, paradoxalement, ils aient permis à ces peuples errants une cohésion spirituelle hors du commun.

Ghettos des jungles ou ghettos des villes ? Juifs ou Indiens ? Pogroms ou dépeuplements systématiques ? Rabbi ou pongo ? Etude du Talmud du vision prophétique ? Yinnon ou Inkarri ? Paradis perdu ou terre de Sion ? Le parallèle est suprenant et l'affinité lumineuse.

Mais ces meneurs d'hommes, ces messagers de Dieu, ces magnétiseurs des foules et des peuples ne sortent pas tous du lit de l'Amazone ou du rio Negro. Il n'y a pas que les Chiriguanos déjà acculés aux contreforts des Andes, ni celui que l'on connut à l'époque du caoutchouc sous le nom de « Christ Alexandre ». Beaucoup plus près de Huacarama, il y a eu le Bolivien Solare. Il assurait qu'il était l'envoyé de Dieu, le Messie en chair et en âme. Il soignait les lépreux, faisait reculer les épidémies, ressuscitait les morts. Il faisait tomber la pluie et les pains. Terrassait ses ennemis d'un seul regard. Il buvait l'eau des fleuves en crue jusqu'à ce que l'inondation soit résorbée, mais il s'abreuvait aussi de sang, tellement et tellement de sang qu'il lui fallait toujours davantage massacrer de méchants et d'injustes, si bien qu'un jour l'armée traqua son peuple et que le sang, cette fois, coula sans être bu.

A Huacarama, comme dans les autres villages de l'altiplano, on est moins violent, moins hystériquement présent dans l'histoire. On est plus discret en somme, plus replié sur soi-même mais tout autant mystique. Ceux de Huacarama sont confiants en la justice des divinités idolâtrées en secret du Christ et de ses officiants. Ils en bavent de misère et de solitude, mais ils attendent, l'espoir au cœur, que se manifeste un jour ou l'autre le retour de l'ancêtre ou du héros civilisateur. Ils font confiance à l'éternité. Ils savent qu'elle peut s'éterniser, les traîner comme cela derrière elle sans qu'il y ait d'autre signe, d'autre changement. Ils savent aussi que l'éternité apaisée, en ordre parfait, peut surgir à tout moment sous les traits d'Inkarri. Peut-être arrivera-t-il, tel l'étranger, par une fin d'après-midi calme et que nuls signes avant-coureurs ne laissaient prévoir. Peut-être se profilera-t-il sur la ligne de crêtes, drapé dans un poncho de lumière, le front et les oreilles cachés sous le chuyos, ce bonnet de laine coloré qui rend la tête pointue comme pour mieux accrocher son étoile lorsqu'elle file là-haut entre ténèbres et Voie lactée.

Convaincus, repus de leurs croyances, ils attendent. Rien à voir avec le paradis promis aux belles âmes par frère Francisco en récompense d'une vie de prières. Inkarri, le Messie andin, n'est pas un jardin céleste, un recoin où s'entassent les échappés de l'enfer. Non, Inkarri ne se mérite pas. Ça n'est pas une jolie image, un bon point offert en prime à des hommes-enfants. C'est un homme lui-même parti il y a des lustres et des lustres après avoir promis de revenir libérer son peuple. Il est homme, mais la légende le veut surhomme : fils de la mère Lune et du père Soleil. Il attacha ce même Soleil Inti avec des sangles de fer et l'amarra sur l'Osquonta, le temps d'arrêter le temps et de construire en un tournemain et de magie la grande Cuzco, citadelle de l'équilibre et de l'harmonie universelle. Superman de la mythologie inca, on prétend à Huacarama et dans les villages frères qu'il commandait les éléments, dirigeait les nuages, contrôlait la foudre, inversait le cours des fleuves, faisait naître ou mourir les étoiles, éclipsait à volonté Lune et Soleil, devenant orphelin l'espace d'une ombre. Mais Inkarri savait aussi faire marcher les pierres, désagréger la matière. L'énigme du Machu-Picchu que les archéologues occidentaux ne parviennent toujours pas à résoudre, les fervents d'Inkarri, eux, s'en jouent et s'en régalent. On ne se pose pas la question de savoir comment les blocs de pierre ont été arrachés à la montagne, transportés, taillés et monumentalement ajustés. C'est Inkarri qui a bâti les palais de Pachacütec, de Viracocha, de Huayna Capac. C'est lui qui a dessiné à la machette le plan du Machu-Picchu et élevé temples et murailles à la gloire de son père, le Soleil, Inti. Pour ceux de Huacarama, il n'y a pas de doute, d'investigations hasardeuses, d'exégèses plus ou moins savantes et fantaisistes. Il n'y a que le rationnel et ce rationnel repose entre les mains d'Inkarri; il est dans sa force et son commandement.

On raconte à Huacarama que les conquérants espagnols rencontrèrent Inkarri qui s'en revenait de fonder Cuzco. Ayant beaucoup travaillé, charrié de pierres, déplacé de montagnes, coupé de forêts, il se trouvait dans un état de grande fatigue. Néanmoins, Pizarre lui demanda de construire un pont sur la mer qui relierait le pays des Incas au pays du roi d'Espagne. Inkarri, fort de sa conscience, pensa qu'un pont sur la mer permettrait aux siens d'envahir à leur tour l'Espagne. Il se mit à l'œuvre et commença à jeter sur l'Océan un vrai pont d'or, mais, à mi-parcours, Pizarre, devinant ses intentions, pointa son mousquet et tira à bout portant. Épuisé, Inkarri, n'ayant pas eu le réflexe d'utiliser sa fronde, trouva la mort sur ce pont d'or inachevé. Il fut décapité. On transporta sa tête en Espagne, tête que l'on offrit au roi. Quant au corps, rejeté par les vagues, on le retrouva intact, presque immaculé, en un endroit de la côte péruvienne où se rassemblent une fois l'an les mages et les chamans. On dit que là-bas en Espagne, prisonnière mais vénérée, la tête, posée sur un bloc d'argent, est toujours vivante, que les yeux sont malins, que les dents sont aiguisées, que la barbe est rasée. Oui, tous le savent et conversent avec lui, les hommes bien entendu, mais aussi les montagnes et les punas, car l'Inkarri décapité a gardé la parole. De sa retraite argentée, de son exil sanglant, la tête n'a cessé de s'adresser aux cimes les plus hautes de son pays : Sarasara, Salcantay, Solimana, Achatayhua, Ausangate, Punasillo, la Raya. Toutes ces montagnes l'entendent, le voient et transmettent le message à ceux qui comme Guispe font le pèlerinage au sommet de l'Hallucinant.

CHAPITRE II

BEN ISRAEL se réveille. Il a la gueule de bois, la langue enflée, les jambes en compote. Il est lourd, rouillé, mais il se sent léger. On dirait qu'il a le sang délayé, coupé d'une sorte de lavasse décapante. Il veut se redresser mais n'y parvient pas. Sa légèreté n'est qu'illusion. Son sang qu'une infusion de globules blancs.

Cipriana, la femme de Nemessio, lui apporte un maté de coca et quelques grains de maïs séché. C'est un présent matinal, de quoi boire et mastiquer.

Mastiquer, il ne fait que cela depuis qu'il s'est évadé de la prison d'Ayacucho, que cela depuis qu'il est arrivé au Pérou. Il en a marre du maïs, marre des fèves, marre des lamelles de patates gelées, marre de la carne séchée, marre du cuy, ce cochon d'Inde myxomatosé, et qu'on élève d'un bout à l'autre des Andes tout à la fois pour se faire un peu de viande fraîche et y lire l'avenir de la communauté ou du malade dans les boyaux pestilentiels. Même le poulet le dégoûte. Il ne supporte que les galettes cuites dans la braise et prises sur le pouce avec un morceau de fromage de brebis. Il en a marre de la chicha fermentée, marre de la chicha morada, marre de l'aguardiente, marre de l'eau des torrents, marre du lait de lama. Il rêve d'un bon couscous, d'un énorme couscous mouton-raisins comme celui que faisait sa mère, là-bas, chez lui à Belleville, arrosé d'un mascara ou d'un sidi-brahim.

Quatre années passées au fond d'une geôle à Ayacucho pour hold-up à main armée au Banco central del Peru ont eu raison de sa santé comme il a eu raison du flic de service. Il ne sait pas lequel des deux a tiré le premier, mais il sait lequel des deux est tombé les bras en croix sur le dallage du hall. L'autre, le survivant, a été condamné à vingt ans sans remise de peine possible malgré un chagrin réel et le remords d'avoir participé au meurtre d'un père de quatre enfants qui gagnait sa vie sous l'uniforme des vigiles. Vingt ans, c'est long, éternel, anéantissant, pire que la mort, surtout lorsque l'on apprend celle de sa mère. Dans l'une de ses dernières lettres, elle s'inquiétait de savoir s'il mangeait cacher en prison, s'il respectait bien le sabbat, même que pour Roch Hachana, le nouvel an juif, elle s'était arrangée pour lui faire parvenir la pomme et le miel en espérant qu'il verrait l'année aussi pleine que la pomme et les jours aussi doux que le miel. En l'honneur de sa mère, il avait imité, des lèvres, la sonnerie du chofar. Sa bouche après tout valait bien une corne de bélier et il avait appelé de la sorte tous les Juifs du monde, tous les prisonniers d'Ayacucho, au repentir. A la fin, il en avait pleuré. Pleuré aussi lors du Yom Kippour qu'il avait célébré à sa façon, faisant face au tribunal céleste, implorant le pardon des fautes d'Israël et des siennes. Il avait essayé en ce jour saint de ressembler à un ange, ce qui, pour un assassin juif, n'est pas facile. De mémoire, il entreprit de réciter la Méguilat Rut, mais Ruth, la Moabite convertie, l'ancêtre du roi David, la parente du Messie, ne vint pas à son secours.

Maurice, jusqu'alors, n'était pas spécialement croyant. Il prenait la religion comme une habitude, comme un cadeau offert à ses parents. Il se souvenait de son premier Pourim. Il avait à peine trois ans, mais il s'était amusé comme un fou en scandant du pied et de la voix le nom de Haman le Perse, le grand exterminateur des Juifs. Il avait lancé des pétards et regardé ses parents s'enivrer en une grande soûlerie obligatoire. Ceux-ci, fin gris, fin ronds, confondaient, comme il est dit dans le texte, Haman et Mordekaï, l'exterminateur et le sauveur, sans compter qu'on s'était également bien amusés en roulant les dés, histoire de vérifier si le sort s'était bien mis à tourner en faveur des Juifs.

Le Pourim des trois ans de Maurice s'était déroulé à la grande synagogue d'Alger, et cette même synagogue avait vu grandir Maurice. Il y avait célébré sa Bar-Mitsva, accroché ses premiers tefilines, son premier talet, et fumé, sans se cacher, sa première cigarette. C'était en l'an 1945 de l'ère chrétienne.

Le père, paisible passant, est déchiqueté par une explosion du côté de Sétif. On enterre des lambeaux de chair et encore n'est-on pas certain qu'ils appartiennent tous à Aaron Ben Israël.

En 1955, Maurice, le fils unique, et la mère, veuve inconsolable, quittent l'Algérie et s'installent à Belleville. Elle trouve un emploi dans un atelier de prêt-à-porter. Il entre au lycée par la grande porte pour en sortir par la petite deux ans plus tard. Il a vingt ans, le bac tout juste dans la poche et une folle envie de changer le monde. Gauchiste anarchisant, il traîne sa révolte dans les cafés de Saint-Michel et de Saint-Germain-des-Prés. Il fume du hasch, prise la cocaïne et se méprise. Il tourne en rond dans sa tête et sur sa mobylette. Il pose une ou deux bombes artisanales devant le siège de la Banque de France. Il vole des bouquins chez Maspero. Il passe d'une fille à l'autre. Emigre un temps dans l'arrière-pays niçois, il s'en sauve pour se retrouver en Ardèche où il fait l'expérience de la vie communautaire. Puis ça n'est qu'une suite de clash, de discordes, de fiascos. Ses brebis sont empoisonnées. Les cultures curieusement saccagées. La ferme incendiée. On règle ses comptes à coups de fusil de chasse. On séquestre des paysans tenus pour responsables et entre deux opérations de commando on lit Sartre, Camus, Fanon, Barthes, McLuan. La liste est longue et exhaustive. Maurice se brûle aux mots et aux idées, mais, comme la justice des hommes le guette, il se replie sur Paris où il s'assagit bizarrement au contact d'une femme mûre, une hippie de luxe qui va au yoga comme on va chez Fauchon et qui a monté un ashram à Neuilly.

C'est la grande vie, les grands sommets, quand brusquement la dame – overdose de bonheur ou de malheur, nul ne saura jamais – s'ouvre les veines dans sa baignoire. Descente de police, descente des sommets. Maurice, innocenté mais pas innocent, reprend son bâton de pèlerin, change son bagage d'épaule et se retrouve coopérant en Somalie. C'est son époque Rimbaud et Monfreid. Il trafique avec les sens, les idées, mais ses comptoirs sont singulièrement vides. Il a le hasch pour rien, le sexe en feu, l'écriture facile. Il enseigne le français dans la journée, écrit la nuit et expédie à Paris un roman qui lui sera refusé. Refusé également son enseignement bien trop personnalisé. Il est viré, jeté comme un malpropre. Copeau d'ivoire, poussière d'or, il échoue à Marseille, fait un saut jusqu'à Belleville pour embrasser sa mère. Il la trouve en ménage, accouplée au boucher du coin, un vieil eshkenaze gâteux. La scène est dure, violente. Ce qu'il admet pour lui, il le refuse à sa mère. On entend les éclats de la discussion jusqu'aux Buttes-Chaumont. C'est là, un peu plus tard, dans un café qui jouxte les studios TV, qu'il rencontrera Mercédès, une Péruvienne de la côte, une Crioja, passionnée d'images et de sons. Elle y consomme son dernier verre de pastis. Fini le stage à la S.F.P., les « Belphégor » et les « Rocambole ». Ses valises sont là, à ses pieds. Son avion décolle dans moins de trois heures, mais lorsqu'elle le voit arriver, les yeux si bleus dans cette barbe si noire, le corps si droit, les mains si fortes, elle pense au condor qui tournoie et c'est comme s'il s'abattait sur elle, comme s'il y enfonçait ses serres, comme s'il la soulevait et l'entraînait vers son repaire.

Dans ses serres, il ne prendra que les valises. Il est majestueux mais serviable. Redoutable mais suffisamment civilisé pour ne point le laisser paraître.

Coup de foudre, coup double. A Orly, il promet à Mercédès de la rejoindre à Lima. En acceptant, en favorisant amour et voyage, Mercédès, la petite stagiaire de TV, propulse donc vers le continent sud-américain, trois siècles et demi plus tard, Maurice derrière Manassé.

Maurice, comme on l'a vu jusqu'alors, n'a rien d'un théologien. C'est tout juste s'il a entendu parler de cet aïeul prestigieux. Quant à la religion, il y a beau temps qu'elle est reléguée aux oubliettes, beau temps que les prescriptions et prohibitions de la Halakha ne sont plus respectées. Plutôt que de se soumettre aux Taamé Ha Mitsvoth qui englobent le sens général des Commandements, Maurice n'est soumis qu'à ses propres règles. Il est régi par l'anarchie, par le plus facile. Il coupe, au plus court, les chemins de la morale, ce qui lui permet, croit-il, d'avaler les bouchées doubles d'une existence cuisinée à feu intense.

Que l'on ne s'y trompe pas. Le Ben Israël réfugié à Huacarama n'a rien à voir avec le Ben Israël qui débarquait à Lima en 1964. Sans affirmer que le loup s'est transformé en agneau ou le loubard en saint homme, on peut dire que la prison a été pour Ben Israël ce que le monastère est pour le séminariste : un lieu où la pensée s'élève. La comparaison peut paraître déplacée puisque d'un côté on côtoie Dieu et de l'autre des voyous, mais nombre d'exemples apportent la preuve que des prisonniers de droit commun ont su dépasser leur état et mettre à profit les années d'enchaînement pour accéder à des hauteurs qu'ils n'auraient su atteindre autrement.

Après avoir rencontré Mercédès dans un café des Buttes-Chaumont, Maurice, sans un sou en poche, débarque d'un bananier à Lima. Il a payé son voyage en donnant de sa personne, piquant à tour de bras la rouille du pont, peignant et repeignant coque et bastingages.

Mercédès, non prévenue de son arrivée, ne l'attend plus. Elle vit à Miraflores, le quartier résidentiel de Lima, avec Patricio, réalisateur de séries comiques, mais l'intrusion soudaine de Ben Israël dans le ménage apporte une note plutôt dramatique au feuilleton. Il est tout feu, tout flamme, possessif et jaloux. Il la veut entièrement à lui et à lui seul. Il n'a pas effectué ce long et pénible voyage en bateau pour la regarder faire l'amour avec un autre. Mercédès, touchée par la passion de Maurice mais pas vraiment brûlée, hésite. Qu'il trouve d'abord un emploi, un appartement. En attendant, elle lui donne les quelques sols qui lui permettent de tenir le coup. Ils se retrouvent chaque jour à son hôtel, une posada de passe, un trou à rats qui prête bien plus au désespoir et à l'impuissance qu'à l'amour. Le choc physique tant attendu n'est qu'un « toc-toc » des sens, le tic-tac arythmique d'une envie mal remontée. Et s'il n'y avait la drogue pour s'illusionner, le sexe ferait long feu.

Il cherche du boulot et n'en trouve pas. A l'Alliance française on lui répond que son espagnol est trop primaire. A Air France qu'il n'a pas les qualifications. Ayant fait le tour des principales sociétés françaises susceptibles de l'employer, il se rend compte que le Pérou ne sera pas son Eldorado et penche, dès lors, vers la violence. De cette violence, de ces hold-up, les journaux en sont pleins. Un client qui habite l'hôtel de Maurice lui procure une arme. C'est un Colt 45 de fabrication argentine. Un engin peu sûr mais suffisamment impressionnant, croit-il, pour qu'il n'ait point à s'en servir. Conditionné par le truand, un jeune mac à la tête folle, Maurice se trimbale avec le revolver. Il doit s'y habituer, apprendre à s'en rendre maître, mais l'arme l'affole davantage qu'elle ne le rassure.

Il n'a rien d'un tueur, Maurice, et pourtant le voici embarqué pour Ayacucho, une grande ville de la Cordillère où son complice lié au milieu décide le hold-up d'une agence bancaire.

C'est le fiasco complet, l'horreur! Après avoir mortellement blessé le vigile de la banque, le mac, à son tour, tombe sous les balles d'un second flic venu à la rescousse.

Paralysé par la peur, conscient de son impuissance, Maurice se laissera cueillir. Il aurait pu tirer, tuer, s'enfuir. Il ne l'a pas fait.

Guispe, grand sorcier, grand altomesayoq, grand guérisseur, Guispe, paré de ces qualités exceptionnelles, de ce don des ancêtres et des dieux, apprendra-t-il le passé de l'étranger? Blocage divinatoire ou ignorance délibérée? Difficile de répondre, car Ben Israël, se sachant manœuvré par Guispe, en est réduit à des interprétations approximatives. Toujours est-il que dès le lendemain matin Guispe fait comme s'il savait à quoi s'en tenir. Il a consulté ses amulettes, ses feuilles de coca. Il a conversé avec l'âme des Apus et des Auquis, pris l'avis du ciel et des montagnes. Il a étripé un cobaye et lu, dans l'excrément et les boyaux de l'animal, qu'il fallait retenir l'étranger à Huacarama.

Guispe habite en retrait du village, mais, lorsqu'il parvient à la maison de Nemessio, c'est pour trouver Maurice en proie à une vive inquiétude. Malgré les différentes postures adoptées : à genoux, à quatre pattes, sur le flanc, il ne parvient pas à se redresser. Hier il se traînait encore, aujourd'hui il est cloué au sol. Serait-il paralysé ? Il se raisonne. Ça n'est sans doute qu'une défaillance due à une trop forte fatigue, à l'effort prolongé. Ben Israël ne panique pas. Certes, il se sait atteint d'une maladie grave, mortelle à moyen terme, mais il sait aussi que l'homme, lorsqu'il est privé d'hôpital et de sécurité sociale, meurt plus souvent debout que couché. Sa vocation n'est pas de finir sur un coin de terre battue, enroulé dans un poncho. Ça serait trop con, trop absurde d'aborder ainsi Huacarama sans pouvoir mener à bien ses recherches. Si Ben Israël, condamné à vingt ans d'incarcération, s'est évadé au cinquième de sa peine, c'est parce qu'il en était arrivé à la conclusion, grâce à l'étude des documents mis à sa disposition par frère Vicente, l'aumônier de la prison, que les livres saints de la communauté juive de Cuzco persécutée sous l'Inquisition espagnole ont été enterrés à Huacarama ou autour de Huacarama.

Les rares Juifs qui ne se convertissaient pas, n'acceptant ni d'être dépossédés de leur foi, ni d'être brûlés comme hérétiques sur la plaza de Armas, s'enfuyaient loin des fiefs où régnaient en maîtres les jésuites.

Les bras chargés d'objets de culte : menora, mezouzot, pentateuque et Sefer-Torah, le ou les survivants s'en allaient loin des massacres et du hurlement hystérique des foules, marchant jour et nuit jusqu'à épuisement, n'ayant de cesse de trouver un endroit assez secret pour y cacher les ouvrages qui forment l'essentiel de l'enseignement judaïque.

Du fin fond de sa prison d'Ayacucho, Ben Israël, le voyou romantique, s'est racheté. Il s'est repeint l'âme aux couleurs du sacré. Il faut dire que frère Vicente Varella, l'aumônier de la prison d'Ayacucho, y a mis beaucoup du sien. Le prêtre avait de l'envergure. Il était doué d'un certain sens divinatoire, aussi sut-il, grâce à Dieu, aider Ben Israël à gagner la course-poursuite engagée derrière Luis de Montezinos.

Son éden terrestre, Ben Israël l'a mérité en plongeant corps et âme aux sources de la religion. Mais Ben Israël n'est pas un bigot, un de ces hassidim en cafetan noir et en schtreimel. C'est un homme de sang et de chair avec ses pulsions, ses contradictions, ses vérités et ses violences. Il est fait, comme tous les hommes, de ciel et de boue, s'élevant vers l'un, s'enfonçant dans l'autre, mais restant, la plupart du temps, entre les deux, à hauteur de ses semblables. Ben Israël, même s'il joue parfois les prophètes, aurait horreur qu'on le prenne réellement pour tel. Il n'est ni prophète, ni saint, ni sage, ni exceptionnel interprétateur du Talmud. D'ailleurs ça n'est pas avec la Torah condensée version « Jérusalem » à l'usage des enfants, envoyée par sa mère à la prison, qu'il pourrait égaler les savants rabbins.

Prophète et saint, Maurice est cependant appelé à le devenir. Dire qu'il n'a rien fait pour serait faux. Il est arrivé à Huacarama entouré d'un mystère habilement entretenu. Il a parlé avec emphase et menti avec grandiloquence. N'osant avouer qu'il était en évasion, en cavale, il a raconté celle des autres. Ainsi l'odyssée des Tupi-Guarani et des Mbüa a-t-elle trouvé un large écho chez les habitants du village andin.

Au cours de la nuit, l'écho s'est amplifié. Il se répercute maintenant en chacun d'eux. L'appel monte du tréfonds de l'homme, s'échappe des cases, virevolte autour des corrals, tourbillonne dans les chacras, effleure les récoltes, bute contre la puna la plus haute et revient, en un grand courant d'air d'idées, s'infiltrer dans les pensées.

Et la pensée de Guispe est irréfutable. Elle coule de source et d'inspiration. Elle est la translation du tangible et du sensible. La lecture rationnelle d'un état de fait. De mémoire de sorcier, on n'a jamais vu cela. L'évidence est telle que l'on n'a nul besoin, pour une fois, de s'en référer au ciel. Cette pensée de Guispe, la voici décodée en langage de tous les jours, telle qu'il l'expose aux siens :

« Si l'étranger dit vrai, et il n'y a aucune raison de ne pas croire l'étranger, car les tests des feuilles de coca et des boyaux de cuy se sont révélés positifs, la Terre d'Immortalité, la Terre sans Mal, le Pays de l'Age Parfait, le Paradis Perdu, nous le foulons du pied depuis toujours. Cette Terre sans Mal, nous la labourons, nous y naissons et nous y mourons. C'est la nôtre. Elle s'appelle Huacarama et nous sommes ses Elus. Jugez-en plutôt : l'étranger marche depuis des années. Il a traversé le continent, franchi des fleuves larges comme la mer, des montagnes qui touchent les étoiles. Il a tiré des lignes entre les quatre points cardinaux, défriché des jungles, débroussaillé des mythologies. Il a rencontré et connu des peuples que nous ne verrons jamais, d'autres que nous ne soupçonnons pas. Il a parlé à des sages et à toutes sortes d'autorités. Il a lu les livres, écouté les légendes, déchiffré les signes des pierres, avancé sans hésiter sur la carte des géographies. Il y a laissé sa jeunesse, pris des rides et des risques inouïs. Il a perdu plus de sueur et usé plus de sandales que nous tous réunis. Il est condor et chat sauvage. Il peut voler et ramper à volonté, regarder d'en bas comme d'en haut. Force de la nature, il contrôle en même temps la nature de ses forces, et puis soudain que se passe-t-il ? Voyez, venez voir ! L'étranger nous apparaît, nous parle, demande asile et ne peut repartir. »

Ils ont obéi à Guispe. Ils sont sortis de leurs maisons, revenus des champs. Ils ont regardé, touché et compris : si l'étranger arrivé de si loin ne peut, aujourd'hui, se remettre en route, c'est bien qu'il a touché au terme de son prodigieux voyage. C'est sûr, clair, lumineux. Ils sont les élus de la Terre sans Mal et Huacarama est cette terre.

Dans un premier temps, la démonstration de Guispe les a consternés. Grisés, affolés par cette condition divine qui leur tombe sur les épaules, ils se mettent à genoux, priant pêle-mêle tous ceux, êtres, idoles, éléments, qu'ils ont l'habitude d'implorer et de remercier.

Dans un deuxième temps, sous l'œil chavirant de Ben Israël qui se sent de plus en plus défaillant, ils ont interrogé Guispe afin qu'il réponde sans atermoiement à une question bien humaine : à savoir pourquoi et comment la Terre sans Mal, ce Pays de l'Age Parfait derrière lequel courent tous les hommes épris de liberté, est restée jusqu'alors une terre si dure à vivre et si imparfaitement protégée.

Il en faudrait d'autres, des questions, et des plus ésotériques, pour prendre Guispe de court. Guispe n'est pas altomesayoq pour du beurre. Il a gagné ses galons de sorcier sur le terrain. Il a apaisé les esprits et psychanalysé les hommes. Il a tordu l'arc-en-ciel, soigné le choléra, la déprime et le susto. Alors la réponse de Guispe est aussi nette que sa démonstration :

« Le Messie Inkarri est arrivé. Il est là, gisant parmi nous. Tout le monde peut le voir, le toucher, l'embrasser. C'est à son tour de travailler au bonheur. A son tour de faire des miracles, de transformer la bouse en pain, l'ichu en coca, le mal en bien, l'imperfection en perfection. »

Ben Israël a perdu les jambes mais pas la tête. Celle-ci fonctionne vite et bien. Il se rend compte que rien ne pourrait, refus et négation, amener Guispe et les siens à penser autrement qu'ils ne le veulent. Ça l'ennuie de se retrouver dans la peau du Messie inca, tout comme ça l'ennuie d'être dans celle du Messie juif, encore que le rôle du guide ramenant les captifs à Sion soit sans doute plus facile à tenir que celui de transformer la bouse de lama en petit pain au miel. Peut-être est-ce tout simplement cette fabuleuse aventure pressentie qui lui a coupé les jambes. Passer comme cela, brusquement, de fuyard en Messie, d'assassin présumé en sauveur d'un peuple, d'apprenti théologien en envoyé suprême de Dieu, du ventre de sa mère à celui de la mère Lune, des chromosomes de son père aux rayons du Soleil, cela vaut bien sûr le coup d'être vécu. Mais sa vie sera-t-elle assez longue pour y voir flamber tant d'intensité ? Qu'avait-il besoin aussi de s'être laissé aller, la veille, à pareille mystification ? Pourquoi avait-il mis tant d'accent, tant de fougue ? A plusieurs reprises, il avait eu le sentiment que les mots, l'emphase le dépassaient. C'était comme si un autre poussait dans sa bouche les mots à sa place, comme si un autre était entré dans sa peau pour y jouer le rôle et prolonger cette scène qu'il aurait personnellement souhaitée assez brève.

Tandis qu'on l'embrasse, le tâte, qu'on l'idolâtre, que l'on dépose à son chevet des offrandes de toutes sortes : pois chiches, maïs, quinoa, confetti, graisse de lama, bouts de laine de couleur et autres despachos, ces sachets de cérémonie, Maurice se dit que lorsqu'il aura retrouvé la force, lorsqu'il aura usé à sa guise de l'hospitalité recherchée, il sera toujours temps de foutre le camp. Il se le dit mais ne le pense pas vraiment. Comme tout homme brusquement confronté à un destin providentiel, il sera tenté, et il le sait, d'user de ses propres pouvoirs, d'imprimer sa volonté, de se transcender et de transmettre ce qu'il aura lui-même compris des choses de la vie et de l'esprit. Il y aura alors interférences et interprétations des dogmes et des cultures. D'ailleurs, n'y a-t-il pas déjà entre lui et cette communauté indienne, cachés quelque part, mystérieux et occultes, les livres saints des Juifs persécutés de Cuzco ? Ces gens de Huacarama ne l'attendaient-ils pas plutôt pour le mener vers le repaire séculaire ? Et si c'étaient eux les messies, eux les guides ?

Maurice croule sous le nombre et la ferveur. Il est assis, appuyé au mur de sa chambre, et reçoit, sans les avoir invités, hommes, femmes, enfants et animaux. On fait rentrer et sortir dans le même temps un bélier et un lama. On les présente au Messie, puis à peine ont-elles, ces bêtes, les faveurs du regard bleu, qu'elles sont abattues rituellement et offertes en sacrifice.

Ben Israël hésite devant ce bol de sang qu'on lui apporte et que Guispe lui conseille de boire. Il est blanc et raide comme l'herbe de la puna en ces jours de gelée. Il a horreur du sang et pourtant il l'a peut-être fait couler. Il essaie de le négocier contre un verre de lait, mais Guispe est intraitable. On a tué lama et mouton en hommage au fils du Soleil et il serait malvenu de ne point se conformer aux rites. Tout à l'heure, on mangera le cœur et le foie crus du lama et il en sera de même avec les testicules du bélier. On transfusera ainsi l'énergie, on transmutera la vie. Faute de pouvoir dévorer les entrailles de ses ennemis d'élite, comme le faisaient les guerriers incas, absorbant de la sorte le courage de l'adversaire, on se rabat aujourd'hui sur les plus valeureux animaux du cheptel. Nemessio a égorgé sa lama préférée, celle-là même qu'il honorait en se déshonorant – ou qu'il déshonorait en s'honorant ? C'est selon les interprétations. Et les interprétations en ce jour exceptionnel vont bon train. Tout est étudié, analysé, commenté. On n'apprécie pas la façon dont l'étranger s'abreuve, mais on apprécie celle qu'il a de mâcher les petits morceaux de cœur et de testicules. Et pourtant le même dégoût préside au repas de

Ben Israël. C'est le petit déjeuner le plus écœurant jamais avalé par un Juif. Ben Israël se console en se répétant que rien ici n'est vraiment impur si ce n'est le sperme de Nemessio mélangé au sang du lama, mais de cela il ne sait rien. Si l'absorption du sang est proscrite par les lois, si toute chair doit être consommée cuite, celle qu'il avale, en revanche, n'est pas chair de cochon mais bien viande de ruminant aux sabots fendus. Plus tard, Ben Israël constatera que le boucher de Huacarama tue comme tue le boucher juif, qu'il égorge d'une lame très tranchante, que l'œsophage et la trachée-artère sont sectionnés dans un même élan : une façon d'associer, par ce geste rapide et définitif, le spirituel au matériel. Un jour prochain, il usera de son ascendant afin que l'abattage local soit vraiment exécuté selon les prescriptions rabbiniques. On recommandera l'âme de l'animal à Dieu, on jettera graisse et ceinture pelvienne aux chiens. Pour l'instant, malgré sa condition divine, il n'influence pas, il subit. D'accord, il est Inkarri. Il est l'envoyé de Roal, l'être suprême, mais un Dieu, un Christ, n'a de valeur et de grandeur que par prêtres interposés. Son prêtre à lui est un sorcier.

Il s'appelle Guispe Huanam Ambrosio. Il a soixante-trois ans et en paraît cent. Il a depuis longtemps dépassé l'âge moyen d'une existence d'Indien. Il le doit à sa sagesse, à ses pouvoirs, à la qualité de ses breuvages et de ses drogues. Il possède un formidable arsenal thérapeutique dont il use personnellement sans en abuser et qu'il tient également à la disposition de ses sujets. Il est sorcier presque centenaire si l'on considère l'usure du corps, mais il est aussi maître d'école et Hilakata. Le chef spirituel de la communauté dont il a la charge. Il fait partie des « cabeza mayor » de la région. Il possède la vara, un bâton incrusté d'argent avec lequel il rend la justice au pied du seul arbre de Huacarama, une espèce d'épineux anormalement difforme. On a vu qu'il n'avait aucune difficulté majeure pour entrer en communication avec l'âme et l'esprit des ancêtres. Qu'il pouvait retourner l'arc-en-ciel comme une cuisinière retourne une crêpe. Converser avec les forces du surnaturel, être foudroyé une ou plusieurs fois sans être brûlé, ni électrisé. Qu'il prédisait l'avenir à une seule personne comme il le prédisait à un peuple entier. Qu'il était capable de juguler des épidémies, de soigner hommes et troupeaux, de se faire obéir des uns et des autres. De mettre le diable en déroute, de fertiliser la terre sans qu'il soit besoin d'y répandre des engrais chimiques. Qu'il avait la science de la coca, celle du venin de crapaud, de l'urine et des excréments. Enfin qu'il savait lire dans les livres, les pierres, les yeux, le névé, l'eau des sources, dans les nuages, les étoiles et la nuit noire.

Guispe tenait donc, et fort justement, les habitants de Huacarama sous sa coupe. Du plus jeune au plus vieux, tous passaient plus ou moins par sa volonté, ses lois, ses médecines, ses envoûtements et sa religion. Et la religion prônée par le vieux sorcier était singulièrement païenne par rapport à celle que dispensait frère Francisco, un métis natif de Yanaoca. Le mépris qu'affichait le prêtre envers les Indiens n'avait d'égal que son racisme. Sang-mêlé, il se prenait pour plus blanc que les Blancs et cette qualité de naissance le rendait agressif en regard d'un sang authentique dont il récusait la pureté.

L'âme de frère Francisco est entachée de ce sang sauvage qui coule dans ses veines. Ne pouvant génétiquement s'en transfuser un autre, il a, comme ses aînés, obligé les Indiens de Huacarama à boire celui du Christ. Ecrasés sous les fondements d'une religion qui n'est pas la leur, ils se sont laissé évangéliser sans trop résister et sans trop y croire, conti-

nuant à pratiquer en secret les quelques rites qui
subsistaient de la nuit des temps. Ça fonctionnait
comme cela depuis des siècles à Huacarama.
Comme cela fonctionne encore d'un bout à l'autre
des Andes, et ce statu quo aurait pu se maintenir
jusqu'à la fin du monde si Guispe n'avait, depuis
une dizaine d'années, repensé la question. Il n'admettait pas que l'on puisse infliger misères, vexa-
tions et brutalités à ses semblables, sous prétexte que
la vie terrestre n'est qu'une étape vers celle du ciel.
Guispe ne voyait pas pourquoi on était obligé de
souffrir de la naissance à la mort pour gagner enfin
le paradis promis à ceux qui en auraient le plus
bavé. Il s'en était ouvert plusieurs fois à frère Francisco, lequel en avait alors profité pour lui faire
ingurgiter le texte des Evangiles à haute dose, le
menaçant, en cas de refus, d'excommunication, le
chargeant même de tous les péchés répertoriés. Mais
Guispe ne s'en était pas laissé conter et il avait
œuvré en cachette pour que les anciennes croyances
prennent le pas sur les nouvelles, si bien que peu à
peu l'église de Huacarama s'était trouvée en mal
d'âmes pieuses.

L'affaire avait fait l'effet d'une bombe en l'état
feutré du clergé, mais on s'était gardé de l'ébruiter
afin d'éviter une possible contagion de la rébellion
dans la province. Curés de base, cardinal et évêque
en avaient longuement discuté et l'on en était parvenu à la conclusion qu'il ne fallait point brusquer
les choses et que mieux valait attendre que Dieu
rappelle à lui ce vieux bougre de sorcier de Guispe,
après quoi il serait toujours temps de reprendre la
communauté en main.

Si, en haut lieu, on se satisfaisait de ce consensus,
frère Francisco, lui, n'admettait pas qu'un sale
pouilleux d'Indien rejette le crucifix sans qu'on lui
jette l'anathème. Aussi continuait-il à monter à l'im-
proviste et pas seulement le dimanche dans le seul

but d'accumuler suffisamment de preuves contre Guispe de sorte qu'un jour, à la faveur d'un événement grave, il puisse, en son âme et conscience, faire appel à la police de Combapata.

Guispe, le grand altomesayoq, le grand pampamesayoq, Guispe, le layqa, l'hampeq, le watoq, avait tout essayé pour se défaire de frère Francisco, mais en vain. Rien n'avait marché. Ni l'envoûtement, ni les philtres, ni le mauvais sort, à croire que frère Francisco était le diable personnifié, un diable que même l'esprit des montagnes allié à celui du vent et de la terre ne pouvait abattre. Mais Guispe n'avait pas dit son dernier mot. Il lui restait, si nécessaire, l'usage des drogues empoisonnées et il était bien décidé à s'en servir au cas où le maudit curé aurait dans l'idée de venir fourrer son nez dans la case de Nemessio, d'y débusquer l'Inkarri et de l'assassiner, tout comme Pizarre, jadis, sur le pont d'or en construction, avait assassiné l'autre Inkarri !

Pour l'heure, les drogues de Guispe servent essentiellement à prolonger la vie d'Inkarri. Elles ne sont empoisonnées que de bonnes intentions et agissent déjà sensiblement.

Cela fait environ deux mois que Ben Israël a trouvé refuge à Huacarama. Deux mois qu'il a été fêté comme le dieu qu'il est. Deux mois qu'il s'est trouvé mal, mais alors vraiment mal, au point de tourner de l'œil et de rester inanimé devant le peuple médusé, abasourdi par le choc. A peine surgi, voilà que le Messie s'apprêtait à disparaître. C'était trop injuste, trop déchirant, aussi avait-on imploré Guispe d'user de tous ses pouvoirs magiques, de toute sa science, afin qu'il rétablisse au plus vite ce Messie tant attendu. Guispe n'avait nul besoin d'être prié. La mort de l'étranger l'aurait davantage embarrassé qu'elle ne lui aurait profité. Personne ne lui aurait pardonné d'avoir laissé échapper tout ce bonheur, toute cette prospérité promise. Il y allait non seulement de son prestige de meneur d'hommes, mais encore de sa revanche sur le dieu des chrétiens, qui était toujours et profondément ancré en eux, bien qu'il ait agi comme il fallait pour le contrer. Guispe savait qu'on ne se débarrasse pas aussi facilement d'une religion, même si elle a été enseignée par la terreur et le chantage. Ils en avaient certainement encore pour très longtemps à adorer la Trinité, à moins que l'Inkarri ne vienne à son secours, imposant à son tour son enseignement dont ils connaissaient tous, plus ou moins confusément, les grandes lignes.

D'abord il fallait sauver l'étranger. Faire en sorte qu'il retrouve la force et la lucidité sinon les jambes. Car ce manque de jambes, après tout, arrangeait Guispe dans la mesure où l'étranger ne risquait pas de prendre la fuite sur un coup de tête.

Alors Guispe s'attela à la guérison, mais, comme tout bon guérisseur, il devait en premier diagnostiquer le mal, puis le traiter en conséquence. Le sorcier des Andes ignore virus et microbes et c'est tant mieux. Pour lui le pou est le seul microbe connu, le seul microbe visible admis.

Ayant inspecté la chevelure sans y rencontrer le moindre pou, Guispe commença par analyser le sang, l'urine et l'excrément. Son laboratoire était à l'air libre. Pas de murs, de fioles, d'instruments, de laborantines en blouse blanche. Tout se passait à l'intuition, à l'expérience, au tâté. Il plaça l'urine en plein soleil, le sang sous un croissant de lune et mit à cuire l'excrément dans un four utilisé à cet usage.

Après une étude approfondie : couleur, forme, dépôt, vitesse de sédimentation, Guispe sut qu'il ne s'agissait pas du soq'a wayra, le mal du vent, attrapé en fréquentant les soqs'a machus, ces esprits qui hantent les grottes et les tombes incaïques. D'ailleurs, ç'aurait été un comble que le tout-puissant Inkarri se fasse soq'a machuer par ses ancêtres.

Rien à voir non plus, cette maladie, avec la mancharisqa, la perte de l'âme, car si l'étranger montrait des signes de faiblesse évidents, si son visage était aussi pâle que le ventre des femmes, l'âme, elle, et Guispe ne s'y trompait pas, habitait toujours le corps du patient. Un inkarri sans âme et à cette hauteur, cela serait aussi inhabituel qu'un champ sans pommes de terre, qu'un cœur de lama sans aorte.

Il n'était pas davantage question du allpaq hap'isqan, risque qu'encourt chaque mortel s'il a omis de se prêter à la cérémonie du « pago a la tierra » et qui peut se traduire par un long évanouissement du coupable. C'est la punition de l'avarice, mais la sanction est parfois mortelle si d'aventure on a mangé et bu l'offrande au lieu de la déposer. Guispe voyait mal Inkarri se prêter à semblable sacrilège. Un Messie ne boit pas l'aguardiente, pas plus qu'il n'aurait mastiqué la coca ou croqué les grains de maïs que contient le despacho.

Restait, parmi les maladies, la plus grave, le k'uychiqhap isqan qui guette le promeneur lorsqu'il est à portée de l'arc-en-ciel. Boire l'eau d'une source coulant sous la trajectoire de l'arc-en-ciel suffit pour en être indisposé durant de nombreux mois. On devient pâle. On perd l'appétit, on en est tout retourné. Il faut également éviter de montrer l'arc-en-ciel du doigt et même de le regarder, car ce monstre irisé rentre brusquement par l'œil, le pénis ou le vagin. Ainsi infiltré, l'arc-en-ciel se transforme en arc de mort et ses flèches touchent un à un les organes vitaux.

Entre les maladies de Dieu, les maladies du diable et les maladies courantes inhérentes à la simple existence, Guispe eut fort à faire. Il écarta tour à tour le sonko manay, mal d'épilepsie, le susto, mal de la grande déprime andine, ce stress des pauvres qui fait fondre la cervelle et partir l'homme tout entier en diarrhée. Il passa très vite sur la costada, mal de poitrine, sur l'envoûtement vulgaire, le mauvais œil et autres possessions bénignes, car un inkarri ne peut être atteint que par un mal digne de lui. Ce mal d'exception, Guispe le localisa alors que Ben Israël, sortant de sa torpeur, ouvrait les yeux. Il s'agissait de la « sangre debilitada », autrement dit : « débilité du sang », une sorte de leucémie d'altitude que l'on arrive parfois à combattre à condition que le sujet soit vraiment décidé à faire primer la vie sur la mort.

Lorsqu'il s'éveilla, Ben Israël n'en crut pas ses yeux. Guispe passait et repassait sur son corps un cochon d'Inde de la taille d'un lapin. Il eut un sursaut de recul parce que le cuy lui rappelait les rats contre lesquels il avait combattu, certains jours, dans une cellule d'Ayacucho. Ce mouvement de recul indiqua à Guispe que le cobaye, telle une plaque soumise aux rayons X, avait enregistré le cliché. Le cuy, possédant sa propre force électrique, avait donc, selon toute probabilité, non seulement photographié l'intérieur de Ben Israël, mais encore il en avait sorti la maladie pour se l'approprier. Il ne restait plus qu'à l'ouvrir, qu'à répandre à terre boyaux, cœur, foie et poumons, pour savoir de quel organe souffrait l'animal.

Guispe le trancha de bas en haut. Il s'apprêtait à le vider, mais la lame du sorcier n'en fit pas davantage. Pas une seule goutte de sang, en effet, ne s'échappait de la blessure.

Satisfait, Guispe jeta le cochon d'Inde aux chiens. Son diagnostic irréfutable tomba comme le couperet :

« La sangre debilitada. »

Ben Israël, pas rassuré du tout, et ne pouvant confirmer ce que lui avait laissé entendre, à demi-mot, frère Vicente, son aumônier des prisons, approuva néanmoins le jugement de Guispe, demandant aussitôt – il faisait primer la vie sur la mort – si l'on avait une chance de le sortir de là.

C'était une phrase bien puérile de la part d'un Inkarri, mais les messies, lorsqu'ils sont souffrants, ressemblent étrangement aux hommes. S'ils n'osent appeler leur mère, ils y pensent et c'est peut-être pourquoi, qui sait, une pleine lune quelque peu affolée sortit soudain de la voûte céleste pour éclairer Huacarama.

La mère de l'Inkarri veillait donc son fils. C'était bon signe !

Grâce à cette Mama-Killa, à ce Papa-Soleil, grâce à la conjugaison des rayons et de la lumière, des astres et du savoir-faire, grâce aux Apus des montagnes, aux breuvages magiques, à l'impressionnante pharmacopée et à sa savante utilisation, Guispe parvint à juguler la leucémie. Nous ne prétendons pas qu'elle fut guérie : « Bonjour, au revoir, et pour toujours. » Non, elle fut comme le mot employé « jugulée », c'est-à-dire qu'elle ne recula ni n'avança. Elle resta stagnante, à croire que les globules blancs étaient bloqués par quelque drogue les empêchant de se multiplier. La course folle des globules stoppée, la dégradation de la moelle osseuse enrayée, les ganglions dégonflés, Guispe put se consacrer alors au rétablissement même du malade. Il mêla les fortifiants de l'esprit à ceux du corps, si bien que Ben Israël, bourré de bons sortilèges et d'excellentes mixtures, ne tarda pas à se lever. Il avait retrouvé l'usage de ses jambes. Oh ! pas trop. Juste ce qu'il fallait pour aller de sa case au baño, se risquant parfois avec l'aide de Nemessio à un tour de village, à une brève incursion vers la puna avoisinante.

Guispe, on l'a vu, ne tenait pas à ce que son messie soit tenté de reprendre sa marche. Il contrôlait, en conséquence, ses mouvements, dispensant, selon les besoins, soit un peu plus, soit un peu moins de forces. Et puis on se méfiait par-dessus tout de frère Francisco, auquel, bien entendu, on avait caché l'arrivée de l'Inkarri au village.

Il n'est pas de bon ton à Huacarama comme ailleurs d'être ou trop bien portant, ou trop malade. L'homme bien portant est suspecté d'arrogance. On craint qu'il ne mette à profit sa force aux dépens des autres. Le grand malade, lui, à l'inverse, est souvent accusé d'affaiblir la communauté, voire de la contaminer, et il n'est pas rare, de ce fait, qu'un sorcier le fasse passer de vie à trépas, usant de l'alibi du despenamiento. Cet ultime soulagement du grand malade réconforte surtout les moyen-portants, ceux qui ont intérêt à rester coincés dans leur petite mesure humaine, à fleur de terre, à ras du monde. « Pour vivre heureux, vivons cachés » n'est certes pas un proverbe andin. Il n'empêche qu'en mettant leur existence en veilleuse les campesinos de la Cordillère croient éviter la répression et les pogroms. Fidèle à cette tradition, Guispe a achevé comme cela plus d'un grand malade à l'agonie. Il a passé le cordon rouge autour du cou et serré très fort afin que l'esprit, échappé de la gorge, n'aille faire d'autres victimes.

Ben Israël aurait pu être assassiné à la sauce despenamiento s'il n'avait eu la chance d'être reconnu et pris pour l'Inkarri. Et l'on peut assurément parler de chance puisque la sienne était double et même triple. Une chance multipliée et surmultipliée. N'était-il pas soigné, nourri, logé, planqué, et vénéré ? On le recherchait toujours du côté d'Ayacucho et beaucoup plus loin, là-bas, sur la côte, on surveillait aussi les ports et les aéroports, car l'évasion de Ben Israël avait été beaucoup plus sanglante que son admission en prison. Cette fois au moins, il n'y était pour rien. Il n'avait fait que profiter de la mutinerie et suivre, quelque temps, la poignée de truands irréductibles qui mettaient à sac le campo environnant. Et puis, à la faveur d'une fusillade entre les caïds de la drogue en cavale et un détachement de l'armée, il s'était enfui avec ses illusions et son idée fixe : retrouver les livres saints enterrés quatre siècles auparavant par Luis de Montezinos. Comment aurait-il pu imaginer que sa longue marche à travers l'altiplano serait interprétée comme messianique ?

Les mois passant, Maurice et Guispe se sont découverts et écoutés. Si le premier est à la merci du second, il est aussi, à sa manière, une source de magie et de lumière. Des jours et des nuits, entre potions et dévotions, ils ont discuté leurs points de vue, analysé les grands courants de la pensée locale et universelle, remis la terre sur son axe, refait le monde. Peu à peu, le Talmud a remplacé le catéchisme de frère Francisco. Il a été adopté comme complément aux rites ancestraux et il faut remarquer que les Achachilas, ces esprits des grands fondateurs de la dynastie inca, se sont abstenus de tout courroux. Oh ! certes, le Messie Ben Israël y a été sur la pointe des pieds. Il s'est avancé à pas feutrés vers les profondeurs de l'inconscient collectif, préférant révéler le dogme plutôt que de l'imposer. Aucun lien de parenté entre l'étranger de Huacarama et les jésuites brutaux armés jusqu'aux dents qui agenouillèrent l'Inca Atahualpa avant de le décapiter en place publique de Cajamarca. Ici les seules armes employées sont celles de l'évidence. Même la persuasion n'a pas cours.

Ben Israël naviguait à vue, jouant avec la curiosité et la fascination qu'il exerçait. Il ne distillait pas la bonne parole du haut d'une chaire, revêtu d'une chasuble, mais au coin du feu, vêtu comme tout le monde. Il n'apprenait pas, il racontait. Et lorsqu'il s'agissait d'expliquer une parabole compliquée, une de ces constructions talmudiques très tarabiscotées, il n'hésitait pas à la mimer. La force de l'étranger, c'est qu'il ne se plaçait point au-dessus des hommes ni à côté, mais qu'il s'abaissait à leur niveau, qu'il savait éclater de rire ou de colère, roter, péter et faire l'amour.

L'amour, il le faisait la nuit du sabbat, à ses moments de pointe, quand les médecines de Guispe lui aiguisaient les sens. Il avait plusieurs femmes à sa disposition, des jeunes filles déjà un peu fanées, bien que sa préférée, Melchora, n'ait pas atteint ses vingt ans. C'était rapide et sans élan particulier : une tendresse sèche, une jouissance rarement manifestée même si elle était ressentie. Il faisait ça pour l'hygiène et non pour le vice. Et puis un jour Melchora, ayant attrapé le gros ventre, ne revint plus le voir.

Ben Israël ne se préoccupait pas davantage de Melchora que d'Inocencia, Modesta ou Alejandra. Les unes et les autres savaient à quoi s'en tenir si d'aventure leurs règles, détournées par un esprit malin, n'étaient plus au rendez-vous du cycle mensuel. Elles appelaient Guispe, lequel prévenait la partera, qui opérait alors, soit par absorption de breuvages au venin de serpent, soit à l'aide d'une aiguille à tricoter. On pratiquait ainsi depuis toujours à Huacarama au nez et à la barbe du cholo Francisco car on se devait de respecter l'équilibre économique traditionnellement admis chez les Ayllu. La population de Huacarama n'avait jamais excédé les soixante-cinq habitants et quand un couple passait outre cette méthode avant-gardiste de planification familiale, la coutume voulait que l'on s'en aille vendre à Combapata le dernier-né. De Combapata, le bébé, confié à une entremetteuse, était conduit par le train à Cuzco et cédé à une matrone fort connue qui commerçait avec l'Europe et les Etats-Unis.

Melchora, se sachant investie de la semence du Messie, crut qu'on lui laisserait élever l'enfant. Elle se cacha de Guispe durant ses derniers mois de grossesse et mit au monde un superbe huahua, un de ces nourrissons jamais vus par ici ni dans la région. Il était pur Quechua de peau et de traits, mais lorsque Agustina, la sage-femme, se pencha sur lui, elle fut éblouie par deux grands yeux bleus ouverts sur le soleil levant. On ne pouvait s'y tromper. C'étaient les yeux de l'étranger, les yeux de l'Inkarri. La partera sectionna le cordon ombilical et courut à grandes enjambées prévenir Guispe.

Guispe réfléchit toute la matinée. Le dilemme était d'importance. Pouvait-on garder dans le même village le Messie et le fils du Messie ? N'y avait-il pas là une dualité redoutable, une menace pour l'avenir, un danger pour l'harmonisation nouvelle dont on sentait déjà les bienfaits ? Fallait-il en discuter avec l'étranger, le prévenir de cette naissance divine ou au contraire le laisser dans l'ignorance ?

Ils n'étaient que trois à savoir. Lui le sorcier, Agustina la partera et Melchora la mère.

Il fit parler la coca, étripa un cuy, mêla de la pierre pilée à la graisse de lama et tendit le mélange vers le soleil. Il offrit à la terre ce qui lui restait d'aguardiente, consulta ses illas, ses sepjas, puis, le visage fermé, il entra en communication avec les divinités occultes qui résident au sommet des montagnes. Il était vieux, très vieux et moins concentré qu'autrefois. Peut-être est-ce la raison qui le fit commencer sa prière par le modé ani, suivi presque aussitôt du Chemah Israël. Il ne savait plus très bien où il en était de ses liens ancestraux et de l'enseignement tout neuf, mais, s'étant fermement repris, il entendit alors la voix des Apus et des Auquis. Et cette voix lui disait qu'un messie au village était déjà largement suffisant.

Les Apus et les Auquis décidèrent que Melchora

élèverait son fils six semaines, après quoi Nemessio serait chargé, en secret, de le convoyer à Comba-pata. On appela le petit Cristobal, mais ceux d'entre les sages qui étaient autorisés à l'approcher, surpris par la clarté azur de ses yeux, l'avaient déjà sur-nommé « le Lama Bleu ».

On alla enterrer le placenta loin de la case, loin du village, dans une petite vallée infertile que l'on traversait pour se rendre au rio Apurimac. C'était la vallée des placentas, la terre où reposait la déli-vrance des femelles mais aussi la dépouille des infir-mes et des grands malades trépassés à la suite d'un despenamiento.

Le vagin de Melchora fut lavé à l'infusion de coca, puis on passa le corps du huahua à l'alcool et au piment. Le bébé pleurait fort et se débattait comme un diable en boîte. On pouvait l'entendre crier de partout dans le village, mais les gens firent comme s'ils n'entendaient rien. Il s'agissait d'une naissance clandestine, d'une mise au monde non programmée, et lorsque Ben Israël, intrigué, demanda à Nemessio le nom de la femme en cou-ches, le berger lui répondit en souriant que l'on n'at-tendait pas de naissance avant l'automne prochain.

Ben Israël n'insista pas. De toute manière, quand bien même naissance il y aurait, il était trop tôt pour qu'on prépare la « chaise d'Eliahou » à un parrain. Trop tôt pour passer de la théorie à la pratique, car, s'il avait parfois évoqué le rite de la circoncision, il s'était gardé de préciser qu'elle était le signe d'al-liance par excellence en tant qu'inscription dans la chair à l'égard de la génération et de tout ce qui engage l'avenir. Non, on n'en était pas encore là à Huacarama et il s'écoulera beaucoup de saisons, voire d'années, avant qu'on puisse apprendre à ces Indiens que la graphie hébraïque du Yod, une des lettres du tétragramme, rappelle le gland du sexe circoncis. D'ailleurs, Ben Israël à court de texte – il ne possédait qu'un ouvrage assez primaire envoyé par sa mère à la prison – en était réduit très souvent à des interprétations approximatives. Il avait beau talmuder à longueur de journée et plancher tant que ça pouvait sur les Ecritures, les livres saints de la communauté juive de Cuzco lui manquaient singulièrement. Les recherches, pourtant, avaient commencé. On fouillait un peu partout, au petit bonheur la chance, mais jusqu'alors bonheurs et chances restaient aussi bien cachés que les livres.

Partout alentour ça n'était que trous, tranchées, excavations. Et quand on sait que pour tout instrument les gens de Huacarama ne possèdent que la chaquitaclla, une sorte de courte pioche avec laquelle on laboure les chacras, on reste confondu par l'effort accompli.

Ces trous, ces tranchées, ces excavations béantes, le cholo frère Francisco en suivait à la jumelle la progression.

Tapi, faisant corps avec l'herbe jaune et la caillasse, il se demandait ce que pouvaient chercher ainsi, mues par tant d'ardeur, ses ouailles perdues. Etaient-elles devenues, ces ouailles, profanatrices de huacas ? De mémoire d'homme, on n'avait jamais vu de huaqueros dans la région et pour la bonne raison qu'il n'y a rien à fouiller, rien à voler. Que seraient venus faire jadis les grands Incas par ici puisqu'ils régnaient en maîtres à Cuzco, à Sacsahuaman, à Kenco, à Puca-Pucara, à Tambomachay, à Pisac, à Huchuiy et au Machu-Picchu ? Ici ça n'était que terre de désolation, que coin perdu, que trou à rat. Comme il n'osait se rapprocher, il gambergeait à travers ses jumelles rafistolées. Son imagination grossissait davantage les choses que ne les devinaient ses vieilles jumelles fendues, mais l'une et les autres étaient loin du compte, car là où il n'y avait que désintéressement et ferveur, lui ne voyait que lucre et intérêts.

D'habitude, lorsqu'un enfant de Huacarama vient au monde, on attache son cordon ombilical à un arbre pour en faire un bon paysan, à un métier à tisser pour en faire un habile artisan, à un cerf-volant pour en faire un esprit élevé ou au tableau noir de l'école pour en faire una cabeza mayor. Cette fois, Agustina, la sage-femme, attacha le cordon ombilical de Cristobal à la queue d'un lama, puis, fouettant l'animal, elle le fit détaler à travers la puna. C'était une façon de répudier l'enfant tout en le libérant. Une manière de lui dire : « Va-t'en et bonne chance », un au revoir plutôt qu'un adieu.

Six semaines plus tard, enroulé dans le poncho de Nemessio, le petit « Lama Bleu » partit derrière son cordon ombilical. Nemessio se sentait lié à l'enfant comme il se sentait lié à l'étranger. Il avait été le premier à apercevoir l'Inkarri. Le premier à l'accueillir. Il serait aussi le premier, le seul, l'unique vrai padrino de Cristobal, fils de l'Inkarri, petit-fils du Soleil et de la Lune. Nemessio respectait la décision des ancêtres, il la trouvait normale, sage, mais cela ne l'empêchait pas de la ressentir confusément comme une sorte d'injustice.

Il s'était mis en route au premier chant du coq. La terre gelée craquait sous ses sandales taillées dans un morceau de pneu. L'ichu raide et blanche de givre lui écorchait les orteils à chaque pas. Il avançait vite et droit, serrant le huahua contre sa poitrine qui battait fort.

A mi-parcours, la brume s'étant épaissie, redoutant quelque maléfice, perte d'âme ou de chemin, il s'arrêta et déposa le petit auprès d'une huanca à laquelle il fit ses dévotions. Ben Israël n'aurait sans doute pas apprécié qu'il se prosternât ainsi devant cette pierre élevée en rase montagne, car la Torah ne mentionne nulle part que le passant se doit d'honorer les esprits bienfaisants des rochers, mais il le fit, et plus encore. Il plaça l'enfant au faîte de la pierre et pria pour que sa ligne de vie soit semblable à cette pierre, et qu'il puisse, pareil à elle, guider les égarés des montagnes. C'était une prière inédite, instinctive. Des mots jamais récités, des intentions jamais énoncées. Et comme il se relevait, tenant l'enfant à bout de bras, la brume se dissipa, laissant apparaître Inti, le Soleil des soleils.

Réchauffé, baigné d'or, l'enfant sourit. C'était son premier sourire, son premier soleil. Nemessio accusa la crainte profonde d'avoir été, malgré lui, détenteur d'un tel pouvoir. Il approcha le huahua de ses lèvres et le baisa sur les yeux. Ils étaient couleur ciel d'été. On pouvait s'y fondre et s'y confondre. Y suivre le passage des nuages, y voir des aurores et des lacs clairs, des épis d'orge et des maïs dorés.

Rassuré, Nemessio se remit en marche. Le ciel se couvrit à nouveau, mais qu'importe. Il serait fort le petit « Lama Bleu », ils se protégeaient, s'entraidaient, s'investissaient. On ne savait plus lequel des deux portait l'autre. Lequel des deux s'en allait, ni vers qui ni vers quoi. Leurs destinées, sans être communes, étaient amarrées aux mêmes sangles.

Nemessio ne marchait plus, il courait. On aurait pu le croire envoûté. Il était seulement heureux. Quelque chose, quelqu'un, une voix, peut-être celle des esprits de la huanca, lui annonçait pour bientôt le retour de l'enfant.

CHAPITRE III

Il s'appelle Michel Weinberg. Il a quarante-deux ans, il habite les Yvelines. Weinberg est un écrivain réputé. Sans toucher automatiquement le grand public, cette vaste masse anonyme et silencieuse de lecteurs potentiels sur lesquels fantasme tout romancier, il s'en trouve cependant une cinquantaine de mille, la population de Châteauroux en quelque sorte, qui n'hésitent pas à franchir le seuil d'une librairie lorsque le dernier Weinberg vient de sortir. Entre Weinberg et la critique, c'est comme entre les bruns et les rouquins : c'est ou tout bon ou tout mauvais. On aime ce qu'il écrit ou l'on n'aime pas. Il n'y a pas de milieu, pas d'hypocrisie, ni de faveur spéciale; c'est tranché, net, précis, catalogué. Certains le rangent au rayon des accessoires en littérature. D'autres estiment qu'il est tout juste apte à figurer sur celui des bibliothèques de gares. Seule une minorité sensible à la petite musique personnelle de l'histoire racontée croit en lui et le soutient. Cette minorité de critiques inconditionnels, Weinberg essaie de ne pas la décevoir. Sans dire qu'il écrit pour elle, on peut dire qu'il pense à elle en écrivant, se demandant quelquefois s'ils sauront découvrir et apprécier tel ou tel passage apparemment anodin mais qu'on ne peut franchir des yeux sans faire détaler aussitôt un ou plusieurs lièvres.

Si Weinberg adore faire détaler des lièvres, il aime aussi s'amuser à poser des collets aux idées, des pièges aux mots, et le lecteur de Châteauroux ou d'ailleurs ne s'y trompe pas. Généralement, il suit l'écrivain depuis ses premiers livres, mais Weinberg, jusqu'à présent, il ne se prive pas de le répéter, n'a écrit, en fait de chef-d'œuvre, que des hors-d'œuvre. Son chef-d'œuvre, son œuvre d'importance, il va en accoucher peut-être dans une dizaine d'années. Il a besoin de sérénité, de recul, et il pense que vers cinquante-cinq ans il atteindra cette sérénité du recul sans laquelle il n'est de maîtrise possible. Pour l'instant, à quarante-deux ans, Weinberg possède la fougue, le feu sacré, le style, mais il lui manque non seulement le sujet d'exception, la fresque à brosser et à s'engouffrer, mais encore l'aptitude à passer de la description à la réflexion, du récit bien foutu à la narration envoûtante, de la possession de ses moyens à la possession.

En attendant la sérénité du recul et la sagesse des années, Michel Weinberg s'est attaqué à un sujet au thème ambitieux et assez bien résumé par le titre : *Les sites sacrés et leur environnement.* Il veut démontrer, d'une part, que le site, avant même d'avoir été choisi par les bâtisseurs de cultes et de cultures, portait déjà en son espace un quota de magie et de sacré; de l'autre, qu'après avoir été bâti, adoré, sacrifié, et souvent abandonné aux barbares ou à la jungle, il se remettait des siècles ou des millénaires plus tard à revivre et à influencer d'autres peuples, d'autres sociétés, et peu importait que ces peuples momentanément déplacés se nomment touristes et que les sociétés soient appelées « de consommation ».

Le projet était ambitieux, mais, comme il coûtait également très cher, il avait passé des accords avec un grand magazine hebdomadaire publiant, au fur et à mesure de ses voyages, des condensés de

« vulgarisation ». Ainsi avait-il pu remonter les vallées du Cachemire, descendre celle du Nil, passer des pyramides pharaoniques à celles des Aztèques, visiter Angkor, la Cité interdite, Heijo-Kyo, les murs de Babylone et celui des Lamentations, le temple d'Artémis, le mausolée d'Halicarnasse, le Taj-Mahal et les jardins suspendus de Sémiramis. Il se réservait Vézelay et Lourdes pour plus tard, ayant préféré marcher à grands pas dans les ruines du Machu-Picchu plutôt que d'avancer à pas feutrés vers le narthex.

Il avait laissé sa femme Elisabeth à Paris. Ils avaient beaucoup hésité. Devait-elle ou non l'accompagner, si loin et si cher en cet hiver de 1969, ou bien allait-elle profiter de ces quinze jours sans ménage, sans mari et sans manuscrit à taper ou à corriger pour relancer les divers organismes auxquels le couple s'était adressé à maintes reprises dans l'espoir d'être autorisé à adopter l'enfant qu'elle ne pouvait normalement concevoir ?

En tant que Juifs, Elisabeth et Michel Weinberg auraient eu plutôt tendance à adopter un enfant de mère juive. Mais ces derniers, peu nombreux sur le marché effectif de l'adoption, rendaient leur désir à peu près vain. N'étant pas soumis à une orthodoxie judaïque extrême, pratiquant mais sans plus l'A.B.C. de la religion inculquée par les deux familles, ils s'étaient tournés depuis quelque temps vers des fondations privées où il fallait poser sa candidature et faire face à des examens de conscience délicats en raison des écrits de Michel que la morale publique, sans les réprouver vraiment, mettait tout de même à l'index.

Ils passèrent donc successivement du bébé juif au bébé coréen. Du bébé vietnamien au bébé cambodgien. Puis, comme les uns et les autres, à leurs grandes inquiétudes, ne venaient pas plus vite que le premier, ils se résignèrent à contacter la filière colombienne dont on disait les pires horreurs dans la presse parce que l'argent primait sur la qualité parentale. Ils avaient versé des acomptes, vu des photos, lu les curriculum vitae des parents présumés. Ils avaient reçu des appels, répondu à des rendez-vous, subi des visites médicales, éprouvé des émotions, ressenti des fausses joies, préparé la chambre, mais rien, aucun bébé n'était encore arrivé à la maison de La Celle-Saint-Cloud que Michel avait héritée de son père.

Oh! bien sûr, on ne s'était pas résigné à l'adoption sans être sûr qu'il ne s'agissait pas d'un simple blocage psychologique. On avait consulté et entendu des spécialistes, subi des analyses de toutes sortes, rencontré des sages-femmes, des magnétiseurs, des acupuncteurs. Bref, on avait vu des savants et des sorciers, des rabbins et des sexologues. On avait potassé tout ce qu'il était possible d'apprendre sur la question, suivi des traitements de choc, des thérapeutiques contrôlées. Elisabeth, en cachette de Michel, s'était même prêtée à des interventions sauvages et elle avait failli en crever.

S'il n'y avait pas eu cette volonté d'avoir un enfant, ce désir absolu, cet acharnement à combler le manque, le couple Weinberg aurait pu couler, comme il est coutume de dire, des jours heureux. Il avait la notoriété. Elle avait celle d'être sa femme et, curieusement, semblait s'en contenter. Ils comptaient beaucoup d'amis, plus de faux que de vrais. Sortaient, recevaient. Quant à l'argent, sans être riches, ils passaient pour aisés, mais Michel savait qu'il lui suffirait de « rater » un livre pour que l'équilibre apparent dont ils jouissaient s'en trouve modifié. Sentimentalement, sexuellement, ça marchait bien. Ils faisaient même davantage l'amour que les autres couples, car ils y mettaient toute leur vigueur avec, en plus du plaisir des sens, une formidable énergie d'espoir. Sans penser à la débauche sexuelle, mais uniquement à l'ovulation, ils se lançaient à corps perdu dans des positions invraisemblables qui dépassaient en nombre et en imagination celles du Kama-Soutra.

Il serait bien entendu malhonnête de peindre le couple des Weinberg aux couleurs de l'idylle. Comme tous les couples, comme chaque être vivant, ils fonctionnaient à l'interrogation, s'accommodant tantôt du mieux, tantôt du pire, tantôt de cette trêve essentielle que certains nomment le bonheur mais qui n'est qu'un temps de répit accordé à la respiration.

En se promenant parmi les vestiges de la civilisation incaïque, Michel Weinberg jouissait presque pleinement de ce temps de répit. Il s'était basé pour une huitaine de jours dans une posada d'Aguascalientes dont la chambre donnait sur la voie ferrée. Chaque matin il se rendait à pied au Machu-Picchu, empruntant le chemin des Indiens qui montait raide et droit, coupant insolemment la route de poussière et de lacets encombrée de bus. Monter et redescendre à pied, c'était sa façon d'honorer, de mériter le lieu sur lequel il travaillait.

Une fois là-haut, mêlé à la cohorte des touristes, il allait d'un monument à l'autre, du quartier religieux, du quartier royal au quartier industriel, s'interrogeant et s'arrêtant comme tout le monde devant la tour centrale, la maison de l'Inca, le calendrier astronomique et le groupe des trois portes où vivaient, recluses, les vierges du Soleil réservées, croit-on, à l'usage de l'Inca. Comme tout le monde, il admirait les terrasses hier cultivées, aujourd'hui laissées à l'abandon. Comme tout le monde, il était à la fois emballé par ce qu'il en avait appris et déçu par ce qu'il en voyait. Comme tout le monde, il s'était imaginé une vraie ville avec de vraies rues, des maisons avec de vraies pièces, des temples avec de vrais vestiges de temples. Les nombreux guides lus et relus, avec leur fichue manie de reconstituer l'indescriptible en langage précis, étaient sans doute pour quelque chose dans la désillusion qu'il ressentait. A la place des monuments qu'on lui faisait surgir au fil des pages, il ne voyait, comme tout le monde, qu'une suite étagée de fondations à peine dégagées qui sortaient de terre pareilles aux dents sortant des gencives. Comme tout le monde, il savait qu'il fallait admirer ces blocs de pierre taillés et ajustés au millimètre près. Mais comme tout le monde, sans se l'avouer, il était néanmoins contrarié de ne point trouver un vrai et grand beau mur à l'ombre duquel il aurait pu s'abriter et réfléchir. Comme tout le monde, il était emballé par le site, se sentant médiocre devant la majesté, bête devant l'ignorance. Les sites, les ruines, leur environnement, l'idée qu'on s'en fait et la réalité qu'on y trouve, tout cela faisait pourtant partie de son boulot. Il n'empêche qu'ici, au Machu-Picchu, lui l'écrivain confirmé, l'essayiste averti, manquait singulièrement de points de repère.

Repère, cependant, le Machu-Picchu l'avait été, et comme tout repère il était également coiffé de son nid d'aigle, le Huayna-Picchu où les guetteurs se relayaient jour et nuit. Les guetteurs du piton, encordés, pareils à des alpinistes, s'étaient certainement endormis dans leurs bivouacs puisqu'ils n'avaient vu venir le plus dangereux des envahisseurs, la jungle elle-même avec ses arbres délirants, sa végétation démentielle, ses fougères empoisonnées et ses lianes gigantesques qui ficelèrent le tout durant des siècles jusqu'à ce qu'un archéologue américain, le jeune Hiram Bingham, parvienne à se frayer un chemin vers la cité la plus mystérieuse du monde.

Combien étaient-ils du temps de l'Inca, et de quel Inca d'ailleurs, à occuper cette montagne qui domine le rio Urubamba? Mille, deux mille, dix mille? Nul ne le sait. La seule certitude est celle de la topographie. A mille on pouvait y tenir, à deux mille s'y maintenir. A dix mille, on y crevait d'étouffement et de faim. Le Machu avait-il été élevé à la gloire du Soleil, réservé uniquement à la dévotion et aux rites sacrés, ou bien avait-il été construit, telle une forteresse, aux avant-postes de Cuzco pour contenir un déferlement sur l'Empire des tribus sauvages de la selva avoisinante ? Fut-il, ce Machu, le dernier refuge des Acclas, la dernière cache des vierges du Soleil traquées par les conquistadores barbus, ou bien doit-on considérer que le Machu-Picchu et Vilcabamba ne formaient qu'une seule agglomération, une sorte de capitale de rechange où s'étaient repliés Tupac Amaru et sa suite ?

Confronté à l'inconnu, face au travail de sape de la jungle et à celui de la nuit des temps, l'homme a tendance à abandonner le rationnel au profit de l'irrationnel. Faute d'écriture, de gravure, de civilisation consignée, il se lance dans d'invraisemblables hypothèses, se défoulant au passage de ses propres fantasmes, n'hésitant pas à appeler les extra-terrestres à l'aide. Il en va ainsi du Machu-Picchu et de Nazca. Les petits hommes verts surgissent des soucoupes et quand ça n'est pas l'œuvre des extra-terrestres, c'est celle de l'Extra-terrestre au singulier, car Dieu est partout où l'explication manque.

A propos du Machu-Picchu, Weinberg a tout entendu, tout lu, tout digéré, y compris les écrits d'un certain Montezinos revus et corrigés par le théologien Manassé Ben Israël, démontrant, témoignages d'Indiens à l'appui, que l'une ou l'autre des dix tribus perdues d'Israël aurait très bien pu fonder cette Jérusalem des Amériques. La théorie l'amusait mais sans plus. Elle faisait partie des légendes au même titre que le trésor des Incas enfoui au Machu ou à Païtiti.

Le trésor des Incas, c'est comme le trésor des Templiers, comme celui des nazis. On court après juste pour le plaisir de courir et de fouiller. On y investit autant de rêve que d'argent et d'énergie, mais après tout il vaut mieux investir dans un trésor hypothétique plutôt que d'hypothéquer sa maison pour satisfaire à quelque vice.

Ainsi pensait Weinberg parvenu au pied du Huayna-Picchu. Il se demandait s'il allait en tenter la difficile ascension pour le plaisir de s'asseoir, une fois arrivé là-haut, sur le trône de l'Inca. Etant sujet au vertige, il hésitait à se lancer sur le sentier escarpé et sans rampes lorsqu'il entendit soudain le bruit sourd d'une détonation. Il y eut cinq tirs coup sur coup dont l'écho se répercuta sur l'autre rive du rio Urubamba. Weinberg pensa que l'armée, en manœuvres, faisait des siennes, mais quelques minutes plus tard une nouvelle série d'explosions ébranla la montagne, à croire qu'elle en était la cible. C'était peut-être un canon. Peut-être un bang ou le réveil d'un volcan insoupçonné. Intrigué, Weinberg s'adressa à un accompagnateur qui s'apprêtait à escalader le piton à la tête de son groupe. Il apprit que les déflagrations n'étaient dues ni à l'armée ni à un avion ni à un volcan mais à des ingénieurs de la compagnie « Energia-Electrica », lesquels, sans se soucier le moins du monde du site et du repos des grands ancêtres, entamaient la construction d'une centrale hydraulique. Quant au flot tumultueux du rio, il était déjà capté en amont du Machu-Picchu et contenu par un barrage terminé l'année précédente.

Weinberg n'en croyait pas ses oreilles. Le guide, un Quechua natif de Cuzco, envoyé au Machu pour la saison touristique, l'accompagna une centaine de mètres et lui montra, en contrebas, à cheval sur le rio et la montagne, un chantier en pleine effervescence. D'où il se trouvait, Weinberg pouvait suivre des yeux le ballet des bulldozers et des camions. En raison de la hauteur et de la distance, tout semblait miniaturisé. Les ouvriers avaient l'air de fourmis casquées. Les baraquements, de maisons de poupées. Les locomotives orange et les wagons chargés de caillasse, de jouets électriques.

Cela faisait deux jours qu'il logeait à Aguascalientes, au bord de la voie ferrée. Deux jours qu'il dormait et prenait ses repas à moins de dix kilomètres du chantier sans rien remarquer des travaux. Il s'en voulut de s'être laissé surprendre par l'événement. Il en frémit à l'idée qu'il aurait pu passer à côté du scandale et, comme il en faisait la remarque à celui qui l'avait renseigné, l'autre lui dévoila qu'« Energia-Electrica » s'entourait de précautions particulières en raison de l'impopularité des travaux. Les peones des communautés avoisinantes s'étant opposés au projet par peur que les Apus et les Auquis se fâchent et se retournent contre leurs terres et leurs récoltes, la compagnie avait été obligée d'engager une main-d'œuvre étrangère à la région. Cette main-d'œuvre recrutée du côté de Cuzco, de Sicuani et de Puno logeait en bordure du chantier avec femmes, enfants, porcs et volailles. Ça n'était pas vraiment un village, pas vraiment une ville. Plutôt un camp de réfugiés, et même un camp fortifié puisque à plusieurs reprises les Indiens hostiles étaient sortis de leur jungle armés d'arcs et de frondes.

La première fois, Pietro Balssano, le responsable du chantier, avait évité la bagarre en recevant les chefs dans son bureau truffé de gadgets. Tandis que la troupe bandait les arcs et faisait tournoyer les frondes, les chefs de jungle, descendants plus ou moins directs des bâtisseurs du Machu, s'étaient laissé saouler la gueule au pisco et à la chicha. Venus sur leurs grands chevaux, ils étaient repartis sur les genoux avec en prime quelques milliers de sols, l'emballage plastique d'une télévision inutile, trois barres à mine et la promesse qu'ils seraient les premiers éclairés.

La seconde fois, n'ayant pas apprécié les effets de

la gueule de bois, les chefs n'étaient pas entrés dans le bureau de Balssano, mais ils avaient exigé que l'ingénieur vienne se présenter devant eux. Encerclé, menacé de lances et de flèches à l'encoche parée de plumes d'oiseaux rares, Balssano avait fait bonne contenance, expliquant qu'il était mandaté par le gouvernement central, lequel gouvernement était lui-même investi de pouvoirs immenses et qui surpassaient en variété et en densité ceux des dieux incas. Afin d'étayer sa description, il évoqua un oiseau de fer géant capable de prendre dans ses serres le plus gros rocher du rio Urubamba, puis de le précipiter sur un point précis de toute la hauteur du ciel. Après avoir mis au défi l'ingénieur de faire apparaître cet oiseau de fer dès le lendemain, les Indiens de la selva le relâchèrent.

Comme le téléphone n'était point encore installé dans cette partie du pays, Balssano manda son second pour Cuzco en draisine Diesel, si bien que le lendemain, à l'heure promise, l'armée envoya sur le chantier un hélicoptère lourd Skycrane. C'était un énorme appareil américain capable de transporter un char, mais, au lieu de prendre le rocher dans ses serres, l'oiseau de fer lâcha un filet sur le groupe d'Indiens prosternés et les balada, de terreur en nausée, entre ciel et terre.

A la suite de ce rapt surnaturel, Balssano passa pour un très grand chef. Les Indiens rangèrent leurs plumes et leurs arcs et restèrent terrés au fin fond de leur jungle jusqu'à ce que le sorcier comprenne qu'ils avaient été leurrés par la technique et non pas soumis à la volonté des dieux.

La troisième fois, ils étaient revenus peinturlurés de magies, caparaçonnés d'amulettes des pieds à la tête et s'étaient mis à flécher, de la rive opposée, tout ce qui bougeait de l'autre côté du rio. Il y avait eu des blessés et des morts parmi les ouvriers. Des cœurs arrêtés subitement, des plaies empoisonnées, une peur panique devant cette sauvagerie.

Balssano, en son âme et conscience, avait dû prendre la décision de balancer des bâtons de dynamite à tout va, si bien que le combat cessa faute d'agresseurs et que le rio Urubamba charria pêle-mêle, en ses flots rouges, hommes et poissons crevés.

Depuis on s'était fortifié, protégé. On avait prévenu toute nouvelle attaque en postant des guetteurs à chaque extrémité du camp. Balssano, somme toute, n'avait fait que mettre en pratique, un demi-millénaire plus tard, la méthode utilisée par les occupants du Machu. Pareil à l'Inca, pareil aux prêtres du Soleil, il avait ses miradors rapprochés, mais il avait aussi placé des vigiles encordés à la cime extrême du Huayna-Picchu, cette flèche géante fichée dans le gras du ciel.

Pour l'écrivain Weinberg, cette histoire de centrale hydraulique au Machu-Picchu, c'était pain bénit et compagnie. Ahurissant, scandaleux, époustouflant, dégueulasse ! Les adjectifs manquaient. Ah ! non, il n'allait pas manquer de dénoncer l'affaire en des termes bien précis. Pourquoi loger la centrale dans les flancs de ce site sacré alors que la moyenne montagne s'étire sur près de cent kilomètres d'Aguascalientes à Quillibamba et qu'elle est bordée par ce même rio Urubamba dont on a détourné une partie des eaux en amont du Machu ?

Comme cette question capitale nécessitait une réponse, Weinberg emprunta à son tour la voie ferrée et suivit les huit kilomètres de traverses posées entre la gare d'Aguascalientes et le chantier d'« Energia-Electrica ».

Balssano le reçut comme un chien dans un jeu de quilles. L'ingénieur, on s'en doute, avait mieux à faire que de justifier le choix de la compagnie qui l'employait. Cela faisait deux ans qu'il travaillait pour « Energia-Electrica » mais quinze ou vingt qu'il était sans femme et sans enfants, vingt ans qu'il s'en retournait à Milan le temps des grandes vacances. Vingt ans que sa femme le battait froid et que ses gosses lui reprochaient son absence. Vingt ans qu'il essayait en vain de les inciter à venir vivre auprès de lui. Vingt ans d'incompréhension mutuelle, de tiraillements, de déchirements. Vingt ans qu'il se sentait à moitié veuf, à moitié en deuil.

Il se foutait de Weinberg comme il se foutait du Machu-Picchu, du sacré, des esprits des ancêtres et des Indiens de la selva. Il était payé pour exécuter un boulot difficile dans un pays de sauvages et ne se prenait ni pour un conquérant ni pour un destructeur. Il se considérait plutôt comme un homme normal chargé d'apporter normalement un peu de cette civilisation occidentale à des peuples qui en manquaient singulièrement.

Du bas de ses cinquante-neuf ans, il aimait à se rappeler les grands travaux qu'il avait dirigés un peu partout dans le monde sous-développé : Libye, Iran, Gabon, Cameroun, Pakistan, Ethiopie, Maroc, Inde, Turquie, Syrie, sans compter de multiples interventions, du Grand Nord canadien à la Sibérie orientale, lorsque les grandes entreprises jugeaient indispensable la présence de Pietro Balssano.

Tandis que les fondations de sa vie privée s'écroulaient peu à peu, il s'était fait une réputation en or auprès des compagnies qui se disputaient sa haute technicité et ses qualités morales exceptionnelles.

Le coup de colère éclaté, ayant jugé l'écrivain « manipulable », Balssano se lança dans une magistrale opération de relations publiques. Il démontra, plans et études géologiques à l'appui, qu'on ne pouvait absolument pas implanter la centrale électrique dans un autre massif que celui du Machu. Il parla de la qualité de la roche, de la configuration du terrain, de sa préoccupation, mais oui, de préserver l'environnement et brandit, pour étayer cette dernière affirmation, un croquis gouaché qui était censé représenter l'ensemble de la montagne sacrée après l'aboutissement des travaux. Finie la ronde des caterpillars. Finis les concasseurs géants et les bétonnières monstrueuses. Finies les excavations béantes. La nature avait repris ses droits, la jungle son domaine. C'est tout juste si l'on apercevait les bâtiments noyés de verdure et l'entrée de la centrale. Devant cet habile dessin aussi industriel qu'artistique, Weinberg ne se laissa pas charmer. Il avait trop vu de maquettes idéales, trop entendu de sornettes récitées en langage technocratique pour se laisser prendre à celles-ci.

Comme la conversation se prolongeait au-delà des limites imparties à un conducteur de travaux et qu'elle tournait, cette conversation, à la controverse, Balssano invita Weinberg à déjeuner le lendemain. Il le fit reconduire et prendre en draisine à Aguascalientes, mais le lendemain ressembla singulièrement à hier et le surlendemain à avant-hier, sauf que cette fois Balssano fut l'hôte de Weinberg et qu'ils dînèrent dans une gargote d'Aguascalientes dont les tables étaient posées à même la voie ferrée. Deux musiciens ambulants déguisés en gauchos de la pampa y allèrent de leurs aubades et sérénades et si ça n'était le décor de tôles ondulées et de rails rouillés, le grouillement des gamins morveux et les étals des marchandes ambulantes, on aurait pu se croire à Saint-Germain-des-Prés ou à Montparnasse, d'autant que l'on notait la présence de nombreux jeunes du monde entier qui, cheveux longs et sac au dos, s'enorgueillissaient d'avoir rallié la cité des Incas par le chemin du même nom à partir du kilomètre 88.

Pour la première fois depuis qu'il campait au chantier, Balssano dînait « en ville ». Aussi étonnant que cela puisse paraître, il n'avait jamais éprouvé l'envie d'abandonner ses ingénieurs et ses ouvriers, pas plus qu'il n'avait trouvé le temps de se rendre au sommet du Machu-Picchu. Il vivait en bas, travaillait au pied, perçait la montagne, tirait des plans et du T.N.T. à longueur de journée, dimanches et fêtes y compris. Il avait fallu l'arrivée d'un étranger autrement plus dangereux que les Indiens de la selva pour le sortir enfin de cet univers de caillasse et de dynamite.

Tout en découvrant la vie alentour, Balssano s'était lui-même découvert, se racontant d'abord par bribes, par petites touches, se laissant emporter ensuite par des flots ininterrompus de paroles.

Le vin, un tacama cuvée « especial », y était certainement pour quelque chose, mais, assis de l'autre côté de la bouteille, l'écrivain Michel Weinberg transmettait également son alcool. A sa manière, Weinberg était un meneur d'hommes aussi redoutable que Balssano. Il aimait écouter et faire parler, mettant à l'aise et en condition. Son chantier à lui, c'était l'être humain avec ses faiblesses et ses failles, mais lorsqu'il le fallait il savait garder ses reproches dans sa poche et offrir aux autres sa compréhension. Le caractère chaleureux de Weinberg ayant eu rapidement raison du caractère réservé de Balssano qui semblait fermé pour cause d'angoisses pareil à ces magasins qui le sont pour cause de deuil, les deux hommes, une fois le rideau de fer levé, en vinrent à causer d'intimités. Sans reconnaître vraiment le bien-fondé des accusations de l'écrivain, l'ingénieur passa l'éponge sur le chantier comme un maître d'école la passe sur le tableau noir. Sa vie familiale et affective le préoccupait davantage que celle des travaux. Saisissant l'occasion, il se confessait à l'étranger, dressant un bilan où le passif l'emportait de loin sur l'actif. Quant à Weinberg, touché par la solitude extrême de Balssano, il avait fait de même et s'était dévoilé, mettant à nu son couple sans se douter que Balssano possédait les clés d'une garderobe qui allait bientôt les habiller, lui et sa femme Elisabeth, d'un enfant tout neuf.

Car si Balssano ne sortait pas de son chantier, s'il s'y était plus ou moins volontairement enterré, rien de ce qui s'y passait ne lui échappait. Il savait, pour l'avoir entendu dire, que les Quechuas qu'il employait se débarrassaient des nouveau-nés non désirés par la famille ou la collectivité en les vendant à Mme Menandez, une matrone de Cuzco qui en faisait elle-même le commerce et cela d'autant plus facilement qu'elle tenait un hôtel en ville.

Weinberg, qui n'avait absolument pas l'intention d'adopter un petit Péruvien à des conditions qu'il estimait scandaleuses, entendait sans écouter. Il s'était depuis longtemps préservé des ragots de bonnes femmes et des conseils tous azimuts que les uns et les autres donnent pour se faire valoir et faire plaisir. Elisabeth et lui avaient eu trop d'espérances et trop de déconvenues pour se laisser avoir une fois de plus par un bonhomme en mal de sentiments. Mais Balssano continuait. On en était à la seconde bouteille de tacama, au cinquième ou sixième verre de pisco sans oublier l'aguardiente prise en apéritif. Il disait qu'adopter un enfant chez Mme Menandez était un jeu d'enfant. Le gosse choisi, le prix convenu, un fonctionnaire de l'état civil avec lequel la matrone s'était acoquinée délivrait, moyennant bakchich, une reconnaissance de paternité. En signant cet acte officiel, l'étranger reconnaissait donc avoir entretenu des rapports sexuels avec telle ou telle fille de la campagne démunie de ressources. La fille, réelle ou fictive, Balssano n'étant pas dans le secret des escrocs l'ignorait, signait à son tour un papier autorisant le père de son enfant à le prendre en charge. Dès lors, il ne restait plus au fonctionnaire, entente financière préalablement convenue, qu'à délivrer au « père » une permission de quitter le territoire national en compagnie de son enfant.

C'était simple et efficace. On antidatait, on trafiquait les documents, mais à peine passé la frontière, une fois assis dans l'avion, le gosse vous appartenait pour toujours.

Si Weinberg avait écouté d'une oreille les propos de Balssano, l'ingénieur en avait fait de même avec ceux de l'écrivain. Les deux hommes s'étaient quittés très tard dans la nuit. L'un s'en était retourné vers son chantier en draisine, l'autre n'avait eu qu'à traverser la voie ferrée pour se glisser sous des draps aussi noirs et crasseux que l'âme de cette Mme Menandez.

Weinberg et Balssano ne devaient plus se revoir. Le premier était bien décidé, malgré le côté touchant du second, à s'employer de son mieux pour faire éclater le scandale du Machu-Picchu. Le second, par contre, et quoi qu'en pensât le premier, était bien décidé à œuvrer pour que le site sacré des Incas ne pâtisse pas trop de cette satanée centrale hydraulique qui ne lui avait amené jusqu'alors qu'emmerdements et drames. Il se consolait en voyant déjà, comme si on y était, la ville de Cuzco briller de tous ses feux. Et non seulement la ville mais encore la région. De Quillibamba à Sicuani, de la selva à l'altiplano, des Indiens à plumes aux Indiens à ponchos, tout et tous un jour seront éclairés par lui et profiteront de cette énergie nouvelle pour se sortir des ténèbres dans lesquelles ils croupissent.

A sept heures du matin, Weinberg, n'ayant pas fermé l'œil de la nuit, attrapa le train de Cuzco. Il était crevé et de mauvais poil. Il mettait cela sur le compte des moustiques et du pisco, mais, en fait, il était piqué et barbouillé au plus profond de lui-même. L'épiderme irrité, la langue chargée n'étaient qu'un alibi, qu'une façon de masquer sa confusion.

Le train venait de Quillibamba. Il était bourré de campesinos crédules et misérables chassés de leurs terres par des propriétaires d'estancias et qui s'en venaient sur Cuzco dans l'espoir d'y trouver un emploi de manœuvre. La plupart allaient échouer sur les trottoirs de la ville, la main tendue, mais ne le savaient pas. Pour l'instant, ils se racontaient des histoires. Ils riaient et dépensaient leurs derniers sous à vider canette de bière sur canette. Plus on montait vers Cuzco, plus ils se sentaient bizarres, pris d'euphorie et de vertige. Ils passaient, en trois heures à peine, de l'altitude zéro à l'altitude 4000, si bien que la plupart d'entre eux, incapables de tenir sur leurs jambes, préféraient pisser sous la banquette plutôt que de se rendre aux toilettes. L'altitude, ils ne connaissaient pas. En avaient-ils seulement entendu parler ? Weinberg n'en était pas sûr. Il en releva deux ou trois affaissés brusquement, souffle coupé, visage livide. Et puis il abandonna là sa charité. Il s'était mis à griffonner quelques notes, mais les phrases venant mal, les mots n'étant pas assez percutants, il rangea ses papiers et se mit en disponibilité. Il se purgeait ainsi souvent l'esprit, chassant les pensées et les influences mauvaises, non point à coups de fusil ou d'images radieuses, de méditation transcendantale ou de yoga, mais à coups de chiffres, totalisant des nombres considérables lorsque la purge s'avérait importante. Il commençait par un, deux, trois, et, les chiffres s'ajoutant aux chiffres, il pouvait compter jusqu'à cent mille ou plus. C'était une manière radicale de s'abrutir, de mater en lui tourments et inquiétudes.

Il faisait du un à la seconde, du trois mille six à l'heure, du deux mille quatre cents au kilomètre et sur cette ligne il avançait beaucoup plus vite dans son compte qu'avec le train. Il n'en était qu'à quatorze mille quatre cents en débarquant à la gare de

San Pedro, mais là il dut abandonner les chiffres pour la prudence.

Les voleurs guettaient tout ce qui dépassait du voyageur, prêts à découper les poches, à cisailler les sacs à dos et les courroies des appareils photo. Il y avait une véritable psychose du vol, si bien que les touristes plaçaient leur argent dans leur slip et renforçaient les courroies des sacs à dos à l'aide des câbles-freins de bicyclette. Ayant fait plusieurs fois chou blanc, les voleurs s'étaient organisés à leur tour. Les lames de rasoir furent remplacées par des sécateurs. Quant à l'argent, puisqu'on ne pouvait plus s'en emparer en découpant les poches revolver, on ne prenait pas le risque, et heureusement pour la victime, de découper les braguettes, mais on se saisissait à plusieurs du malheureux que certains immobilisaient tandis que les autres le fouillaient dans ses parties les plus intimes.

Weinberg, lui, préférait mettre argent et papiers dans ses chaussettes. Ils reposaient pliés le long du mollet et bien lui en prit d'avoir utilisé cette technique, car il fut soulevé et fouillé en moins de temps qu'il ne faut pour le dire. Ses agresseurs ne devaient pas avoir plus de dix-sept à dix-huit ans, mais l'art et la manière étant une affaire de dons, Weinberg ne put s'empêcher de les admirer. Il y perdit son sac de voyage contenant quelques tee-shirts, slips, chaussettes et sa trousse de toilette. Pas de quoi en écrire une histoire, d'autant que le gros de ses bagages, du moins l'espérait-il, l'attendait à l'hôtel Los Marqueses où il était précédemment descendu, conseillé par un ami anthropologue.

Il s'agissait d'un ravissant hôtel particulier du plus pur style colonial transformé pour les besoins du tourisme en un hôtel public, à ceci près qu'il y manquait la domesticité des temps fastes et que le service, en conséquence, en pâtissait.

Il allait à pied de la gare de San Pedro à la rue

Garcilaso lorsque, suivant l'avenue Santa Clara – tout est plus ou moins saint à Cuzco – il aperçut sur sa droite la calle Concebidayoc et se souvint, l'hypocrite, que l'hôtel Los Reyes tenu par la señora Menandez y était situé. Il hésita quelques instants au carrefour des deux rues, regarda distraitement un groupe de hippies qui dormaient emmitouflés dans leurs ponchos sur le gazon du square San Francisco, puis, faisant semblant de prendre une décision qu'il avait déjà prise la veille et ruminée toute la matinée, il s'avança d'un pas ferme au-devant de cette señora Menandez.

L'hôtel était plutôt minable. Ça sentait le moisi. Le froid rentrait de partout. Weinberg attendit une bonne dizaine de minutes dans le hall décoré de plantes anciennement vertes qui donnaient aujourd'hui la jaunisse aux murs. Un vieux gardien à la peau parcheminée récitait une prière dans son coin. C'était, bien sûr, un de ces Indiens de la selva montés à Cuzco pour y faire fortune et que l'on employait ici depuis vingt ou trente ans à laver le carrelage et à taper sur les têtes de ses vagabonds de frères venus chaque jour de la jungle par trains entiers. Le vieux invoquait l'esprit des ancêtres à voix basse, mais il aurait pu crier, personne ne risquait de le comprendre, tant on entendait de pleurs et de cris d'enfants, à croire que Weinberg s'était trompé d'adresse, ayant confondu crèche et hôtel. Le vacarme venait des étages supérieurs et descendait en tournoyant le long de la rampe d'escalier. Ça allait du simple babillage au hurlement, du caprice à la colère, de la rage de dents à la rage de vivre, car là-haut cohabitaient assurément nourrissons et gamins.

Weinberg, remué par ces « a-re a-re » et ces gémissements d'un autre monde, habitué au silence écrasant des murs muets de sa maison de La Celle-Saint-Cloud, se demandait s'il ne ferait pas mieux de partir, quand la señora Menandez fit son entrée. Elle descendait les marches pareille à une vedette de music-hall, respectant la pose, se déhanchant et souriant juste ce qu'il fallait sans cesser de fixer cet étranger bien mis n'ayant pas, selon toute vraisemblance, l'habitude de s'asseoir sur un strapontin.

Elle sut immédiatement qu'elle n'avait pas affaire à un client habituel, genre routard fauché. De toute façon, il ne lui restait plus une seule chambre de libre. Elle s'arrêta sur la dernière marche, s'aperçut que l'étranger était sans bagages et comprit qu'il ne venait pas pour louer mais pour acheter.

Weinberg lui donna dans les cinquante ans, à moins que son maquillage excessif ne la rajeunisse. Grande, élancée, le geste souple, elle ne correspondait guère à l'image que l'on se fait d'une matrone ou d'une sous-maîtresse. La señora Menandez avait bien plus de classe que son hôtel, bien plus de faces cachées que celle, agréable et ouverte, qu'elle présentait de prime abord.

Elle entraîna l'étranger dans un bureau-salon attenant à la réception, frappa fort dans ses mains jusqu'à ce qu'apparaisse un serveur aussi croulant que les rocking-chairs et commanda, sans prendre avis de son hôte, deux matés de coca.

A Cuzco, aucune affaire ne se traite, aucune conversation ne débute sans qu'on s'attable devant ce fameux maté de coca. Survivance indienne, elle-même venue d'Asie par le détroit de Behring en même temps que ce peuple qui la respecte, cette coutume du maté évite le bégaiement, les atermoiements et incite à la réflexion.

En attendant que revienne le serveur, ils s'étaient observés, jugés, jaugés, s'en tenant à des platitudes, à des politesses, à des généralités. Il avait dit sa profession, ce qu'il était venu faire au Pérou, précisant, à dessein, qu'il s'en retournerait le plus tôt possible en France. Elle lui avait demandé s'il était marié, s'il avait des enfants et si la vie à Paris était aussi rude qu'à Cuzco. Il avait répondu franchement aux trois questions, forçant peut-être un peu plus sur la seconde, de façon que son interlocutrice sache à quoi s'en tenir.

Et puis, le maté de coca étant servi, on avait bu et parlé par petites gorgées. Ils avaient défini le sexe et l'âge de l'enfant. Il préférait un garçon de moins d'un an, mais voulait, auparavant, s'assurer du milieu social et vérifier s'il n'était point porteur de tares héréditaires. Elle était d'accord pour l'âge et le sexe, mais quand elle entendit parler de milieu social, elle s'esclaffa, laissant apparaître une certaine vulgarité :

« Le milieu social ! Mais il n'y en a qu'un seul, mon cher monsieur, et c'est le plus bas. Vous ne croyez tout de même pas que la bourgeoisie se sépare de ses rejetons ? Les miens, de fils, voyez-vous, ils viennent de l'altiplano. Ce sont de purs Indiens, de vrais paysans. Leur seule tare, c'est la misère de leurs parents. »

Remis à sa place, Weinberg consentit à suivre Mme Menandez à l'étage. C'est là que se tenait la pouponnière.

Ils étaient sept : quatre nourrissons et trois mômes un peu plus âgés, dans les quinze ou dix-huit mois. Les petits étaient posés à même le plancher de la chambre. Les plus grands évoluaient derrière les barreaux d'un parc. Tous paraissaient en parfaite santé. Ils semblaient bien nourris et bien traités et, lorsque Mme Menandez entra dans la chambre, les gazouillis redoublèrent d'intensité. Les enfants la considéraient comme leur maman et, pour montrer à l'étranger qu'elle n'était pas seulement une commerçante de chair fraîche mais qu'elle ressentait également des sentiments, elle dispensa nombre de caresses, remit en bouche des tétines tombées à terre et moucha les plus morveux. Puis, prenant dans ses bras le plus jeune des bébés, un huahua aux yeux turquoise, elle le berça un instant et murmura :

« Ça, c'est mon petit Cristobal. Le préféré de mes préférés. Le plus beau des plus beaux. El rey de los reyes : le Lama Bleu. »

Elle tendit le roi des rois à l'étranger. Il se trouvait gauche, très maladroit avec ce bébé contre lui. Ne sachant que faire, que dire, il embrassa le petit sur le front. Le gosse sentait bon le croissant chaud. C'est vrai qu'il était beau, vrai qu'il rayonnait de bonheur. Vrai que ses yeux étaient couleur turquoise, profonds et limpides comme un ciel d'été.

Il s'était détaché légèrement du visage de l'enfant pour mieux en apprécier la finesse et la présence. Il balançait la tête doucement de droite à gauche pour vérifier si l'enfant suivait bien son regard, mais les yeux faisaient bien plus que suivre. Ils avaient accroché ceux de Weinberg. Ils les vrillaient, entraient en eux. On aurait dit qu'ils étaient attachés au même fil invisible et qu'un prestidigitateur caché quelque part les manipulait génialement de sorte que l'on ne sache pas lequel des deux était la marionnette de l'autre.

Ils restèrent gravement un long instant à s'interpénétrer, à se raconter de l'intérieur des choses extraordinairement émouvantes. Puis, lorsque le bébé comprit enfin qu'il venait de rencontrer son père, il éclaira la pièce d'un formidable sourire, faisant jaillir une lumière qu'aucune centrale hydraulique du monde n'aurait été capable d'égaler en intensité.

Weinberg, survolté, remercia de la même pensée Yahvé, le dieu des Juifs, Roal, celui des Incas, et Balssano, celui d'« Energia-Electrica ». Grâce à une hérésie topographique, à cause d'une barbarie technologique, voici que, brusquement, il passait de la stérilité à la fertilité, devenant père par l'erreur des hommes.

Au même moment, à cent quatre-vingts kilomètres de Cuzco, frère Francisco perdait la vie pour avoir découvert une certaine vérité.

Il se rapprochait chaque jour un peu plus de Huacarama, suivant à travers ses jumelles la promenade pénible d'un étranger soutenu par Nemessio et sa femme Cipriana. Tout à son obsession, à sa haine, sûr de tenir le diable en personne dans sa mire, il n'avait pas vu s'approcher Guispe. Il faut préciser que Guispe était doué d'un pouvoir caméléonesque, épousant la forme et la couleur du terrain sur lequel il évoluait. Ce don de camouflage, il le devait à l'absorption d'une potion composée de terre, de pierres et d'herbes pilées. Il était donc lui-même, du moins s'en persuadait-il, terre, pierre et herbe, mais il était surtout un démoniaque porteur d'envoûtements et de mort.

Cela faisait une semaine que Guispe travaillait à la perte de frère Francisco, car la présence du prêtre fouinant dans la puna environnante transmettait à Guispe des vibrations malfaisantes. Francisco, chaque habitant du village pouvait le voir aller et venir. Fort de ce qu'il pensait avoir appris, il ne se cachait presque plus, bravant les hommes et les Wamanis des montagnes de son crucifix vengeur. Ben Israël, comme tout le monde, avait aperçu le curé s'agiter, à croire qu'il était en proie à une intense jubilation. Et cette curieuse danse du scalp l'inquiétait suffisamment pour que Guispe s'en rende compte. Guispe n'était pas altomesayoq pour rien. Il avait depuis longtemps deviné que son Messie se cachait des policiers. Il avait certainement fait plus de pas en prison que dans les forêts vierges, mais en dénonçant l'Inkarri aux yeux bleus, frère Francisco menaçait non seulement l'étranger mais encore l'harmonie mystique dans laquelle baignait Huacarama.

Nombre de fois Guispe s'était en vain attaqué au

métis Francisco sans jamais parvenir à le neutraliser. Il avait soumis la photographie du frère à toutes sortes de tortures : yeux épinglés, bouche découpée, front transpercé, mais rien jusqu'alors ne s'était avéré très efficace. C'est tout juste si le curé avait attrapé la migraine. Ce coup-ci, Guispe, grand maître en « hacer el daño », était bien décidé à user de tous ses pouvoirs. Il allait tenter non pas un habituel envoûtement lointain, mais plutôt une nouvelle sorte d'envoûtement rapproché.

Ayant confectionné une figurine assez ressemblante, petite poupée de chiffon crasseuse, Guispe l'avait chargée d'une terrible force maléfique. Il s'était vidé l'esprit en elle, émettant des ondes néfastes et dévastatrices, si bien que la poupée, tel un poste de radio, transmettait son programme de mort jusque dans la propre tête de frère Francisco.

On avait incorporé à la poupée un morceau d'ongle et quelques cheveux de frère Francisco retrouvés dans la sacristie. Puis, avec un vieux mouchoir ayant appartenu au prêtre, on lui avait confectionné une chasuble. La poupée, baptisée Francisco, n'était plus une représentation anonyme. Elle était l'essence même du prêtre, sa figuration et sa désignation. Ainsi nommé, le vrai travail de destruction pouvait alors commencer.

Tandis que Nemessio qui servait d'ayudante à Guispe injuriait l'effigie, traitant la future victime de tous les noms et l'accablant des plus épouvantables malheurs, le sorcier, muni de fines aiguilles d'acier, traversait le crâne de part en part et injectait du piment dans les yeux. Le va-et-vient des aiguilles dans la tête de chiffon devait provoquer la folie extrême à plus ou moins brève échéance. Quant à l'aji, ce piment, base de toute cuisine altiplanienne, il était injecté pour provoquer la cécité.

Mieux valait conjuguer folie et cécité que de s'en tenir à une seule catastrophe, d'autant que l'odieux métis, lui, n'hésitait pas à tripler ou à quadrupler sa vue à l'aide d'un curieux engin d'observation.

La poupée ainsi piquée, transpercée, insultée, accablée d'injures et de malédictions transmettait presque aussitôt ses blessures physiques et morales à la personne représentée. Même si Guispe n'y croyait qu'à moitié, il savait cependant par la connaissance et l'expérience acquises que l'extériorisation d'un désir très puissamment exprimé pouvait provoquer, en partie, sa réalisation. Aussi Guispe et Nemessio, sous le regard incrédule de Ben Israël, chargeaient-ils la poupée à fond de tous les maux de la terre et du ciel réunis. La charge de leurs malédictions était si forte, si haineuse, si efficace qu'elle risquait même de déborder la victime désignée et de dépasser la cible, touchant au-delà d'elle sa famille présente comme sa descendance.

Dans le cas du frère Francisco, sa descendance ne craignait rien, mais on pouvait espérer le pire en ce qui concernait les frères, les sœurs et les enfants de ces derniers.

Maurice Ben Israël, dont la santé avait, ces jours-ci, brusquement rechuté, essayait de tempérer l'ardeur destructrice de Guispe et Nemessio. Il était partisan d'un traitement plus humain, préconisant que l'on se saisisse du prêtre et qu'on le retienne prisonnier à Huacarama le temps qu'il comprenne de lui-même les bienfaits du nouvel enseignement. Ben Israël avait déjà trop de sang sur les mains pour admettre sans le condamner un meurtre aussi ignoble.

Du fond de sa couche, il implorait Guispe d'en rester là, mais il était loin de se douter que ses injonctions à la clémence faisaient également partie de cette thérapeutique de démence. Si Ben Israël s'était trouvé écarté du cérémonial, Guispe aurait prié quelqu'un d'autre de se mettre dans la peau d'un imploreur de grâce. Il fallait, afin que la damnation agisse, que le bien et le mal, le pour et le contre soient intimement confondus. Ainsi constaterait-on, al final, laquelle des deux forces l'emporterait sur l'autre.

Après quelques heures de défonce spirituelle, la poupée étant chargée jusqu'à la gueule, tel un revolver, de munitions meurtrières, Guispe s'en était allé seul au-devant du prêtre. Outre la poupée cachée sous les plis de son poncho, il portait une bouteille d'aguardiente et deux poignées de feuilles de coca.

Il s'avança sans se cacher puisqu'il était lui-même couleur d'herbe et de pierre. Préservé par ce camouflage qu'il considérait comme infaillible, il contourna la silhouette de frère Francisco et se tint un instant derrière elle. Le prêtre commençait à se sentir mal. Il se contorsionnait en gémissant tant et plus, s'en prenant à ses jumelles car sa vue, déjà, ne s'adaptait à aucune mise au point.

Satisfait du résultat de ses maléfices, Guispe laissa tomber à terre son poncho et brandit l'effigie torturée, la présentant tour à tour aux cimes environnantes que l'on devinait à défaut de les apercevoir. Très loin, là-bas au nord, s'élevait le Salcantay. Plus à l'ouest, l'Ausangate avec ses 6 394 mètres, à côté duquel la Raya et ses 5 200 mètres faisaient figure de colline. De toute façon, lorsque la plaine se situe au-dessus des 4 000 mètres – et c'est le cas de l'altiplano – les montagnes les plus hautes ne sont jamais très impressionnantes. Il n'empêche que l'esprit des ancêtres s'y reposant parmi les neiges éternelles et les malheurs de l'existence passée entendit les invocations du sorcier, l'incitant à en terminer rapidement.

Guispe n'était qu'à trente mètres au plus de Francisco lorsqu'il arrosa l'effigie d'aguardiente, y mettant le feu.

Il sentait le souffle chaud des flammes et en ressentait la brûlure. Torturé du fin fond des entrailles à l'épiderme, le prêtre entama pour de bon, cette fois, sa danse macabre. Il se rua à travers la puna en battant l'air des bras, mais plus il courait, brassait, tournoyait, plus il se consumait. Bientôt du frère Francisco, ce méchant cholo, il ne resta que l'enveloppe, c'est-à-dire l'apparence. L'intérieur, l'âme, la pensée étaient carbonisés à jamais. Mais l'enveloppe, corps vulgaire et sans raison, ne s'éloignait guère de Guispe, à croire qu'elle y était reliée à une onde pareille à ces petits avions télécommandés que l'on envoie décrire des circonvolutions au ciel.

Guispe tenait son gars et le tenait bien. Il aurait pu certes couper l'énergie et détourner le fluide, mais il avait eu trop de mal à s'en assurer la maîtrise pour le laisser filer au gré du vent. Qu'il soit devenu fou ne lui suffisait pas. Il le voulait mort et bien mort, inerte et raide face à l'éternité. Alors Guispe se baissa et nettoya consciencieusement, à ses pieds, un espace de terre. Il poussa les cailloux de côté et arracha l'herbe jusqu'à ce que l'espace soit aussi lisse et propre que le sol battu de sa maison. Il disposa autour du cercle les feuilles de coca qu'il avait emportées, racontant à chacune d'elles des choses apparemment très fortes et très magiques. Le cercle ainsi orné et délimité, il pénétra à l'intérieur et se mit à y déféquer un étron gigantesque qui resta planté comme un doigt vengeur.

Guispe sait que son excrément est chargé de sa propre force, de sa propre haine et qu'il peut, grâce à l'odeur dégagée, neutraliser les dernières tentatives des esprits malins qui auraient l'intention de protéger le prêtre. En langage primitif, cela tient à prouver, comme si on ne s'en doutait point, que pur esprit et matière fécale ne font pas bon ménage.

Guispe s'essuya après une touffe d'ichu et dispersa l'herbe alentour d'un souffle phénoménal. L'herbe envolée, il continua à souffler sur ses doigts, non point pour en atténuer l'odeur ou éteindre le feu des piments, mais bien au contraire pour en aviver l'insupportable parfum et entraîner au loin les effluves nocifs. Cette cérémonie du souffle se nomme le *samaycum*. On peut la pratiquer également sur l'aguardiente ou la coca lorsque l'on veut du bien à la personne envoûtée, mais, pour ce qui est du mal de haine, rien ne vaut ce terrible *samaycum* excrémentiel.

Guispe souffla jusqu'à ce que s'évanouisse l'onde invisible qui le retenait à Francisco. Il fallait en effet que le curé soumis à l'envoûtement mortel du sorcier puisse s'en aller agoniser le plus loin possible de Huacarama.

L'onde coupée, frère Francisco s'envola, littéralement porté par le vent. Du moins Guispe le vit décoller, prendre l'air à la manière d'un cerf-volant, s'élever poussé par les courants et puis planer au-dessus de Yanaoca.

La réalité, sans être exactement conforme à la vision du sorcier, n'en était pas très éloignée. Allégé du poids de sa raison qu'il perdait petit à petit depuis quelque temps, frère Francisco s'était retourné sur Guispe au moment où la poupée brûlait comme une torche. Il aurait pu peut-être lutter contre l'affreux sortilège en appelant Dieu à l'aide s'il n'avait aperçu, suspendu au cou du sorcier, quelque chose d'atroce et de beaucoup plus surnaturel que tout ce qu'il pouvait imaginer : une étoile de David.

Davantage terrorisé par ce signe de reconnaissance des Juifs que par la poupée à son effigie qui flambait, il s'était élancé derrière sa raison vacillante, poursuivi tout à la fois par les démons incas et hébraïques unis à sa perte comme les doigts de la main à celle de son bourreau.

Cela faisait des mois qu'il s'était préparé à fuir les maléfices de Guispe, maléfices qu'il pressentait comme redoutables. Il connaissait, pour en avoir constaté les dégâts sur d'autres personnes, les effets désastreux des sorts lorsqu'ils sont jetés par les représentants du diable Supay. Il avait vu des crapauds, bouches et yeux cousus, lancés au visage de la victime désignée, laquelle atteinte par le hanphatu devenait muette et aveugle. Il savait Guispe et Supay liés par le même pacte sanguinaire et en éprouvait terreur et fascination.

Cela faisait des mois qu'il attendait cette épreuve. Des mois qu'il la souhaitait et la provoquait. L'heure du rendez-vous ayant sonné, il se savait donc irrémédiablement condamné.

Il s'attendait depuis longtemps à trouver le « herchizo » enterré auprès de sa maison. Il s'apprêtait à souffrir le martyre durant la lente oxydation des aiguilles et le pourrissement du piment injecté dans les yeux. Il s'attendait à recevoir un crapaud sur la tête ou un fœtus de lama farci d'excréments humains en plein visage, et voici que, contre toute attente, ce satané sorcier, ce suppôt de Satan s'était avancé sur lui la croix des Juifs au cou.

L'entendement complètement perturbé, il avait détalé pour se reprendre quelques centaines de mètres plus loin. Pensant être atteint d'hallucination, il s'était mis à tourner autour de Guispe et, tandis que celui-ci, occupé à préparer son cercle infernal, le lâchait des yeux, il avait collé les siens à ses jumelles, constatant, cerveau et œil en folie, qu'il s'agissait bien de l'étoile de David.

Cette découverte ahurissante en pleine puna de l'altiplano aurait d'elle-même suffi à provoquer la démence de frère Francisco. Si on lui ajoute les tortures physiques, brûlures et nausées de toutes sortes infligées par les pratiques de Guispe, on comprendra aisément pourquoi le curé, à bout de forces physiques et de ressources morales, s'étala à l'entrée de Yanaoca au moment même où en sortait une camionnette d'« Energia-Electrica ». L'ingénieur qui la conduisait venait de dresser le relevé topographique du village en vue de l'aménagement prochain d'une ligne à haute tension.

A vingt-trois kilomètres de là, Guispe et Ben Israël récitaient, comme si de rien n'avait été, la traditionnelle prière du soir. Debout, coiffés de leurs kippas, tournés vers l'est, devinant l'un et l'autre les murailles de Jérusalem, ils psalmodiaient la Amida : « Ecoute Israël, l'Eternel est notre Dieu. L'Eternel est Un. » Certes ils ne portaient point encore les tefilines enroulés aux bras et qui sont censés contenir en soi les énergies instinctives et pulsionnelles, mais, on s'en doute, maintenant que frère Francisco n'est plus là pour espionner, talets, tefilines, tistsits et menoras ne tarderont pas à faire leur apparition.

Il ne faudrait pas croire toutefois que le village de Huacarama se trouve pour toujours à l'abri d'un écart, pas plus qu'il n'est protégé d'une quelconque incursion étrangère. Le croire nous amènerait forcément à nier la réalité des tragédies andines, comme cela nous obligerait à refuser d'admettre une constance des persécutions à l'égard de certaines diasporas juives...

CHAPITRE IV

IL s'appelle David Weinberg. Il a treize ans et s'apprête à accomplir sa Bar-Mitsva. Cela fait maintenant treize ans que les Weinberg ont adopté Cristobal. Il est devenu un grand garçon aux larges épaules et au torse développé. Il a le physique typiquement andin : visage d'un ovale presque asiatique; une large bouche; un nez aquilin; des paupières plissées; le cheveu raide et noir. Si ses yeux sont toujours aussi exceptionnellement bleus, personne dans la famille n'est au courant de sa filiation et de son surnom le « Lama Bleu ». Mme Menandez elle-même ne savait rien d'autre que ce que Nemessio avait bien voulu lui raconter. D'ailleurs « Cristobal » et « Lama Bleu », prénom hâtivement donné et sobriquet d'évidence, sont depuis belle lurette oubliés. Cristobal, en effet, s'appelle David comme son grand-père d'adoption, mais il serait faux de prétendre que David est élevé dans la stricte religion juive. Disons plutôt qu'il s'astreint à respecter une tradition familiale. A vrai dire, David s'en fout complètement. Il ne se sent pas plus juif qu'indien, bien qu'ayant appris énormément de choses sur les Amérindiens et les Hébreux. Il se considère comme Français à part entière, il aime le foot, le rock. Il préfère le foie gras au foie haché, commence à goûter au vin et fume parfois quelques joints avec les copains du lycée. La Bar-Mitsva, c'est une volonté de son père et, comme il aime très fortement ce père, il a appris les dinim, étudié au Heder et au Talmud Torah. Il respecte, en principe, les mitsvoth essentielles, se soumet aux injonctions, apprises par cœur et récitées du bout des lèvres, mais sans plus. Le plus, c'est pour après la Bar-Mitsva, lorsqu'il sera juif de fait et non plus juif en transit. Car David né de mère inconnue ne sera vraiment juif qu'à partir du moment où il aura accompli conversion et Bar-Mitsva en une cérémonie couplée. Il a une peur bleue de la circoncision, craint d'en rester infirme à vie et se demande s'il pourra encore être compétitif lorsqu'il s'agira de mesurer son jet à ceux des copains.

Sexuellement, David est très attiré par sa sœur Evelyne. Elle a juste treize mois de moins. Elle est aussi blonde qu'il est brun, aussi folle de lui qu'il l'est d'elle. C'est à lui qu'elle doit d'exister et s'en extasie chaque jour davantage. Il est, en quelque sorte, son vrai concepteur, celui par qui l'enfantement d'Elisabeth est arrivé. Gynécologues et généticiens sont d'accord sur ce point. Il suffit parfois d'une adoption pour que les mécanismes psychologiques et ovulaires que l'on croit déréglés à jamais se dégrippent brusquement. Savants, spécialistes, charlatans et sorciers sont alors renvoyés dos à dos avec leurs médications sophistiquées ou leurs remèdes de bonnes femmes.

A la naissance d'Evelyne, les Weinberg crièrent leur joie. Jusqu'au bout ils n'y avaient pas cru malgré les tests courants et la fameuse échographie qui leur annonçait pourtant une petite fille en formation. Ils n'en aimèrent que davantage David, lequel, venu du lointain Pérou par une succession d'événements qu'ils ne soupçonnaient même pas, avait surgi dans leur vie, amenant, comme cachée dans son poncho, cette petite sœur que personne n'attendait.

Entre David et Evelyne il y avait bien plus qu'une complicité familiale. Bien plus que ces rapports de forces que les sexes établissent une fois pour toutes entre frère et sœur. Il y avait une vraie attirance avec de vrais mouvements du cœur et des sens. Avec de vrais coups de sang dans les tempes et de vrais battements émotionnels dans les poitrines. Se sachant de sang et de race différents, ils jouaient subtilement sur la gamme de l'affectif et du romanesque. Au grand effroi des parents, ils s'avouaient non seulement leur passion mais se promettaient, sans la moindre fausse pudeur, l'un à l'autre pour plus tard.

Evelyne et David ne s'encombrent pas d'interdits et de commandements. S'ils parlent amour devant père et mère, c'est bien entendu pour mieux les endormir, mais c'est aussi une façon douce et sournoise de les amener à admettre qu'un jour peut-être, bien plus tard et en toute connaissance de cause, ils pourraient s'unir autrement que par des mots.

Pour l'instant, dès que les parents tournent le dos, ils s'enflamment et frissonnent dans ce qu'ils nomment leur « palais de la découverte » et explorent très anarchiquement ces nouveaux territoires dont les adultes refusent l'accès aux enfants sous prétexte que la nature et la morale ne se font pas encore entendre au même diapason. Ils sont passés ensemble par les différents stades propres et inhérents à tous frères et sœurs : jeu du papa et de la maman, du docteur et de la malade. Puis, sentant confusément que ces jeux limitaient leur champ sensoriel, ils en ont inventé d'autres. Ils ont joué à l'extra-terrestre et à la terrestre. A la prisonnière et au geôlier. A la maîtresse de maison et à son jardinier. Au metteur en scène de films X et à l'actrice fleur bleue, pour finir enfin, et après pas mal d'années, au violeur et à la violée et même à la violeuse, inversant ainsi l'ordre établi. Tant qu'ils se livraient à des distractions communément consignées par le code moral sous le label de « touche-pipi », ça ne prêtait pas, comme on le dit si mal, à conséquence, mais lorsque les attouchements, les auscultations et les simulacres qui sont justement les règles d'or du « touche-pipi » ont cédé la place, il y a de cela quelques mois, à une malheureuse tentative de pénétration, David et Evelyne ont pris peur. Profondément choqués par leur audace, ils ont juré de ne jamais recommencer. Et, comme ce serment se devait d'être entériné sous l'auspice du sacré, ils ont juré d'un même élan sur la tête de leurs parents et sur celle du Mohel Grynner chargé d'aider un chirurgien ami de la famille à pratiquer la circoncision. Après avoir choisi le Mohel Grynner comme tête de Turc, ils s'étaient mis à rire aux éclats et ce rire, pour forcé qu'il était, avait au moins eu le mérite de dédramatiser l'absurde situation dans laquelle ils avaient failli tomber.

David a une attirance très marquée pour la musique anglo-saxonne, les groupes de rock, le cinéma fantastique, la B.D. et la littérature de science-fiction. Il faut confier que ce fils de l'Inkarri a lu et relu les aventures de Tintin au Temple du Soleil sans pressentir le moins du monde qu'il y serait bientôt projeté. Il possède une télé couleur, un magnétoscope et une chaîne Hi-Fi bien à lui. Il joue au foot, au tennis et fait du vélo-cross dans la forêt domaniale de Louveciennes. Il écoute les radios libres, voudrait devenir pilote de Formule 1, et feuillette, lorsqu'ils lui tombent sous la main, *Playboy* et *Lui*. Il adore la publicité TV, manipule avec assez de bonheur un ordinateur de poche, s'intéresse de très près à l'électronique et de très loin aux grands événements et tragédies qui secouent le monde. Il porte sur celui-ci un regard distrait, déteste voir des images de guerre et de pauvreté, semble rassuré lorsque les catastrophes surviennent sur un autre continent que le sien. Il va au lycée parce qu'il faut y aller, fait de la présence plus qu'il ne s'engage et obtient de bons résultats en fournissant un minimum d'efforts. David serait un enfant comme tous les enfants de sa génération s'il n'était complètement perturbé par le mystère de sa naissance. Depuis qu'il est en âge de comprendre, les Weinberg n'ont cessé, chaque fois que l'occasion s'en présentait, de lui expliquer comment et pourquoi il avait fait son entrée dans la famille. C'était dit avec beaucoup d'intelligence, beaucoup de douceur, beaucoup d'amour, mais c'était dit. Oh ! certes, il se devait de savoir la vérité parce qu'un jour ou l'autre, en se regardant dans la glace, il se serait forcément aperçu qu'en dehors de ses yeux bleus rien, ni sa taille, ni ses traits, ni la couleur de sa peau, n'était de la même espèce, de la même texture que celle de ses parents. Mais la vérité est dure à entendre même lorsqu'elle est étayée par une puissante affection. Caché quelque part au fond de David, tapi comme une souris, le mystère le ronge. Il faut dire que David ne se prive pas de lancer le chat derrière cette souris pour mieux la débusquer. Il s'est fait, grâce à ce petit jeu du chat et de la souris, une idée sur sa naissance, une idée sur son milieu, une idée sur ses vrais parents, et cette idée, on le devine, tient davantage du conte de fées et du rêve que du cauchemar. Il imagine ses vrais parents comme de riches Péruviens ayant trouvé la mort dans l'accident de leur avion privé. Ils étaient riches, beaux, autoritaires et régnaient en maîtres sur le commerce de Cuzco. Ils employaient un grand nombre d'ouvriers et de domestiques, montaient à cheval, voyageaient en Europe et aux U.S.A.

Il voyait sa mère blonde aux yeux bleus, une Evelyne en plus élancé, moulée d'une longue robe blanche serrée aux hanches. Il admirait sa taille de guêpe, son balancement, sa peau de pêche, son expression d'ange. Il se représentait son père très

grand et très fort, très sévère et très justicier. Il aimait sa démarche, son grand chapeau noir, son lasso magique. En mariant la douce maman de *Sans famille* au prestigieux Zorro, David se camouflait du sordide, se donnait une naissance noble, se dotait de parents riches et influents. Il contrariait ainsi la version qui avait cours dans la famille et que tout le monde, y compris les amis, s'était empressé d'accepter. Michel Weinberg pourtant n'avait fait que raconter l'exacte vérité, se gardant, par honnêteté, d'en travestir le moindre détail. Bien entendu, Weinberg n'avait jamais osé dire qu'il s'était procuré l'enfant contre une grosse somme d'argent. Sa version était plus humaine, moins vénale : se trouvant à Cuzco, il était descendu dans un hôtel tenu par une femme magnifique de générosité qui recueillait les bébés que les campesinos ne pouvaient élever. On venait justement d'apporter à Mme Menandez l'un d'eux, un petit huahua tout mignon, tout beau, tout plein de vie. Alors qu'il se trouvait dans le hall de l'hôtel, Weinberg avait entendu le babillage du bébé et s'était rendu, guidé par son instinct, au premier étage transformé en pouponnière. Tout de suite, entre le bébé et lui, il y avait eu le déclic, le choc. L'enfant à peine dans ses bras, il sut qu'il ne les quitterait plus jamais. Un sourire, et pas n'importe lequel, était venu ensoleiller leur existence à tous les deux, si bien que la propriétaire de l'hôtel, émue aux larmes, avait laissé partir Cristobal dans les bras de cet étranger.

Ainsi relatées, les origines de David paraissaient évidentes. Il était l'enfant de paysans pauvres et sans terres. Si pauvres et si démunis de tout qu'ils avaient dû confier leur fils à une dame de la ville plutôt que de le voir, comme tant d'autres, mourir de faim et de froid.

Des années durant, David avait cru à cette version. Puis, alors qu'il venait de fêter ses dix ans, il avait questionné son père et demandé incidemment, sans insister, le nom de la dame et celui de l'hôtel.

N'ayant aucune raison de le lui cacher, Weinberg s'était laissé aller à cette double petite confidence de rien du tout. Dans la nuit, David s'était mis à rédiger une lettre. Elle avait été très difficile à écrire, bien plus compliquée à établir que la liste qu'il envoyait chaque année, direction Ciel, au Père Noël. Ne sachant par quel bout s'y prendre, par quels mots commencer, il sécha un long instant en tirant la langue sur le papier blanc puis se lança pour finir dans une sorte d'interrogation genre style policier-agent secret : *Répondez-moi sous peine de mort. Oui ou non, avez-vous donné un enfant dénommé Cristobal à Monsieur Michel Weinberg ?*

La lettre mal oblitérée, adresse incomplète et enveloppe surchargée de pattes de mouche, parvint-elle à destination ou tomba-t-elle au rebut ? La suite du récit nous l'apprendra peut-être... David s'était fait tout un monde de ne pas recevoir de réponse. Il en déduisit que Mme Menandez n'existait que dans la tête de son père et cette certitude servit de tremplin à son fantasme.

Michel et Elisabeth Weinberg, s'étant mis, à l'exemple de beaucoup de parents adoptifs, à l'écoute de leur fils, se rendaient compte que David portait le mystère familial comme un fardeau. La sensibilité et l'attention dont ils faisaient preuve depuis toujours à son égard n'allégeant point le poids de l'angoisse, ils décidèrent après maintes discussions que le meilleur moyen de résoudre le problème serait de se rendre au Pérou, à la faveur des grandes vacances. Ils s'en ouvrirent à un psychologue ami de l'écrivain, lequel donna son avis favorable à condition que toute la famille soit du voyage, découvrant en même temps que le petit ses racines et ses affinités.

C'est pourquoi on parlait depuis quelques années déjà de cette aventure mi-touristique, mi-exploratoire et chacun, à sa manière, s'y préparait. On avait même décidé de la date et trouvé un charter qui partait du Luxembourg à destination de Lima. Michel savait que retrouver ses origines n'est pas une mince affaire et que l'on risque de s'y perdre complètement en étant confronté tout d'un coup à une réalité qui ne correspond guère ou pas du tout à ce qu'on en attend.

Redoutant pour son fils l'épreuve de cette mise à nu, il avait tenu et même exigé qu'il accomplisse sa conversion et sa Bar-Mitsva. Ainsi doté d'une solide et impérissable identité religieuse, il aurait, pensait-il, un bouclier derrière lequel s'abriter au cas où les interrogations donneraient insidieusement l'assaut.

De ce voyage cela faisait donc trois ans qu'on parlait. Trois ans qu'on en rêvait et même qu'on en cauchemardait. David ne risquait-il pas d'encaisser un choc psychologique trop fort ? Rien ne prouvait d'ailleurs qu'il soit le seul à être mis K.O. Bien sûr, on ne savait pas exactement où était né David, ni de quels ancêtres quechuas il tenait ses yeux bleus. Bien sûr qu'on n'avait pas l'intention de jouer au détective. Que l'on voulait plus simplement visiter touristiquement l'altiplano et Cuzco sans oublier le Machu-Picchu dont la centrale hydraulique éclairait aujourd'hui toute la région. Il n'empêche qu'à l'approche du départ la famille ressentait plus ou moins une certaine frousse.

David s'était rangé à la volonté du père. Paradoxalement, cela signifiait qu'on lui donnait le Pérou contre la Bar-Mitsva. Ou mieux encore, et il ne se privait pas de le dire : sa Bar-Mitsva, c'était le

Pérou ! Il s'était donc préparé consciencieusement à mériter son Eldorado sans démériter des siens, acceptant contre fortune bon cœur de subir la circoncision qu'il appréhendait, en raison de son âge, comme une « effroyable » opération.

Elle s'appelle Evelyne Weinberg. Elle a douze ans mais en paraît quinze. Elle éprouve pour son frère, comme nous l'avons vu, des intentions incestueuses et, si l'on voulait se livrer à un rapprochement qui irait irrémédiablement dans le sens de l'histoire, on pourrait dire qu'elle est à David ce que la vierge du Soleil était à l'Inca. Elle lui est dévouée corps et âme avec toutefois cette différence qu'elle ne se contente pas de le vénérer sagement mais qu'elle le provoque odieusement. C'est elle qui a eu l'idée de ces jeux enfantins où se mêlent attirance et perversité. Et rien, ni l'éducation reçue, ni la religion apprise, n'a eu raison de ces pulsions venues du tréfonds de l'être. Un psychiatre serait, pensons-nous, en mesure d'analyser ces agitations intérieures, mais il faudrait pour cela coucher Evelyne sur un divan et peut-être même y allonger aussi sa mère Elisabeth et son père Michel. Que ceux-ci soient responsables du désordre affectif d'Evelyne, ça ne fait certainement aucun doute. Ils ont depuis toujours, et sous prétexte de contrebalancer les sentiments naturels de parenté directe, privilégié David par rapport à Evelyne, laissant celle-ci sous-alimentée d'amour.

Il en est souvent ainsi. A force de vouloir faire la part des choses, on pèche par excès de sensibilité et de justice. Pour schématiser, disons que l'on donnait toujours raison à David et tort à Evelyne. Ce même psychiatre dont nous parlions tout à l'heure, à supposer que l'on ait fait appel à lui, aurait pu déceler chez Evelyne une jalousie exacerbée se traduisant non point par une manifestation de haine, comme à l'accoutumée, mais plutôt par un désir instinctif de s'accaparer pour elle toute seule ce frère qu'on lui opposait. Si l'on veut, là encore, en revenir à la mystique, on peut prétendre que l'amour d'Evelyne pour son frère David était anthropophagiste et qu'elle ne faisait qu'appliquer inconsciemment les méthodes des grands prêtres incas qui dévoraient foie et cœur de leurs adversaires pour mieux en assimiler les forces animales et spirituelles. Plus près de nous dans le temps, Guispe l'altomesayoq de Huacarama emploie des recettes dérivées, n'hésitant pas à boire l'urine ou la salive de ses ennemis pour posséder leur vigueur et leurs pouvoirs.

L'écrivain Michel Weinberg, trop occupé à surveiller les allées et venues des personnages de ses romans, a eu le tort de penser qu'il lui suffisait de décrire les autres pour comprendre ce qui se passait chez lui.

Evelyne n'a pas d'amies. On ne lui connaît ni copine ni confidente. De toute façon, Evelyne ne se confierait à personne d'autre qu'à David. Mais pourquoi se confier ? Qu'irait-elle raconter sur qui et quoi puisqu'elle ne vit qu'à travers son frère d'adoption ?

On la dit sauvage, renfermée, maussade. C'est vrai si on l'observe à la hâte, faux si on l'examine à la loupe. A l'école, elle est studieuse, à la récré, plutôt boudeuse. Si elle est bloquée en compagnie, elle paraît à l'aise en famille. Il lui arrive d'aider sa mère au ménage et d'aller faire des courses. Elle chante en passant l'aspirateur mais ne dit mot chez l'épicier. Quand un commerçant la charrie, elle pique un fard mais n'emballe jamais le ton. On dit d'elle qu'elle est pondérée, posée, qu'elle vit au-dessus de son âge comme d'autres vivent au-dessus de leurs moyens. Aux poupées, aux dînettes, au tricot, elle préfère les jeux de réflexion. Elle est redoutable au jeu de go, au backgammon, aux échecs. Lorsque David n'est pas à la maison, elle se plonge dans un bouquin ou dans ses devoirs. Elle a lu tous les livres de son père, y compris les plus osés, ceux que l'on garde sous clef dans la bibliothèque où sont rangés les ouvrages interdits.

Weinberg n'est pas, loin s'en faut, un écrivain pornographique. Il lui arrive cependant de traiter assez crûment des choses de l'amour. Sans croire comme Henry Miller que le monde tourne autour du sexe, il pense que sexe et pouvoir sont les deux réacteurs de l'homme et qu'ils propulsent ce dernier vers des hauteurs vertigineuses d'où il retombe souvent cassé faute d'avoir su ouvrir son parachute. Le parachute de Weinberg, c'est son goût du social, la préoccupation qu'il affiche pour les grandes et petites causes qui minent son existence. Il y a en lui du Jules Vallès et du Victor Hugo mais aussi du Albert Cohen, du Isaac Singer et du Romain Gary. Compte tenu des auteurs cités, et si l'on ajoute à la liste Faulkner et Dos Passos, on peut dire avec dérision que Michel Weinberg est un romancier de dimension internationale. Son audience, hélas ! ne dépasse pas les frontières de la communauté francophone, pas plus d'ailleurs que son talent de conteur n'accroche sa fille Evelyne. Elle a lu tous les bouquins de son père, mais là s'arrête l'intérêt littéraire qu'elle lui porte. Elle-même sera un jour une grande écrivain. Elle ne sait si on doit dire une ou un mais préfère le terme écrivain à celui de romancier malgré le féminin qui s'applique plus naturellement au second. Elle aimerait écrire des choses très confidentielles, une sorte de journal intime ininterrompu et qu'elle refuserait de publier. Elle serait sa seule lectrice, la seule à se reconnaître du talent. Elle pense qu'il vaut mieux, à la limite, mourir de sa plume qu'en vivre. Elle méprise quelque peu son père lorsqu'elle le voit, fébrile, attendre la parution de tel ou tel journal où tel critique important devrait parler de son livre. Elle déteste ses prestations télévisées qu'elle considère comme impudiques, surtout lorsqu'il s'efforce, s'époumonant, de paraître intelligent.

Ce n'est pas l'avis de David. Il trouve que son père passe très bien en radio et en télé. Il lui arrive même de magnétoscoper les émissions qui lui sont consacrées et de se les rediffuser en présence des copains. Car, si certains copains possèdent un magnétoscope, aucun d'entre eux ne peut s'enorgueillir d'avoir un père célèbre. Au contraire d'Evelyne, David accepte cette notoriété du père adoptif. N'est-il pas déjà dans son rêve fils d'un riche et puissant propriétaire d'estancia exerçant son influence bien au-delà d'un territoire immense ? David, nous l'avons vu, rejette la pauvreté et l'anonymat au profit de la richesse et de la gloire. Bien sûr, il est issu de l'Inkarri, le Messie inca, lui-même enfanté de l'union phénoménale de la Lune et du Soleil. Mais pour le moment il n'en sait rien. Peu importe que son vrai père soit un aventurier et sa vraie mère une pauvresse de l'altiplano. Ce qui fait la noblesse de David, c'est son destin.

David ne se sent et ne se sait porteur d'aucun pouvoir particulier et s'il est venu un jour de si loin pour repartir un autre jour aussi loin il ne le devra qu'aux grands ancêtres incas, ces Apus et ces Wamanis, esprits sages et vénérés qui veillent sur lui.

Cachés derrière leurs montagnes, derrière l'apparence de la matérialité, derrière les certitudes de la technologie et les échafaudages philosophiques, les Wamanis des montagnes se tiennent prêts à agir. Ils ont désigné David comme le seul Inkarri, l'étranger Ben Israël n'étant que l'entremetteur des dieux, qu'une sorte d'estafette chargée de négocier le retour du Messie en terre natale.

Il faut dire que là-haut, en plein ciel, ça barde

drôlement autour de la table des négociations. Yahvé et Roal ont un caractère impossible.

La semaine précédant celle de la Bar-Mitsva – qui était aussi celle de la circoncision – du grand frère andin, Evelyne n'a pu résister à la provocation. Elle s'est glissée dans le lit de David, bravant du même élan préceptes religieux et conventions morales. Les deux enfants, conscients de passer du pur à l'impur, du serment au parjure, avaient culpabilisé au maximum et le plaisir, comme de bien entendu, s'en était trouvé décuplé.

Ils étaient restés ainsi l'un contre l'autre et s'étaient endormis, tête contre épaule, sans penser qu'ils risquaient d'être découverts au matin par Elisabeth.

L'affaire avait fait grand bruit dans la famille, car, si l'on ne soupçonnait pas qu'ils aient pu aller jusqu'au sacrilège, il n'en restait pas moins qu'on les avait surpris dans le même lit. Ils s'étaient défendus en mentant de tout leur cœur. Elle raconta que son frère avait cauchemardé, crié, pleuré, qu'elle s'était réveillée en sursaut et était entrée dans son lit pour le consoler.

Evelyne mentait comme elle respirait, sans inspiration ni expiration exagérées. Elle possédait un rythme parfaitement régulier, ce qui donnait à ses phrases un bel accent naturel. David, bien qu'étant né à 4300 mètres d'altitude, ne disposait pas du souffle de sa sœur. Ça, pour le souffler, elle le soufflait ! Elle était capable de prendre n'importe quel mensonge au vol et de le replacer en moins de deux sur les ailes de la vérité. Prise la main dans le sac, elle retournait aussitôt la situation, disant que c'était le sac qui était venu à sa main, ou mieux encore elle avouait sans avouer, prétendant – elle volait sa mère assez souvent – qu'elle y remettait un billet emprunté quelques jours avant.

Pressentant les suites de l'incident, qu'il devait absolument, sous peine de drame, ramener à des proportions acceptables, David avait confirmé le fait du cauchemar inventé par sa sœur. Il s'agissait en effet d'un rêve terrible où toute la famille trouvait la mort. Il ne se souvenait plus très bien des circonstances, mais elles étaient suffisamment atroces pour qu'il se soit mis à crier. Il s'était vu au milieu d'un grand nombre de cadavres, gisant parmi des gens mutilés et carbonisés. Il ne savait ni où, ni comment, ni à cause de quoi. Toujours est-il qu'il en était encore tout retourné bien que la présence de sa sœur, à ses côtés, l'eût apaisé.

Le ton de David sonnait aussi faux que celui d'Evelyne sonnait juste, mais Elisabeth se laissa facilement convaincre. Comme tous les parents, elle absolvait d'avance les défauts et les tares de ses enfants, les accusant durement pour mieux les innocenter par la suite. Persuadée qu'il ne s'était rien passé de fâcheux et que les gosses n'avaient pas enfreint les normes d'une tendresse fraternelle, Elisabeth préféra taire l'aventure à son mari. Celui-ci, déjà passablement préoccupé par la sortie de son dernier roman, n'aurait pas supporté davantage de contrariétés. La contrariété arriva pourtant, tel le mensonge de sa fille, sur les ailes d'un vent mauvais. On apprit, en effet, avec stupeur, dans le courant de l'après-midi, le décès soudain du Mohel Grynner. Le saint homme, frappé d'un infarctus, s'était écroulé en sortant de la synagogue. Rien, au dire de ses proches, ne laissait présager une fin aussi brutale qu'injuste. Tout en déplorant sincèrement cette mort, Michel Weinberg dut se mettre en quête d'un autre Mohel susceptible de seconder le chirurgien chargé de circoncire son fils bien-aimé. Quant à ce fils, il était, pour l'heure, complètement atterré. Il se sentait responsable de la mort de Grynner, car, ayant juré sur sa tête qu'il n'y aurait plus jamais de relations équivoques entre sa sœur et lui, il avait cependant rompu le serment. David se rendait compte qu'on ne jure pas impunément sur la tête de quelqu'un sans risquer de mettre cette tête en danger au cas où la parole donnée serait reprise en même temps que le serment parjuré. La preuve, hélas ! le frappait d'évidence. Mais ce qui inquiétait surtout David ça n'était pas tant la fin subite du Mohel Grynner que la possible mort de son propre père. Il se souvenait avoir juré aussi sur sa tête et se demandait si le cauchemar inventé à la va-vite le matin même n'était pas étrangement prémonitoire.

Sa sœur, bien sûr, n'étant pas habitée du même doute, réfutait point après point les certitudes de David. Elle préférait mettre cette mort sur le compte du hasard que sur celui du sacrilège. D'ailleurs, entre ce faux frère et cette fausse sœur, la notion même de sacrilège était à exclure. Il n'y avait pas davantage d'inceste entre eux que chez n'importe quels copain et copine de leur âge. David n'avait-il pas fait pire l'année dernière en explorant le sexe de Yolande avec une lampe de poche ? Yolande, c'était la sœur d'André, le meilleur ami de David, et cet André, jeune garçon au tempérament entremetteur, revendiquait fièrement sa part de responsabilité dans le dévergondage de sa sœur. Au lieu d'en faire un drame, il en blaguait. Evelyne prenait cet exemple à dessein, mais elle aurait pu en citer beaucoup d'autres, à commencer par ses propres aventures et explorations vécues en compagnie de ce même André. Convaincante, elle rassurait David, lui répétant que tous les enfants du monde entretiennent de semblables relations avec les copains et les copines quand ça n'est pas entre vraies sœurs et vrais frères.

Evelyne avait douze ans mais elle en paraissait

quinze. Elle raisonnait d'ailleurs plutôt selon son apparence que selon son âge. Et ce raisonnement d'Evelyne finalement l'emporta sur l'angoisse de David : la mort du Mohel Grynner n'était pas due au péché mais à la coïncidence. « Mort par coïncidence », cela sonnait bizarrement aux oreilles de David.

Lorsque Michel Weinberg entra dans la synagogue de la rue Pavée, ça n'était ni pour pratiquer ni par coïncidence. Grynner mort et enterré, il venait pour s'enquérir d'un autre Mohel susceptible d'aider le chirurgien à opérer le plus religieusement possible. On était le 17 juillet, au début du Tamuz, et la synagogue, en pleine effervescence, s'apprêtait à célébrer sans discontinuer le 17 Tamuz et le 9 du mois d'Av. On aurait dû en principe circoncire le petit bien avant le 17 Tamuz, mais avec le décès de Grynner tout était changé, y compris les dates du départ au Pérou. On avait été obligé de payer un dédit à la compagnie d'aviation et d'annuler l'hôtel retenu au grand-duché de Luxembourg. Opération et voyage étant retardés d'une quinzaine, Weinberg n'arrivait pas à se remettre au travail. Il avait laissé sur son bureau un long article inachevé et ne comptait point le reprendre avant son retour du Pérou. En attendant, il flânait et se recueillait, prenant pour alibi la religiosité et le jeûne auquel il s'astreignait. Grand carnivore, il s'interdisait la viande entre le 17 Tamuz et le 9 d'Av. Sans viande, il carburait moins bien, mais il aimait à respecter ces jours de deuil qui virent la chute de Jérusalem et la destruction des temples des années 567 et 570. Durant ce jeûne, son taux de cholestérol baissait, les lipides et les triglycérides en prenaient un grand coup. Comme tout croyant moyen, Weinberg joignait donc l'utile à l'agréable et le sacré à un certain farniente.

Assis au milieu des plus pieux, lui qui l'était à

peine participait, malgré tout, en pensée, aux grands malheurs que connut Israël. Il savait également que quelques siècles plus tard, coïncidence des catastrophes, ces mêmes 17 Tamuz et 9 du mois d'Av avaient eu le triste privilège de correspondre à l'expulsion des Juifs d'Espagne.

Destructions des temples et Inquisition étant étrangement mêlées et confondues dans l'histoire du peuple juif, Weinberg regardait les rabbins assis à même le sol réciter les kinots et se lamenter superbement. D'autres psalmodiaient les livres de Job et de Jérémie. C'était un jour triste. L'un des jours les plus alarmants du calendrier juif, l'un de ces jours où les survivants des massacres pleurent d'un même sanglot ininterrompu les souffrances passées et à venir.

Weinberg savait. Il voyait, il entendait. La synagogue était comme en folie. Elle résonnait des pleurs, des plaintes et des chants. Les murs étaient chairs meurtries, cicatrices, sangs séchés, et pourtant, bien qu'interpellé, en ce musée vivant du malheur, par les horreurs que l'on a fait subir à ce peuple juif auquel il appartient, l'écrivain Michel Weinberg, tout à coup, se mit à penser au chantier du Machu-Picchu et à Balssano, son maître d'œuvre. Quelque chose, quelqu'un, une voix venue du fond des âges lui disait qu'il avait eu grand tort de ne pas dénoncer, en son temps, le scandale.

CHAPITRE V

Il s'appelle Nemessio. Il a quarante-cinq ans mais en paraît soixante-dix. Treize longues années se sont écoulées depuis le jour où il transporta à Combapata, serré dans son poncho, le bébé de Melchora, fils de l'Inkarri et Inkarri lui-même. Il se souviendra toujours de ce voyage à travers la puna et du miracle qui s'ensuivit lorsqu'il l'éleva au-dessus de la huanca et qu'apparut soudain, dans un ciel noir, Inti le Soleil des soleils. Quelque chose, quelqu'un, une voix d'ancêtre lui avait dit alors qu'il reverrait d'ici peu le petit « Lama´Bleu ». Mais le d'ici peu, au fil des saisons et des cycles lunaires, était devenu le « d'ici peut-être » et le « d'ici jamais ». Il n'espérait plus vraiment, mais il espérait tout de même. Il était devenu pampamesayoq après le grand massacre de 1975 au cours duquel Guispe et l'Inkarri trouvèrent la mort. Ces terribles jours de deuil sont inscrits dans sa chair et sa mémoire. Il est pampamesayoq et watoq, c'est-à-dire qu'il sait guérir, ensorceler et envoûter. Mais il n'est pas et ne sera jamais ce que fut Guispe, un altomesayoq de grande classe capable de s'adresser directement aux Apus, aux Auquis et à la Pacha-Mama. Il a beau questionner les montagnes et la terre, supplier les ancêtres de lui répondre, ceux-ci restent sourds à ses appels, à croire que l'esprit des ancêtres a été, lui aussi, massacré en ce jour fatal de juillet qui correspond, à une lune près, au 17 Tamuz et au 9 du mois d'Av. Car si Nemessio a hérité de Guispe des titres de pampamesayoq, de hampeq et de watoq, sans cependant accéder à l'état de grâce suprême, il a également hérité de Ben Israël le titre de chamach. Lorsque l'on sait qu'un chamach fait office de bedeau auprès d'un rabbin, on peut supposer, en dépit des années d'influence, que Nemessio n'est pas davantage doué pour la religion courante que pour les pouvoirs surnaturels.

A Huacarama, ils avaient toujours été, et ce depuis des siècles, soixante-cinq ou soixante-sept. Une fois même soixante-dix. Aujourd'hui, treize ans après l'arrivée de Ben Israël, sept ans après sa mort, ils ne sont plus que douze, y compris les trois enfants nés depuis. Huacarama, sorte de kibboutz des Andes où foisonnaient foi et récoltes, a été rasée. On a brûlé les maisons, violé les femmes et tiré sur tous ceux qui essayaient de s'enfuir.

Pourquoi l'armée était-elle passée à l'assaut du village à l'aube du 22 juillet 1975 ? Aucun survivant du pogrom n'était en mesure de l'affirmer. Etait-ce pour s'emparer de l'Inkarri que l'on prétendait recherché ? Etait-ce pour venger frère Francisco ou pour mettre fin à cette nouvelle croyance qui commençait, disait-on, à s'étendre vers des villages voisins ? Etait-ce parce que les patates et le maïs qui étaient vendus au marché de Combapata n'avaient pas leur égal en grosseur et en qualité ? Etait-ce le crime de l'armée ou celui d'une bande armée ? Etait-ce le fait horrible d'une troupe régulière ou celui d'une milice irrégulière ? Etait-ce un coup de force fomenté par les anciens propriétaires terriens ? Y avait-il eu trahison, bavardages, fuites, jalousie ? Avait-on appris, et comment, que l'on pratiquait les rites juifs à Huacarama ? L'ordre du massacre avait-il été donné par l'évêché, par le gouverneur de la province, par le pouvoir central, par les trois réunis ou par aucun des trois ? Avait-on voulu vraiment rayer Huacarama de la carte en employant cette solution finale et expéditive ou bien peut-on penser, à décharge, que s'il n'y avait pas eu résistance, jets de pierres, moulinets de frondes et maniement du wichi-wichi, l'armée se serait contentée d'emprisonner Guispe et l'Inkarri ?

Autant de questions que l'on peut se poser mais auxquelles il est pratiquement impossible de répondre, la tuerie étant restée secrète, complètement occultée par les autorités et la presse. Ils sont venus, ils ont tué, ils ont ratissé et brûlé les maisons, et puis, comme leurs aïeux de l'Inquisition, ils ont empilé les morts et les blessés sur le même bûcher.

A midi, tout était terminé. Il ne restait plus que des ossements, des braises et des cendres. L'église elle-même, qui faisait déjà depuis plusieurs années office de synagogue, n'avait point été épargnée des flammes et de la fureur ivre des hommes. Au soir du carnage, on ne comptait que neuf rescapés sur soixante-cinq habitants. Ces élus, ces miraculés, Nemessio et Melchora en faisaient partie. Au moment du massacre, ils travaillaient dans leurs chacras les plus lointaines, terres inconnues arrachées à la montagne et qui se situaient à quelque quatre heures de marche du village, là où subsistent les vestiges d'un vieux pont inca.

Assourdis par le fracas des eaux du rio Apurimac, ils n'entendirent pas les échos de la fusillade. Lorsque les campesinos s'en revinrent à la nuit tombée, comme ils avaient l'habitude de le faire chaque soir en saison de culture, ils constatèrent que la vie, ici, chez eux, s'était arrêtée pour toujours.

On déchira ses vêtements. On s'arracha les cheveux et on se laboura le visage. On se frappa la poitrine. On se lamenta. On pria et on chanta de la même désespérance requiem et Kaddich. On invoqua pêle-mêle, tant étaient immenses le chagrin et la confusion, Jésus-Christ et les patriarches, mais on en appela également aux esprits des ancêtres. On se prosterna devant l'Ausangate, la montagne sacrée, pour finir, plus tard, tourné vers la puna du Chiarage. C'est là, en pleine ligne d'horizon, qu'une fois l'an a lieu l'affrontement rituel des paysans les plus pauvres du monde. S'y opposent les communautés de Ch'ega et leurs alliés, les Quollana, Sawasaya, Orqoqa, Hanansaya, à celles de Yanaoca, Layoq, Q'ewe et Langui. On vient y combattre et y mourir glorieusement avec l'espoir que le sang abreuvera et fertilisera la terre. La bataille est impitoyable. On s'étripe au fer de lance. On se fracasse le crâne à coups de wallpakaldo, on se fait piétiner par la cavalerie, lapider par les femmes soûles, étrangler par les Liwis. Misère contre misère, frères contre frères, on s'y harcèle tout un jour et toute une nuit. Les vainqueurs seront considérés avec satisfaction par les Apus, mais malheur aux vaincus qui verront s'abattre sur eux et leurs proches désastres et calamités.

Ce désastre général qui frappe aujourd'hui Nemessio ne serait-il pas la conséquence directe de cette bataille du Chiarage à laquelle participèrent, en début d'année, le 20 janvier exactement, dix d'entre les plus solides jeunes gens de Huacarama ? Ils s'en étaient allés là-bas en cachette de l'Inkarri mais avec la bénédiction de Guispe pour en revenir lamentablement défaits, qui agonisant, qui éborgné, qui éventré, qui claudicant.

Grande avait été la colère de l'Inkarrí, mais grande aussi sa déception. Petit à petit et de mois en mois, Ben Israël, pareil à frère Francisco, se rendait compte qu'il ne parviendrait jamais à entamer les croyances et les coutumes séculaires. Mais la colère de Ben Israël ne dura pas. N'ayant rien de commun avec Francisco, il s'était réconforté en se disant que le peuple andin, tel le peuple juif, finirait par se sauver lui-même de l'abandon et des ingratitudes grâce à cette mystique qui survivait envers et contre tous. Les gens de Guispe, dont il était pourtant le Dieu vivant, n'échappaient pas à la règle. Ils prenaient ou faisaient semblant de prendre. Gardaient ce qui les arrangeait, rejetant ou mettant de côté ce qui leur paraissait embarrassant. Au fond, pour mieux garnir leur réserve de mythes et de forces vives, ils engrangeaient un peu de ça, un peu de ci, y accommodant leurs propres convictions et cultures.

Un seul d'entre eux, Nemessio, était resté naturellement fidèle à Ben Israël. Lui, il avait su faire le vide de toutes les choses effleurées, ressenties ou apprises pour se consacrer entièrement au nouvel enseignement. Oh ! certes, il manquait de dons et de magnétisme, de grâce et de conviction, mais il possédait, à défaut de lumière et de vision, la prudence et la volonté.

Au soir du massacre, la voix de la prudence s'était fait entendre. Elle lui avait dit, la voix, qu'il fallait sauver les rescapés et s'enfuir, organiser leur disparition.

Et à la voix de la prudence s'était jointe celle de la volonté. Elle lui avait dit, la voix, qu'il ne fallait pas abjurer, pas plier, qu'il se devait d'assurer la résistance.

Ils avaient pleuré les morts à la lueur des bûchers. Tout le monde était en deuil d'êtres chers. Enfants, parents, amis, prophète, pampamesayoq : tous avaient péri et tous monteraient au ciel. Les âmes déjà s'étaient sans doute élevées, devançant les cendres légères que le vent du nord éparpillait.

Redoutant le retour des assassins, Nemessio avait ramené les survivants dans les chacras lointaines.

Personne ne connaissait l'existence de ces champs arrachés à la cupidité des propriétaires terriens. C'était leur domaine privé, leur place forte, leur nid d'aigle, leur Machu-Picchu. C'est là, à quelques encablures des vestiges d'un pont de lianes qui enjambait, jadis, le rio Apurimac, qu'ils se réfugieront au fond d'une grotte incaïque.

Ils y ont vécu sept ans, retirés, coupés du monde. Sept ans d'obscurité et de méfiance. Véritable défi lancé à la vie, ils ont même procréé et offert cinq enfants de plus à la tribu.

Ils possèdent quelques brebis, quelques lamas et assez de terre pour satisfaire à leurs besoins. Ils cultivent leurs champs la nuit et sortent en même temps le troupeau. Dès le point du jour, hommes et bêtes regagnent la grotte. On s'y barricade et l'on y prie le Dieu des Juifs, récitant de mémoire vacillante les versets appris de l'Inkarri. On n'a toujours pas trouvé les livres saints. On ne les cherche plus, mais on respecte néanmoins, grâce à plusieurs cahiers d'écolier annotés par Ben Israël et sauvés du désastre, les commandements, les ordonnances et les prescriptions essentielles. Bien entendu, il arrive assez fréquemment que tel ou tel interdit devienne chose permise ou qu'une chose permise soit frappée d'interdit. Il est en effet presque aussi compliqué de déchiffrer l'écriture de Ben Israël que d'interpréter le Talmud, et, si l'on ajoute à cela une très forte personnalisation des textes sacrés par celui qui les a retranscrits et la non moins forte identité culturelle de cette tribu d'Indiens égarés en terre devenue hostile, on est en droit de s'attendre à des divagations qui feraient frémir le rabbi de Loubavitch en personne.

Faire respecter une religion aussi complexe que le judaïsme sans l'aide des textes saints ni connaissance de l'hébreu est une gageure quasiment impossible à tenir, mais Nemessio, en bon chamach, ne s'en tire pas trop mal. En bon prêtre, en bon Indien, en bon Juif, il attend l'arrivée du Messie. Seul le

Messie, issu d'une génération de péché et surgi du cataclysme, sera en mesure de conduire son peuple vers la terre de Sion où s'établira enfin le règne de la paix perpétuelle.

Viendra-t-il, ce Messie, juché sur le dos d'un âne ou d'un lama ? Va-t-il apparaître soudain, simple pêcheur, au bord du fleuve où l'on s'abreuve ? Se tiendra-t-il à l'entrée de la grotte, appuyé sur son bâton de pèlerin ? Ou bien descendra-t-il du ciel à cheval sur la foudre ?

L'une des 613 prescriptions – mais Nemessio n'en sait rien – conseille au croyant de ne pas perdre son temps et sa foi à calculer la date probable de l'arrivée du Messie sur la terre. Sage prescription en vérité. Il n'empêche que Nemessio s'impatiente et compte les années du calendrier juif. Pourquoi d'ailleurs, lorsque l'on ne parvient plus à s'endormir, ne pas se mettre à compter les années comme on compte les lamas ? Le septième millénaire semble très proche à Nemessio. Ne vient-on pas d'entrer en l'année 5743 ?

Quelquefois, la nuit, Nemessio quittait grotte et chacra, confiant à Eugenio, son second en âge et en sagesse, le soin de veiller sur la communauté. Tandis qu'on sortait les bêtes assoiffées et que les enfants apprenaient à courir et à jouer sans crier, Nemessio escaladait, en solitaire, le flanc escarpé des collines. Il allait de rocher en touffe d'ichu, de caillou en épineux, prenant garde de ne jamais emprunter le même chemin, évitant ainsi de laisser les traces de son passage. Les pneus de camions dans lesquels on taillait les sandales faisant défaut, la tribu chaussait des bottes de peau grossièrement tannée et moins résistante que le caoutchouc mais qui avait l'avantage de n'imprimer aucun dessin lorsque la terre, en saison de pluies, se transformait en bourbier. Les jours de neige, assez rares heureusement, on ne sortait pas, ou alors, quand la nécessité le commandait vraiment, on s'arrangeait pour effacer au mieux tout signe de présence humaine.

Au long des années de caches et de ténèbres, la tribu coupée du monde avait appris à survivre en marge de ce qu'apportait néanmoins de bienfaits la civilisation aux autres habitants de l'altiplano. Si l'habillement et la nourriture ne posaient pas de problèmes car l'animal, qu'il soit lama ou brebis, porte en lui tout ce dont l'homme a besoin : laine, peau, graisse, boyaux, vessie, il n'en était pas de même en ce qui concernait la cuisson des mets et l'éclairage. Oh ! bien sûr, on savait faire jaillir l'étincelle de la pierre et le rouge du bois mais on ne pouvait se permettre d'entretenir les braises d'un feu, sous peine de se retrouver, un jour ou l'autre, sans une seule branche à allumer. Trop rares sont les arbustes pour que l'on puisse, sans danger d'être repéré, modifier la nature environnante. Quant à l'ichu, qui s'enflamme comme du papier, elle était juste bonne à servir de conducteur au feu. Il fallait donc, chaque soir, recommencer à frotter et attendre, visages tendus, que le brasero flambe.

Les mois de printemps et d'été, on stockait la bouse de lama que l'on conservait en prévision des grands froids lorsque le thermomètre descend la nuit à −20 ou −30 degrés. On est très loin de la caverne d'Ali-Baba, car cette grotte d'où s'échappe de temps en temps Nemessio ne renferme rien d'autre que l'indispensable au troupeau et à ses bergers. Les seuls trésors répertoriés, en dehors des trésors d'invention acquis avec l'expérience du clandestin, ce sont les cahiers annotés par Ben Israël, trois jerricans, quelques outils et une dizaine de casseroles et marmites retrouvés dans les ruines de Huacarama. Ces outils ont permis la fabrication d'objets usuels et rituels. Outre la Maguen David, aussi monumentale qu'encombrante, ornant, en la partie de la grotte la plus reculée, le lieu de prière et de réflexion, on a également façonné des fourches et des tridents, les unes servant à retourner la paille d'orge, les autres à harponner les truites remontant les eaux vives et aérées de l'Apurimac. On a construit des bat-flanc où l'on repose. Des coffres dans lesquels on range, l'été, les peaux et les mantas. Une longue table basse où l'on prend ses repas. Un autel destiné aux dévotions. Mais on a aussi œuvré pour la distraction et la danse en confectionnant quenas et pinquillos, ces flûtes à la sonorité nostalgique dans le corps desquelles on souffle, selon les états d'âme, sa joie ou son mal de vivre. On peut donc constater en dressant l'inventaire de ces bric et broc, comme celui des us, coutumes et autres modes d'emploi divers de l'existence quotidienne et spirituelle, que, si la tribu est vêtue de peaux de bêtes et gardée au secret d'un gouffre, elle n'est en rien assimilable à celle des temps préhistoriques. On pourrait même dire, si l'on ne craignait pas d'abuser du sordide, que les membres de la tribu d'aujourd'hui sont plus évolués que ne l'étaient ceux de Huacarama avant l'arrivée de Ben Israël. Ils le doivent à leur chef qui a su garder la cohésion du groupe et entretenir la foi par à-coups, à l'exemple de cette flamme rallumée chaque jour et sur laquelle on cuisine. Oh ! bien sûr, ça n'a pas été tout seul et les jours noirs sont plus nombreux que les jours roses. Il y a eu et il y a toujours de l'opposition. Certains en ont assez de vivre cachés et prônent le retour au grand jour. Plus personne, pensent-ils, n'oserait les persécuter. Il y a un temps pour la haine et un autre pour le pardon. Ne faudrait-il pas, quitte à passer pour hérétiques ou à renier sa religion, redescendre sur Combapata, se rapprocher de Sicuani ou de Cuzco ? Eugenio lui-même, le second de Nemessio, pencherait vers ce raisonnement qui permettrait au moins aux enfants nés ici d'embrasser un autre avenir que celui proposé par la situation présente.

Longtemps Nemessio a tenu bon. Plus près des siens que ne l'était le défunt Guispe, trop occupé à converser avec les Wamanis des montagnes, il avait discuté le pour et le contre et envisagé toutes les variantes se rapportant au conditionnement de l'esprit humain : assassinat, vengeance, pardon, reniement. Mais jusqu'alors, peut-être parce qu'il croyait encore confusément à la venue du sauveur suprême, il avait réussi à éviter l'éclatement. De discussions en discussions, et les femmes n'en étaient pas exclues, bien au contraire, on avait fini par décider que si le sauveur ne se manifestait pas à la fin de l'année on réapparaîtrait à la surface de la terre habitée. Afin de se protéger d'une nouvelle calamité qui pourrait encore s'abattre sur ces témoins du grand massacre de 1975, on filerait directement sur Cuzco à travers punas et montagnes.

Tandis qu'on se prépare à l'idée de partir bientôt vers l'ancienne capitale des Incas et de parcourir en sens inverse le chemin des Juifs de Cuzco dont on n'a toujours pas découvert livres saints et objets de culte, Nemessio se plaît à arpenter les collines. Il marche parfois toute la nuit, reconnaissant ainsi les passages qu'ils devront emprunter, mais il lui arrive également, comme le faisait le vilain frère Francisco, d'épier des heures durant, dissimulé derrière un terre-plein, ce qui fut le village de Huacarama. Rien, sinon une excessive prudence, un instinct de chat échaudé, n'oblige Nemessio à se cacher, puisque le village a été détruit une fois pour toutes et que nul, depuis, n'y est retourné ou venu. Peu à peu, l'herbe et la pierre ont envahi les courettes que l'on nettoyait si soigneusement, de même que terre et caillasse entraînées par les pluies diluviennes ont comblé les trous qu'on y avait creusés. Ce village maudit, rasé, rayé de la carte, bien que fantomatique, n'en est pas moins terriblement présent. Lorsque la Mama-Killa baigne de son halo lunaire les pans de murs écroulés de ce qui fut sa maison, Nemessio ressent au cœur une vive blessure. La plaie n'est pas refermée, et comment pourrait-il oublier ! Il saigne, Nemessio. Il saigne du sang de ses deux fils, du sang de sa femme, du sang de sa vieille mère. Il saigne du sang de Guispe et du sang de l'Inkarri, mais ce sang, si rouge, si abondant soit-il, et qui s'écoule de la plaie entrouverte, est comme absorbé, comme lavé par un souvenir beaucoup plus douloureux. Nemessio ne se l'explique pas, mais c'est ainsi. Son vrai deuil, sa vraie peine, sa plus intense émotion, c'est Cristobal qui les lui cause. Il sent toujours l'enfant serré là, contre lui, entre remords et exaltation comme il le fut à l'aube de cette froide matinée d'hiver lorsque, ramassé dans son poncho, il le transportait loin des siens. Cet abandon, cette vente à la sauvette qui s'en était suivie n'ont cessé de le hanter.

Si pesant s'était avéré le secret qu'il s'était cru, au retour, obligé d'en avertir le père. Il faut se souvenir que l'Inkarri Ben Israël habitait chez Nemessio et qu'il recevait ses soins de Cipriana. Entre la famille de Nemessio et Ben Israël, les liens établis allaient bien au-delà de la simple hospitalité ou de la sainte adoration. Il y avait eu ce que les psychologues nomment « contact humain et dialogue », mais, si l'on en gomme la terminologie, « contact et dialogue » se traduisaient par affinités et affection. Ben Israël, fort troublé par la révélation de Nemessio, interrogea Melchora et tempêta tant et plus, insistant pour que l'on retourne chercher sans tarder celui que l'on désignait déjà comme le « Lama Bleu ». Guispe, intraitable, tint tête au Dieu vivant. On ne pouvait, affirmait-il, garder dans le même village le Messie et le fils du Messie, car les ancêtres auraient alors déclenché leur courroux.

Ben Israël, s'emportant, avait jeté l'anathème sur Guispe. De quels ancêtres osait-il parler ? N'était-on pas entré dans une nouvelle ère où les seuls ancêtres connus sont les trois patriarches Abraham, Isaac et Jacob ? Que s'en aillent au diable les Apus et les Auquis ! Que s'étouffe la voix des Wamanis ! Que s'écroulent sur leurs fantômes les montagnes où ils se sont réfugiés !

Ben Israël était si excité, si douloureusement atteint par la perte de ce fils qu'il évoqua soudain Moïse, se prenant lui-même pour Amram, le père du prophète. Comment avait-on pu brader de la sorte le sauveur, le guide, celui qui allait donner à ces Hébreux des Andes patrie, religion, fierté et sens de la domination ?

Guispe avait écouté l'étranger sans se départir de son calme. Il le savait en plein délire, en pleine folie à cause des drogues administrées, mais, en aparté, alors que Nemessio se lamentait sur le pas de la porte, le vieux sorcier en avait profité pour laisser entendre que c'est lui qui tirait la destinée par les boyaux, ne croyant qu'à demi à la légende dont Ben Israël s'était auréolé. Point n'était besoin d'en dire davantage, car tout délirant qu'il fût, tout bourré de coca, d'aguardiente et d'excitants, Ben Israël comprit qu'il n'avait pas intérêt à commencer une partie de bras de fer dont l'issue lui serait défavorable. A partir de ce moment-là s'instaura entre les deux hommes une sorte de consensus, chacun ayant deviné ce que l'un attendait de l'autre et ce qu'il devait lui apporter. La communauté ne sut jamais rien de ce différend fondamental et prospéra malgré tout grâce à l'effet conjugué des rapports de forces et de faiblesses.

Seul Nemessio, influencé, en secret, par Ben Israël qui partageait son toit, se reprochait d'avoir osé solder Moïse à une tenancière de maison d'hôtes. Moïse le libérateur reviendrait-il un jour prochain ? Sous quels traits et dans quel berceau ? Sur quel fleuve Bleu ou quelle mer Rouge ? Simple mortel ou bien Messie ? Franchement, il espérait encore...

Et Nemessio a raison d'espérer. Son Moïse, son Inkarri se dirige vers lui à grand fracas d'ailes et de réacteurs. Le 747, un charter de la compagnie Aviantina dans lequel a pris place toute la famille Weinberg, amorce sa procédure d'approche. Pour l'instant, il survole la jungle amazonienne, mais d'ici peu, et le pilote en aperçoit déjà les contreforts, il s'engagera, niveau 200 (environ 20 000 pieds), au-dessus de la cordillère des Andes.

On a volé quinze heures d'affilée. Certains passagers, surpris par l'arrivée subite de la nuit, règlent leurs montres sur le fuseau horaire de Lima. D'autres dorment profondément. D'autres lisent, jouent aux cartes ou suivent, écouteurs aux oreilles, le programme de la musique céleste. D'autres, appréhendant la dégradation physique consécutive à la pression atmosphérique et aux décélérations, se lèvent, trousse de toilette à la main, avec l'intention de se refaire une beauté.

Nous sommes donc dans un avion normal avec des passagers normaux. La plupart d'entre eux sont en vacances et partent à l'aventure. Quelques-uns la tenteront vraiment. Les autres iront de grands hôtels en grands hôtels, de sites classés en sites classés. Aucun, excepté les Weinberg, n'entreprend là un voyage initiatique. Mais ça n'empêche pas Elisabeth et Michel d'en « écraser » pleinement. Près d'eux, recouverts en partie d'une couverture légère distribuée par les hôtesses de la compagnie, Evelyne et David laissent aller librement leurs mains. Ils se caressent, s'amusent, s'excitent. Bientôt, elle n'y tient plus. Elle voudrait l'étreindre, l'embrasser sur la bouche sans être observée par ses voisins de siège. Evelyne propose d'aller s'enfermer, en queue de l'appareil, dans les toilettes. David n'ose pas. Que penseraient les hôtesses ? Et puis les parents pourraient se réveiller, s'apercevoir de leur absence ? Evelyne insiste. Juste une minute. Juste un câlin. Elle a une idée. Elle fera semblant d'être malade. Elle se lèvera, elle marchera courbée en deux, la main sur la bouche, comme prise de nausées, tandis qu'il la soutiendra. Ils ressortiront de la même manière, de sorte que personne ne se doutera de rien.

Comme il reste quarante minutes de vol et qu'il se sent aussi énervé qu'impatient d'atterrir sur son sol natal, David, bon frère, bon mec, la suivra contre son gré. L'Inkarri des Inkarri ne peut savoir que cette frénésie d'amour lui épargnera une mort atroce. Ainsi est donc déjà tracé dans le sillage blanc des réacteurs le destin phénoménal de cet enfant parisien que rien, en apparence, ne prédisposait à un avenir si magistral.

La centrale du Machu-Picchu tourne à pleines turbines. L'énergie du rio Urubamba captée puis canalisée est diffusée à foison dans toute la région. Les passagers, l'œil collé aux hublots, peuvent apercevoir des myriades de lumières trouer la nuit légère, à croire que la Voie lactée s'est détachée de la stratosphère pour se coller à la terre.

Pietro Balssano, le chef du chantier, aurait soixante-douze ans aujourd'hui s'il n'avait été victime, une semaine avant la retraite, d'un accident de draisine. Mauvais calcul d'aiguillage, ou d'horaire ? Erreur du chef de gare ou du conducteur de la machine ? Toujours est-il qu'après le passage du train en provenance de Quillibamba, il ne resta de l'homme et de la draisine qu'un tas de ferraille et de viande désossée. Si personne ne s'était réjoui de sa mort, pas même les irréductibles Indiens de la selva, personne non plus ne l'avait pleuré. « Energia-Electrica », vaste compagnie carnivore, s'était aussitôt assuré les services d'un autre ingénieur, Karl Weiss, un Allemand de l'Ouest, bien plus jeune que le précédent mais tout autant dévoué à la cause. Le chantier du Machu-Picchu achevé, Weiss avait été muté dans la région d'Ayacucho où il s'était spécialisé dans le repérage aérien et le survol des constructions en cours. Son brevet de pilote obtenu brillamment, il allait d'un bout à l'autre du pays, tantôt en mission de surveillance, tantôt, comme cette fois, en reconnaissance. « Energia-Electrica » projetait, en effet, l'établissement d'une ligne à haute tension qui devait relier Cuzco la haute à Puerto Maldonado la basse, une agglomération champignon de la jungle, noyée dans la brume et la poisse du rio Madre de Dios.

Weiss, aux commandes d'un Beechcraft 200, appareil extrêmement performant, s'en revient de cette ville extravagante. Il a bu nombre de whiskies, piscos et chichas, sans compter les bières descendues à chaque poignée de main. En Amazonie, rien ne se fait, ne se dit sans que la proposition et l'action soient immédiatement scellées par le pacte de l'alcool.

Le photographe qui accompagne Weiss n'est guère plus frais que le pilote, mais il a au moins l'excuse, en raison de la nuit noire, de ne pas prendre de clichés. Gageons que ceux-ci seraient aussi flous, aussi approximatifs que l'est la conduite à vue et sans aucun radioguidage du super-bimoteur à hélices que Weiss pousse à plein régime et élève au maximum de ses possibilités. Parvenu à 20 000 pieds, le Beechcraft, faute de pouvoir monter plus haut, se stabilise à l'horizontale. Ça ne l'empêche pas d'être déporté comme un fétu de paille lorsque la bourrasque déchaînée le mitraille de ses rafales.

Si violente est la tempête, si redoutables les coups de vent, que le pilote du 747 évoluant sous procédure reçoit l'ordre de modifier son plan de vol. Le ciel en cet endroit et à cette heure de la nuit est apparemment libre. Seuls, peut-être, quelques condors intrépides oseraient défier les éléments à semblable altitude. Les aiguilleurs du ciel savent que le condor, lorsqu'il est happé par un réacteur, représente un très grand risque d'accident. Mais ils ne peuvent imaginer que les ancêtres incas, n'ayant point renoncé à la revanche, ont lancé, en sens contraire, sur leur nouveau tracé, un dérisoire appareil de tourisme. On pensera, bien entendu, que les ancêtres auxquels se réfèrent toujours Nemessio et les siens, comme tous ceux qui vivent, en bas, au-dessous des nuages et de la tempête, ont perdu la tête et qu'ils font preuve d'atroce cruauté. On pensera que Weiss n'est coupable que de négligence. Que Balssano a déjà payé. Que les passagers sont, dans l'ensemble, innocents du crime qui leur est reproché. On pensera ce qu'on voudra et on en voudra à ces ancêtres incas du Machu-Picchu d'avoir provoqué la plus grosse catastrophe aérienne de l'année dans le seul but de ramener le petit Lama Bleu à son point de départ. Oui, on pensera qu'ils ont eu tort de procéder aussi sauvagement à la punition du père adoptif et au retour de l'enfant-roi, comme s'il n'y avait pas d'autres moyens, ô combien moins sanguinaires, de faire revenir l'Inkarri à Huacarama. On pensera cela, c'est certain, mais, disons-le tout de suite, ceux qui le prendront ainsi n'auront pas raison. Le destin du Lama Bleu est guidé par des mains autrement plus puissantes que celles qui tiennent les commandes des appareils. Les pilotes sont eux-mêmes sous l'influence délirante des Apus et des Auquis. Ne dit-on pas, lorsque l'irrémédiable survient – et ceci d'un bout à l'autre de la planète – comme dans tous les idiomes et toutes les régions : « Ça devait arriver, c'était écrit ! »

CHAPITRE VI

Le Beechcraft a percuté de plein fouet la cabine du 747 et s'y est enchevêtré. Crâne brisé, cervelle vidée, le grand oiseau de fer a continué à planer quelques instants et s'est écrasé trente kilomètres plus loin sur la puna du Chiarage. C'est là, en cette puna, qu'a lieu chaque année la cérémonie que nous avons décrite auparavant. La mort alors y perd son masque grotesque et effrayant pour se changer en une magique offrande à la plus féroce des terres mères.

De mémoire d'homme, on n'avait vu autant de cadavres tomber à la fois. Et, pour horrible que soit ce massacre collectif, il laissait présager désormais une fertilité sans pareille. Les ancêtres, nul n'en doutait dans la région, avaient vu les choses en grand. Et, tandis qu'à Cuzco s'organisaient les secours, la rumeur allait bon train de village en village, tout le monde ou presque, ceux de Sawasaya, de Konsa, de Yanaoca, de Layoq et d'Orqoqa, remerciant déjà leurs dieux.

Les premiers à arriver sur les lieux de la catastrophe sont Nemessio, Ruperto et Eugenio. Ils ont fait vite, couru trois heures durant vers cette puna qu'ils connaissent bien. Ils sont suivis de Melchora, de Modesta, d'Agustina la partera et de deux enfants nés à la grotte, Saül et Ruth. Ils ne savent pas pourquoi ils y vont ni ce qu'ils trouveront là-haut, mais ils y vont. Nous sommes au lendemain du Roch Hachana que l'on a célébré avec ferveur et humilité. On s'est tenu durant ces deux jours de prières prêts à accepter la sentence du tribunal du ciel et voici que soudain en cette nuit du lundi de l'an 5743 le ciel juif a également rendu la sentence du tribunal inca.

Il y a eu un bruit terrible. Un bruit jamais entendu jusqu'alors. C'était comme si cent ou deux cents camions jouaient à faire la course entre les nuages. Jamais on n'avait entendu de moteurs aussi rugissants. Jamais on n'avait vu une masse aussi énorme se déplacer. On s'était demandé s'il ne s'agissait pas d'une comète sans queue. D'une météorite lancée par une fronde surnaturelle. Et puis, quelques secondes plus tard, le temps d'invoquer pêle-mêle Yahvé et Roal, on a su que l'engin s'était jeté sur le Chiarage. Il y avait eu le choc de la comète contre la terre et, juste après le choc, elle s'était mise à pousser sa clameur. On ne savait pas qui avait explosé. Etait-ce la terre, était-ce l'engin ?

On s'était précipité, espérant parvenir au Chiarage avant tout le monde. Les plus robustes, ceux qui ont le mieux supporté le long jeûne ou ceux qui, comme Nemessio ou Melchora, sont reliés au destin de Cristobal par un fil invisible que nulle quenouille, fût-elle de l'altiplano, ne tissera jamais, sont du voyage.

Ils étaient en effet arrivés avant tous les autres. Rien d'étonnant à cela dans la mesure où la grotte qui leur servait d'abri se trouvait à mi-chemin entre le Chiarage et le village le plus proche. Ça n'était pas le moment de se faire repérer par quelque berger égaré. Aussi Nemessio s'assura-t-il du regard qu'aucune torche ou lampe électrique ne luisait au loin.

Ils s'avancèrent alors au milieu du carnage

qu'éclairait l'incendie. Des flammes montaient une
fumée âcre, une odeur de viande grillée, et cette
odeur, bizarrement, leur donnait faim. C'était la première fois qu'ils voyaient de près un avion ou du
moins ce qu'il en restait, car le fuselage, éclaté en
plusieurs morceaux, flambait de-ci, de-là. Des cadavres calcinés gisaient un peu partout. Qui entier
éjecté avec son fauteuil. Qui décapité. Qui découpé.
Des jambes, des bras, des têtes, des troncs, des
boyaux nageaient dans une espèce de bouillasse de
sang et de neige fondue.

On en avait plein les pieds, plein la vue de cette
horreur. Pour un sacrifice, c'en était un. La Pacha-
Mama avait de quoi s'abreuver pendant des années.
On allait enfin manger selon ses besoins et déterrer
des patates géantes.

La stupeur passée, Eugenio émit timidement l'idée
qu'ils pourraient peut-être profiter de cet accident
providentiel pour ramasser certains objets, certains
bagages. L'oiseau de fer tombé si près de chez eux
n'était-il pas un signe de Dieu, une invitation faite
aux déshérités ? Tous regardèrent Eugenio. Les pauvres ne ressemblaient guère à des pilleurs d'épaves.
N'étaient-ils pas épaves eux-mêmes ? N'étaient-ils
pas, eux aussi, les tristes survivants d'un carnage qui
égalait celui-ci en monstruosité ?

Eugenio n'était qu'un demi-sage, que le second de
Nemessio, qu'un apprenti watoq, qu'un humble chamach au service de son rabbi. Et pourtant tous l'ob-
servaient comme s'il venait de prononcer là, tout
haut, les paroles que chacun se disait tout bas. Il n'y
eut pas de réponse à la suggestion, mais après s'être
longtemps regardés, après avoir conversé, comme
cela, silencieusement, de conscience à conscience, ils
se sont dirigés un peu plus loin vers un morceau de
carlingue fiché profondément dans la neige et que
l'incendie avait épargné.

Pratiquement intacte, la queue de l'appareil se dresse, là dans la nuit, comme un monument érigé aux ancêtres, comme une gigantesque huanca tombée du ciel pour implorer, mais bien plus tard, les esprits bienfaisants d'accorder repos et répit aux voyageurs des montagnes.

Ils tournent et retournent autour de cette huanca de ferraille froissée sans se décider à y pénétrer, craignant, en y entrant, d'être punis et de ne pouvoir en sortir. Quand, tout à coup, ils entendent monter une plainte. C'est un gémissement, des bribes de phrases murmurées par une voix enfantine. Tandis que le groupe pris de frayeur se tait, Nemessio, l'oreille collée à la paroi, écoute et déchiffre. Lorsqu'il comprend que cette langue ne lui est pas inconnue et que les mots prononcés ici auraient pu l'être autrefois par l'étranger Ben Israël, il sait que le Messie, son Messie, est enfin de retour.

La stupeur fait place à l'excitation. On tape sur l'acier et la tôle. On tord et on écarte, puis on se rue dans la cabine. Des cadavres déchiquetés jonchent le couloir. D'autres, coupés en deux par leur ceinture, exhibent leurs tripes. On soulève les morts. On dérange les âmes, mais on ne trouve rien. La plainte vient d'ailleurs. Elle s'infiltre sous une porte disjointe et à demi-rabattue. On l'arrache.

Le Messie se tient là, derrière elle. Il est cassé, disloqué, sans connaissance. Accrochée à lui, enfermée dans ses bras, une jeune fille à moitié nue parle. Elle ne sait pas ce qu'elle dit et si même elle le dit. Elle regarde, sans les voir, ces étranges sauveteurs. Elle sourit. Elle semble heureuse d'avoir fait passer le message. Et puis, soudain, elle cesse d'émettre.

Nemessio et Eugenio s'enfuient comme des voleurs. Ils dévalent les pentes abruptes, portant sur leur dos le Messie et la sœur du Messie. Les deux enfants sont gravement blessés mais vivants. On a

jeté sur la fille des couvertures ramassées dans
l'avion. On a ficelé tant bien que mal les membres
fracturés et épongé les plaies. Pour l'essentiel, on
attendra de regagner la grotte.

A mi-parcours, on prend le risque de s'arrêter. On
aperçoit au loin le faisceau d'une lampe de poche.
Sans doute les gens d'Orqoqa ou de Layoq qui s'en
viennent à leur tour se régaler du sacrifice. Il était
temps.

On a couché les deux enfants au creux d'un
mamelon abrité du vent. Le jour pointe à l'horizon.
Les têtes se penchent sur le garçon.

L'enfant est de leur propre race. Si ça n'était pas
les deux grands yeux bleus ouverts et fixes dans lesquels viennent jouer les premiers rayons du soleil
levant, il ressemblerait comme un fils à Melchora.
Et d'ailleurs Melchora ne s'y trompe pas. Le cri qui
sort de sa gorge vient de ses entrailles :

« Es Cristobal ! Es mi hijo, es la llama azul ! »

Les sauveteurs ayant enfin regagné la grotte, toute
la tribu laisse éclater sa joie. On souffle dans le chofar et les flûtes qui sont autant de trompettes de
gloire et de renommée. Nemessio, éperdu d'admiration, chante le Hàllel et le Lekho Dodi, enchaînant,
tant son trouble est grand, sur le Kaddich, cette
prière adressée à Dieu où il est dit notamment ceci :
« Que soit sanctifié et grandi son nom dans le
monde qu'il a créé selon son désir. Et que son règne
arrive. Et que sa délivrance germe. Et que son Messie soit imminent. » Mais, là, Nemessio s'arrête. Il
est bloqué, pris de court, désorienté. Il a beau
essayer de se remémorer les textes en sa possession,
aucun d'eux ni personne n'a prévu chants ou prières
en cas d'apparition effective du Messie !

C'est alors que le Quechua Nemessio, Inca, fils
d'Inca et petit-fils des illustres ancêtres, réalise que

130

cette grotte de l'Apurimac où les siens se sont réfugiés est devenue le centre du monde. Pour la première fois depuis la chute du royaume d'Israël, du juge Samson au juge Gédéon, du roi Saül au roi David, de Salomon à ce jour et par-delà les terribles épreuves endurées pendant des millénaires, il n'est plus question d'espérer, car l'espérance, cette drogue des peuples asservis, est enfin rentrée dans sa phase d'accomplissement. Oh! certes, Nemessio ne raisonne peut-être pas aussi clairement, car il est épuisé, miné, diminué par ce long séjour de planque et de ténèbres. Il n'empêche que l'évidence lui saute à l'esprit. Il devra donc sans tarder expliquer aux captifs que le temps des prières et des lamentations est révolu. Leur dire qu'il faudra bientôt se mettre en route, derrière le Messie, pour la terre promise.

L'Inkarri Cristobal n'en croit pas ses yeux. Il vient de les ouvrir après un long coma et regarde, sans comprendre, ces curieuses gens qui l'entourent. Est-il encore dans ce cinéma de Parly II où il a vu le film *La Guerre du feu*? Est-il devant sa télé où l'on programme *La Planète des singes* en six épisodes? Est-il encore dans l'avion où l'on a projeté *Les Aventuriers de l'arche perdue*?

Il essaie de se redresser mais n'y parvient pas. Il est ficelé d'emplâtres, de bouts de chiffon. Ses bras, ses jambes sont comme morts et pourtant il ne souffre pas. Il n'en croit ni ses yeux ni ses oreilles. Mais qui sont-ils? Que font-ils? Que récitent-ils? Bon Dieu, ça ressemble drôlement au Chemah!

Merde alors! Il panique. Mais que se passe-t-il? Il partait pour le Pérou, il se retrouve en Israël. Il tente de se retourner et aperçoit, là, juste à côté, sa sœur Evelyne. Elle est dans le même état que lui. C'est comme s'il se regardait dans une glace. Elle est couverte d'emplâtres et de ligatures.

Il a peur. Son cœur bat à toute vitesse. Une femme se penche et caresse sa joue. Elle parle un drôle de langage. Un truc du genre indien. On dirait qu'elle est sortie de l'album d'Hergé, *Tintin et le Temple du Soleil.* En tous les cas, elle sent mauvais, très mauvais. Il voudrait empêcher cette main de le toucher. Il crie :

« Mais laissez-moi. Qui êtes-vous ? »

La femme, effrayée, s'écarte. Il appelle :

« Evelyne... Evelyne ! »

Evelyne ne bouge pas. Evelyne ne répond pas. Un étrange bonhomme s'avance à son tour et s'agenouille. Il est vieux et très ridé. Il ressemble à E.T. Souriant de toute sa grande bouche béante et édentée, il dit :

« La chica esta dormiendo. »

Merde ! Il n'est pas en Israël mais en Espagne. Qu'est-ce qu'il fout en Espagne ? Et puis il se souvient. Non, il n'est pas en Espagne mais au Pérou. Où est son père ? Et sa mère ? Il crie :

« Merde, merde, merde, où je suis ? Qui êtes-vous ? »

Il est stupide. Ces gens ne peuvent comprendre le français. Il répète sa phrase en espagnol et se rend compte, futile étrangeté, que « mierda » sonne moins bien en castellano qu'en français. Pour un peu il en rirait.

Débute alors entre Nemessio et David un entretien assez ahurissant que nous préférons, et ce jusqu'à la fin du récit, transcrire en français. On comprendra d'autant mieux notre souci qu'il nous faudrait également, pour préserver l'authenticité et le climat, pratiquer le quechua puis traduire celui-ci en espagnol ou inversement.

Alors Nemessio explique et David découvre. On raconte en flash-back, à rebours. En quelques heures, on passe de l'accident d'avion à la venue de l'étranger Ben Israël à Huacarama. Les rêves de David s'écroulent. Son père n'est pas un puissant seigneur ni sa mère une belle aristocrate. Adieu bottes et crinolines, « Zorro » et *Sans famille*. Son père est un saint homme, certes. Mais cette mère tout de même ! Il avait espéré mieux. David n'est pas sûr de bien comprendre. Il emmagasine ce qui est dit, mais il est trop mal en point pour en tirer conséquences et réflexions. C'est un peu comme si on lui demandait d'apprendre par cœur une récitation. Il écoute, il reçoit mais n'assimile pas. Et comment pourrait-il s'y retrouver, lui que l'on a bourré de drogues et d'anesthésiants ? Il est sous l'effet conjugué du garbancillo et du chamico, deux puissants narcotiques de la sierra que la partera a utilisés pour atténuer la souffrance. La dose administrée est si forte que David ne ressent pas la douleur. Si ça n'était son état comateux éclairé parfois d'un bref délire intense dû à l'absorption répétée d'un jus de cactus sans épines, sorte de mescaline locale, David pourrait croire, malgré les emplâtres et les pansements, qu'il est intact. Ce flottement procuré par les magiques plantes médicinales mises à la disposition des deux rescapés aide David à accepter l'idée qu'il n'est pas un enfant comme un autre. A la révélation qu'ils sont, sa sœur et lui, les seuls survivants du 747 vient s'ajouter celle qu'il est à la fois le Messie des Juifs et celui des Incas. Le pauvre ! Il nage, il patouille en pleine confusion, en pleine hallucination. De temps en temps, heureusement, il s'enfonce et plonge. Il va de l'assoupissement au sommeil profond, mais à chacun de ses réveils, à chaque reprise de conscience, il aperçoit, penché sur son épaule, le visage fripé du vieil Indien qui poursuit sa litanie insensée. Et puis il y a l'autre, sa mère, qui s'arrache les cheveux et se frappe la poitrine. C'est vrai qu'il lui ressemble. C'est vrai qu'il se reconnaît en elle. La question qu'il se pose, celle qui l'habite et le tiraille, celle qui lui fait le plus mal et le plus peur, c'est de savoir s'il réussira un jour à l'aimer. Et comment l'aimera-t-il ? Sagement, comme il a aimé Elisabeth, ou follement, comme il a aimé la mère imaginaire ?

Il est tombé de haut. D'aussi haut que le grand oiseau de fer qui s'est écrasé si près de l'endroit où il est né et sous les décombres duquel gisent ses parents adoptifs. Oui, on peut sûrement parler de miracle comme le fait en ce moment Nemessio, mais on peut aussi parler de hasard et d'amour. S'il est là aujourd'hui, meurtri mais vivant, ne le doit-il pas avant tout à l'incroyable frénésie affective d'Evelyne ? N'est-ce pas elle qui a eu l'idée de l'entraîner dans les toilettes de l'avion ?

Il s'était forcé à l'embrasser. Et comme il paraissait tiède, timide, maladroit, elle l'avait battu. Il aimait quand sa sœur le battait. Ça l'amusait. Il en crevait de rire.

Gagnée à son tour par le fou rire, elle s'était accrochée à lui, demandant câlins et pardon. C'est à cet instant que le choc s'était produit. Ils avaient été projetés contre la cloison, paralysés, asphyxiés. Il y avait eu une grande glissade dans un grand trou d'air. Ils avaient vu leur vie défiler à toute vitesse et puis plus rien.

Evelyne refait surface. Où est-elle ? Quelle heure est-il ? Pourquoi fait-il si sombre ? Elle tente de bouger mais n'y parvient pas. Elle est attachée, ligotée. Elle a l'impression d'être partagée en deux : d'un côté le corps, de l'autre l'âme. Au milieu, il y a l'angoisse, le vide. Elle tâte autour d'elle de sa main valide. Ne reconnaissant rien de ce qu'elle a connu, rien de ce qui lui appartient, elle s'étonne et appelle :

« David, tu es là ? »

Bien sûr que David est là. Il est même seul. Les autres ont quitté la grotte pour se rendre aux champs, comme ils le font toutes les nuits. Il s'écrie :

« Evelyne ! Ah ! mais c'est génial ! »

Il étend le bras et trouve sa main. Elle dit :

« Qu'est-ce qui est génial ?

— Que tu sois réveillée. Ma parole, tu en as mis un temps !

— Où on est ?

— Dans une grotte.

— Chez qui ?

— Chez ma mère.

— Quelle mère ?

— Ma vraie mère. »

Leurs doigts s'entrecroisent. Il dit :

« C'est complètement dingue, mais c'est comme cela. On est là depuis une semaine. J'ai cru que tu étais morte.

— Qu'est-ce qu'on fout ici ?

— On a eu un accident.

— Et maman et papa ? »

Il hésite à répondre. Ça lui fait mal de le lui apprendre. Il voudrait pouvoir se rapprocher d'elle, la prendre dans ses bras et la consoler. Elle lance :

« Ils sont morts. Hein, c'est ça ? Ils sont morts et tu me le caches.

— Mais non. Je ne te le cache pas.

— C'est parce qu'on a juré sur leur tête. J'en suis sûre !

— Tu es dingue. Ça n'a rien à voir.

— Mais si, David. C'est ça. On avait juré qu'on ne s'embrasserait plus jamais.

— Voyons, Evelyne, ça n'était pas un vrai serment.

— Si, David, c'était un vrai serment. D'abord il y

135

a eu le Mohel Grynner et puis ensuite ce sont les parents qui ont payé. C'est atroce. C'est de ma faute.

— Souviens-toi, petite sœur. On a seulement juré sur la tête de papa. On n'a pas juré sur celle de maman. On n'a pas juré sur la tête de tous les passagers. On n'y est pour rien, Evelyne !

— Tu veux dire que tous les passagers y sont restés ?

— Ecoute, Evelyne. J'en sais pas plus que toi. On m'a raconté que tout le monde était mort. Tout le monde, les passagers, l'équipage, les parents. »

Elle lui écorche les doigts. Il ajoute :

« On est les deux seuls survivants. Oui, rien que nous deux et c'est à toi qu'on le doit. Si on ne s'était pas enfermés dans les toilettes de l'avion, on ne serait pas là pour en discuter. Ce sont des Indiens qui nous ont sauvés. Et en plus ils me prennent pour le Messie ou pour Moïse. J'en sais rien. Quant à toi, ils ne veulent pas croire que tu t'appelles Evelyne. Ils affirment que tu t'appelles Myriam.

— Myriam ?

— Oui, tu sais bien, c'est la sœur de Moïse. Je t'assure, c'est dément, complètement dément. Ce sont des Indiens juifs ! »

Elle est prise d'un immense chagrin. Elle pleure ses parents, mais elle pleure aussi son frère. Elle pense qu'il est devenu fou. Elle demande :

« Des Juifs ? Pourquoi des Juifs ?

— C'est à cause de mon père.

— Ton père ? Quel père ? »

Il sait, il sent qu'il ne pourra la convaincre :

« Il faut me croire, Evelyne. Au début, j'étais comme toi. Complètement désemparé, complètement ahuri. Et puis, à force, j'ai compris qu'ils disaient la vérité. C'est énorme ! C'est encore pire que la science-fiction. C'est comme dans le film de Spielberg. »

Il marque une pause et reprend :

« Je sais que tu ne me crois pas. Alors voilà ce que tu vas faire. Tu m'écoutes ? »

Il entend surtout ses sanglots. Il dit :

« Tu vas habituer tes yeux à l'obscurité. Tu vas regarder un peu sur la droite et au bout d'un moment tu apercevras une grande étoile de David.

— Qu'est-ce que tu dis ?

— Je dis que tu apercevras une grande étoile de David. Tu la vois ?

— Non.

— Essaie encore. Regarde bien sur ta droite. C'est leur lieu de prières. Et juste sous l'étoile, dans une niche, il y a le tabernacle.

— Qu'est-ce que ça sent comme odeur ?

— Ça sent le fumier de brebis, la bouse de lama, mais ça sent aussi la merde. Ça fait sept ans qu'ils vivent là. Ils s'y sont réfugiés après le massacre de 1975. L'armée était montée chercher mon père. Il a résisté. Alors ils ont tué tout le monde. Les survivants étaient dans les champs, loin du village, à quatre heures de marche.

— Ça y est. Je la vois !

— Tu la vois, hein ?

— Oui, je la vois.

— Tu me crois ? Bon, alors écoute : mon père, c'était un Français. Un Juif français. Il arrivait de très loin, du fin fond des Amériques. Il avait traversé tout un continent, la jungle, la forêt vierge, les montagnes. Il recherchait un endroit sans tares, une terre promise, le Pays de l'Age Parfait.

— Qu'est-ce que tu racontes ? Qu'est-ce que tu dis ?

— Je dis que mon père était une espèce de prophète.

— Comment il s'appelait ?

— Maurice Ben Israël. Il devait être pied-noir ou quelque chose comme cela. Il avait les yeux bleus, les mêmes que les miens. Des yeux bleus très intenses et une barbe très noire. Il était très maigre, très malade, très blanc, très fatigué et très mystique. Cela faisait des années qu'il marchait, des années qu'il cherchait et puis brusquement, le lendemain de son arrivée à Huacarama, il est tombé malade, à moitié paralysé, incapable de repartir.

– Qu'est-ce que c'était comme maladie ?

– On ne sait pas. Peut-être un cancer. Peut-être une immense déprime. Toujours est-il que le sorcier du village a tenu le raisonnement suivant : « Com-« ment ! Voilà un type qui a traversé le continent « américain dans sa totalité. Un type qui s'est joué « des plus grands dangers. Un type investi d'une « mission divine. Un type qui ne fait que traverser « les choses et les gens. Un type toujours en action, « en mouvement, en errance. Alors, si ce type venu « du bout du monde a échoué dans ce village du « bout du monde pour ne plus pouvoir en repartir, « cela veut dire que le voyage de l'étranger touche à « son terme et que mon village de Huacarama est le « Pays de l'Age Parfait, la Terre d'Immortalité, le « Paradis Perdu, quoi ! » Ainsi a raisonné le sorcier, et, raisonnant ainsi, il a reconnu en mon père le Messie des Incas, un certain Inkarri dont tous les Indiens des Andes attendent le retour. »

Ça tourne très fort dans la tête d'Evelyne comme ça a tourné dans celle de David. Il possède une avance de huit jours sur sa sœur et pour ce qui est de la compréhension, c'est énorme. Tandis qu'elle végétait dans son coma, il découvrait ses origines. Il avait beaucoup déchiffré depuis. Beaucoup appris de Nemessio et de Melchora. Beaucoup réfléchi et beaucoup donné de lui-même. Il avait d'abord été matraqué par la révélation, écrasé par la fatalité, abruti pêle-mêle par les drogues absorbées et les vérités assenées. Et puis petit à petit – Evelyne allait avoir le même chemin à parcourir – il était revenu sur lui-même. Revenu sur les événements et les présomptions pour finalement tout accepter en bloc, y compris cette incroyable mission qui lui incombait à présent.

Il desserra ses doigts, caressa la paume et dit :

« Ça peut te paraître dément, mais il les a convertis. Il a talmudé jour et nuit avec eux si bien qu'ils sont passés du catholicisme au judaïsme avec pas mal de facilité. Ah ! bien sûr, c'est pas très strict, car ils croient encore en leurs propres dieux, mais, vois-tu, il se trouve que leurs dieux et le nôtre sont tombés d'accord sur l'essentiel. »

Elle commence à ressentir des douleurs lancinantes. Elle aurait besoin d'analgésiques, de calmants. Elle demande :

« Qui c'est, leur Dieu ?

— La Lune, le Soleil, la Terre, les montagnes. Ils correspondent par l'intermédiaire des ancêtres. Ils s'adressent aux âmes et aux esprits. Ça ne les a pas empêchés, avant-hier, de fêter Souccot. Les gosses ont construit une cabane de branchages devant la grotte. Et comme il n'y a ni cédrat, ni saule, ni palmier, ni myrte, ils ont apporté des plantes de la montagne et me les ont présentées en récitant les bénédictions. Ces quatre plantes correspondent à quatre types de Juifs différents : celui qui connaît et qui pratique; celui qui connaît sans pratiquer; celui qui pratique sans connaître; celui qui ne connaît rien et donc ne pratique rien.

— Tu me fais marcher, David ?

— Je te jure. Ensuite, ils m'ont entouré. Ils m'ont appelé « Yinnon, Yinnon ». Ils m'ont embrassé le front et les mains. Et ils se sont mis à me supplier de les emmener en terre de Sion. »

Evelyne est abasourdie. Elle essaie de se tourner pour voir son frère dans les yeux, mais la douleur lui déchire la poitrine. Elle pousse un cri et demande :

« Et qu'est-ce que tu vas faire, David ?

— Y aller.

– Y aller où ?

– En Israël. »

Elle hurle. Elle se voit déjà abandonnée :

« En Israël ? Mais tu es fou. Et comment vas-tu les y emmener ? Sais-tu seulement où nous sommes ?

– Bien sûr que je le sais.

– Alors, où sommes-nous ? »

Il y a du défi dans sa voix. Une colère sourde.

« A sept cents kilomètres du port de Mollendo.

– Et comment tu y vas, à Mollendo ?

– Comme toi.

– Comment ça, comme moi ?

– Avec mes jambes.

– Et une fois arrivés là-bas ?

– Eh bien, franchement, je n'en sais rien. Ça dépendra de ce que vont décider les ancêtres.

– Quels ancêtres, David ?

– Les Apus, les Auquis, les Wamanis.

– Tu les connais ?

– Sois pas idiote. Comment pourrais-je connaître des ancêtres qui restent cachés au sommet des montagnes ?

– Je me demande lequel de nous deux est idiot.

– Ecoute, Evelyne. Tu te rappelles ce qu'avait raconté papa à propos de la centrale hydraulique du Machu-Picchu ? Tu ne te rappelles pas comme il avait mauvaise conscience ? Tu ne te rappelles pas comme il craignait d'y retourner ? Crois-moi, petite sœur. Il y croyait, aux grands ancêtres, lui ! »

Le voyage n'est pas pour tout de suite. Il faut d'abord se tenir debout et surtout être capable de couper à travers la Cordillère et de s'y infiltrer sans risquer de se laisser surprendre. En attendant, Evelyne va faire connaissance de la tribu, mais elle va aussi réapprendre à repenser son frère. Quoi qu'il en soit de cette jalousie qui la tenaille toujours autant, il suffit d'un tendre regard porté sur Melchora, les grands ancêtres ont décidé d'accélérer la guérison. Ils ont soufflé des recettes miracle à Nemessio qui les a chuchotées ensuite à Agustina la partera, si bien que si l'on ajoute aux calmants et aux anesthésiants décrits tout à l'heure les onguents, les poudres et autres applications résultant d'un savant mélange de llanten, de sallinarumi et de millu, on est bien obligé de constater que les os se ressoudent et que les plaies cicatrisent. Cette alliance de plantes et de minéraux rares, de sorcellerie et de volonté de s'en sortir fait merveille. En moins de trois mois, Evelyne et David sont à peu près rétablis. C'est-à-dire que l'un et l'autre peuvent se lever et même aller jusqu'au rio Apurimac, le Fleuve qui Parle.

S'il existe un lien réel entre David et Nemessio, si le Lama Bleu se surprend parfois, malgré lui, à passer son bras autour du cou de Melchora, s'il a complètement ou presque accepté sa nouvelle vie de Messie, sa nouvelle identité et sa mission, il n'en est pas de même pour Evelyne. Evelyne ne se sent investie d'aucune mission et n'a nullement l'intention, en conséquence, de se mettre en marche derrière ces drôles de Juifs errants. Elle n'en a rien à foutre de la terre de Sion, rien à gagner de participer au délire collectif, pas même l'amour de David, lequel se considère plus que jamais comme un grand frère. Comportement et sentiments sont limpides. Depuis la mort des parents, David a pris Evelyne en charge et ne la laissera pour rien au monde corrompre le climat d'union sacrée qui s'est installé entre lui et les siens. Elle a peine à croire que David ait pu passer ainsi sans dégât moral de l'ère du magnétoscope à celle de l'âge de pierre. Aussi ne se prive-t-elle pas de le mettre en garde. Dès qu'elle en aura la force, elle s'enfuira. Evelyne ne tient pas à rester un jour de plus chez ces « sauvages ». Elle a la nostalgie de la France :

« Est-ce que tu te rends compte que l'on nous croit morts ? Que les copains nous pleurent ? »

Il la contre :

« Quels copains ? Tu n'en as pas un seul.

— De la faute à qui ?

— Je te le demande ?

— Le con ! C'est toi qui faisais le barrage. Tu étais tout le temps là à me demander si je t'aimais. »

Elle se croit responsable de la mort des parents, mais elle n'a pas changé. Elle n'a pas sa pareille pour retourner la situation.

Il en a marre et il tient à le lui dire :

« Ça va pas la tête ? Qui était jalouse ? Qui flippait ? Qui m'embrassait toute la journée ? Qui venait se fourrer dans mon lit ? Qui m'empêchait d'aller dans les boums ? Qui me tirait sans arrêt dans les pattes ? Merde alors ! Au lieu de continuer à me faire la gueule, tu devrais plutôt regarder autour de toi. Non mais, tu les as vues, les nanas ? Où elles sont, les filles ? Hein, où elles sont ?

— C'est toi qui flippes, David. Je me moque des nanas. Tout ce que je veux, c'est m'en aller. J'en peux plus de vivre là-dedans. Essaie de comprendre, je suis une Européenne, moi ! »

Ils conversent, assis sur le muret d'une chacra dans laquelle s'emploient les autres. On entend le choc des chaquitacllas qui fouillent la terre meuble. On se prépare aux semailles des céréales comme la caniva, la quinoa et, tandis que David rumine l'offense que sa sœur vient de lui jeter à la figure, Evelyne s'interroge sur le sens même de ces semailles. Pourquoi semer si l'on doit émigrer ailleurs ! Qu'est-ce que cela veut donc dire ? N'est-on pas en train de la tromper ? N'entendant pas l'espagnol et encore moins le quechua, langue que David assimile avec facilité, elle panique.

En réalité, on doit compatir au sort d'Evelyne, car, les enfances s'étant inversées, elle se sait orpheline sans pour autant se sentir adoptée. La position de David est tout à fait différente. S'il a perdu ses parents adoptifs dans l'accident, il se retrouve tout à coup avec une mère en chair et en os, une famille de douze personnes plus un père prestigieux idéalisé par la tribu et grâce à laquelle il étend toujours son influence. Cette influence magnétique du père, non seulement David la subit, mais en plus il la cultive et s'en imprègne. Tout le monde n'a pas la chance d'avoir un père prophète, un père aventurier, un père assassiné. Et jour après jour il en apprend davantage sur ce père grâce aux cahiers retrouvés dans les ruines de Huacarama. Mais les cahiers sauvés du cataclysme par Nemessio ne contiennent pas que des enseignements, ils fourmillent de renseignements divers. On y apprend par exemple que la kipa peut être remplacée par le port du bonnet de laine traditionnel. Que la circoncision n'est pas obligatoire à condition que soit pratiqué un décalottage complet du gland. On se rend compte que les règles ont été transgressées à dessein pour en faciliter l'application. Outre les consignes et avertissements, on y trouve également une réflexion sur les quêtes parallèles de Maurice et de Manassé. Mais la conclusion du premier n'a rien à voir avec celles de l'aïeul. Maurice pense que les Indiens juifs entr'aperçus en Amazonie par Luis de Montezinos étaient plutôt des Juifs déguisés en Indiens. Ils auraient fui un grand danger en se terrant dans la jungle alors que les autres, ceux de Cuzco, un siècle plus tard, auraient séjourné quelque temps dans la Cordillère, non loin de Huacarama, y enterrant leurs livres saints. Suit une description très précise du chemin emprunté par ces Juifs de Cuzco pourchassés par l'Inquisition, lesquels, selon la carte esquissée par Ben Israël, auraient réussi à rejoindre Arequipa et la côte du Pacifique pour s'embarquer clandestinement à destination du Bassin méditerranéen.

Ben Israël, à croire qu'il les avait lui-même parcourus, décrivait ces sentiers d'Incas, précisant les rivières à descendre, les cols à franchir et les multiples dangers à éviter. Etait-ce une prémonition, un ultime message laissé là, en français, à l'intention du fils disparu et dont il espérait le retour ? David le prit ainsi et jura en cachette sur la tête de tous les siens, y compris celle de sa sœur, que rien, pas même un tremblement de terre, ne le ferait dévier de ce droit chemin.

Dans ces cahiers, quelques lignes consacrées à Cristobal firent fondre David en larmes. Elles relataient la colère de Ben Israël apprenant de la bouche de Nemessio que celui-ci s'en était allé jusqu'à Combapata, un froid matin d'hiver, pour y remettre le fils de l'Inkarri à une señora venue en train de Cuzco. Ben Israël écrivait qu'il avait ressenti une vive douleur au cœur suivie d'une immense désillusion, ayant perdu dans le même instant son sang et sa foi en l'homme. Un peu plus loin pourtant, Ben Israël se reprenait, ajoutant en marge de la page que les liens du sang ne peuvent se couper. Que l'on parvient tout juste à en détourner le flot. Que le lit asséché d'un fleuve ne prouve pas forcément que la source du fleuve est tarie.

David s'était mis à plancher sur la formule, se confortant tant que ça pouvait à l'idée que son père l'avait aimé à ce point. Il doutait que l'amour du père ait pu jaillir de la poitrine, pareil à la source qui jaillit de la terre. L'amour éprouvé s'était écoulé au goutte-à-goutte comme d'un robinet mal fermé. Il n'empêche que cette fuite avait fini par former un ru, puis le ru un fleuve, puis le fleuve une mer dans laquelle David, tel un alevin, s'était jeté. Il avait parcouru des milliers de kilomètres au flair, aux sentiments, puis, ayant enfin repéré le fleuve, il était remonté de l'embouchure à la source, aspiré par le courant du sang.

Il était arrivé en ce lieu unique trop tard pour voir son père vivant mais personne, à présent, et surtout pas sa sœur, n'allait le détourner de ce mort fameux.

Elle a beau lui dire qu'il se trompe, lui répéter qu'il se monte la tête, qu'il s'autosuggestionne, qu'il est sous l'effet des drogues, qu'il se laisse manœuvrer par une bande de fous mystiques, qu'il ferait mieux de réfléchir à la meilleure façon de se tirer de là. Lui dire qu'elle en a marre de vivre dans la crasse. Lui dire que la bouffe est dégueulasse. Que les odeurs sont puantes. Qu'elle ne supporte pas davantage la gueule de Nemessio que celle des lamas. Lui dire, puérilement, que Melchora serait plutôt son arrière-grand-mère que sa mère. Lui dire qu'elle hait les Indiens, qu'ils ont des airs de faux jetons, le nez courbé, des oreilles décollées, des bouches dégoûtantes. Lui dire méchamment, en le regardant dans les yeux, que pour rien au monde elle ne se laisserait sauter par l'un d'entre eux quand bien même il s'appellerait Cristobal...

Ce qu'elle lui dit n'est pas sans importance !

Nous sommes en octobre, mois sec et chaud. Ils sont là tous les deux assis sur ce muret, les jambes pendantes, la tête tournante. Ils se font mal, ils s'affrontent. Tout ce qu'elle dit peut être faux. Tout ce qu'elle dit peut être vrai. Le faux, c'est la façon dont elle le dit. Le vrai, c'est qu'elle découvre pour la première fois de sa vie qu'ils sont de races opposées, d'espèces différentes. Et elle en veut pour preuve l'extraordinaire facilité qu'il a eue de s'adapter au nouveau milieu. C'est comme s'il était né ici, comme s'il avait toujours vécu avec eux.

Histoire de s'affirmer, elle répète :

« Je suis une Européenne, moi ! »

Cette phrase le blesse. Elle lui rappelle de mauvais souvenirs de classe. Il répond :

« Une Européenne ! Non mais, est-ce que tu t'es regardée dans une glace ? »

C'est une réflexion stupide dont la dérision lui échappe. Elle la relève aussitôt :

« Une glace ! Ah ! oui, parlons-en, des glaces ! »

Et puis instantanément elle attaque :

« Vas-y, à quoi je ressemble, alors ? »

Il fait nuit noire, mais elle se rapproche de lui. Visage contre visage, elle le défie :

« Dis-le que je suis moche ?

— Non, tu n'es pas moche.

— Alors qu'est-ce que je suis : très moche ou très belle ? Un peu moche ou un peu belle ? »

Il pense messianiquement. Il pense élevé, surélevé même, mais soudain il s'abaisse et fait mouche :

« Tu es pleine de cicatrices. T'as les cheveux coupés ras. T'as les trous de nez noirs. Des vraies cheminées. Tu es vêtue d'une peau de mouton. Tu sens le camembert et en plus tu n'as pas de petite culotte... Bravo, l'Européenne ! »

Drôle de langage pour un Messie ! Elle en reste désarmée. Elle sait qu'il dit vrai. D'ailleurs, elle n'a qu'à le regarder. Il est son miroir. On dirait deux vrais clochards qui se seraient cassé la figure en tombant d'un pont.

Ils sont incapables de marcher plus de cent mètres sans être soutenus, lui par Nemessio, elle par Melchora. Nemessio, Melchora, Agustina, voilà leurs trois anges gardiens. Créatures d'un autre monde, d'un autre temps. Ils semblent sortir tout droit de la Bible, d'un Ancien Testament qui aurait traîné des siècles dans une poubelle. Elle lance :

« Ah ! elle est jolie, ta famille ! Bravo. Félicitations ! Dans le genre, on ne fait pas mieux. »

Elle a raison. Difficile de faire mieux dans le genre. On est loin des albums photo mis à jour par

Elisabeth. Fini, adieu les poses en maillot de bain, les instantanés du pique-nique et des descentes à skis. Les photos que l'on pourrait prendre ici ne s'inséreraient pas dans un album. Elles iraient naturellement s'accrocher sur les cimaises du Musée de l'Homme. Si Melchora n'est pas la Vénus hottentote, elle n'est pas non plus la Vénus de Milo, ni la Vénus andine que quelques peintres espagnolisants ont immortalisée sous les traits de la Madone. Melchora est une petite bonne femme miniaturisée, une nature sèche et fluette, aux pommettes saillantes, œil noir et brillant. Front mangé par le bord du chapeau de feutre. Nez aquilin aux narines pincées, menton pointu. Voilà pour le visage. Le corps paraît inexistant, fétu de chair, brin d'os. Il porte, néanmoins, de façon exemplaire ses trente-deux ans de misère auxquels il faut ajouter encore autant d'années de rides dues au climat, aux privations, aux intempéries, à l'altitude. David et Evelyne la dépassent d'une tête. L'un et l'autre d'ailleurs dominent les autres femmes de la tribu comme ils dominent Eusebio et Ambrosio, deux vieillards déjà penchés sur leur tombe. C'est pour eux que l'on ensemence aujourd'hui la chacra. Pour eux et Sarah, une enfant de la grotte au prénom hébreu. Ces trois-là ne feront pas partie du voyage. Les deux premiers parce qu'ils sont usés, la troisième parce qu'elle est née difforme. Du temps de Guispe, aux plus mauvais jours de la chrétienté païenne, on aurait fait sur-le-champ disparaître la fillette au nom du despenamiento. On l'aurait soulagée de la peine de vivre en l'étouffant sous un poncho. Le même sort aurait frappé Eusebio et Ambrosio. Ceux-ci doivent leur grâce aux nouvelles lois, mais il n'est pas certain qu'ils préfèrent l'agonie à l'assassinat. Sarah est la fille de Modesta. Pour ce qui est du père, c'est pile ou face. Pile, c'est Ruperto, vingt-huit ans, un colosse taciturne et lunaire. Face, c'est Alipio, cinquante ans, tout sourire et grand chasseur. Mais Modesta ne s'en est pas tenue là. L'année suivante, elle a mis au monde un garçon, Saül. Aucun doute sur l'identité du concepteur. Il s'agit d'Alipio. Quant à Eugenio, il s'est uni à la vieille Agustina, cinquante ans, et de ce mariage est né un troisième huahua : Ruth. Ces enfants de la grotte sont les enfants du silence. Jamais un cri. Jamais de larmes. Ils ont appris à vivre cachés, à voir dans le noir, à parler avec leurs mains. Ce sont les enfants les plus sages de la terre, les plus discrets, les plus effacés. Il y a eu deux autres naissances au cours de ces sept années d'exil. L'un des gosses, celui de Melchora et de Nemessio, n'a pas survécu à l'accouchement. L'autre, malchanceux, s'est noyé dans l'Apurimac. Si l'on excepte les deux vieillards et la petite infirme, qui, selon toute vraisemblance, se livreront aux habitants d'Orqoqa, les autres membres de la tribu aptes à se mettre en route sont au nombre de neuf. 4 hommes : Nemessio, Eugenio son second, Ruperto le taciturne, Alipio le chasseur. 3 femmes : Melchora, Agustina la partera et Modesta, trente-six ans, esprit simple pour ne pas dire simple esprit. Deux enfants qui, comme l'indiquent prénom et âge, sont de l'ère post-bénisraélienne : Saül, sept ans et Ruth, six ans.

Il semble que les enfants soient plus robustes que les adultes. Ils ont pour eux la légèreté, l'agilité et l'habitude de porter des charges. Chaque nuit, ils descendent jusqu'au rio pour en remonter, posés sur la tête, les jerricans remplis d'eau. Il arrive, lorsque la terre a soif, que le va-et-vient soit incessant.

Le plus costaud, l'athlète de la tribu, c'est Ruperto. Grand, droit, taillé comme un lutteur, il en impose autant par son physique que par ses expressions. Les siens l'ont surnommé le « Taciturne », le « Maussade ». David l'appelle tantôt Frankenstein, tantôt Hyde. En fait, Ruperto n'a rien de comparable à ces références cinématographiques. Il serait même plutôt beau si son visage n'était pas aussi fermé. Evelyne entrevoit-elle un morceau de paradis derrière cette porte de prison ? C'est possible. Si Evelyne s'intéresse à Ruperto, c'est seulement pour inquiéter David, pour se rendre intéressante. Mais David n'est pas rassuré. Il considère Ruperto comme une espèce de bête humaine et le croit parfaitement capable de se jeter sur sa sœur. On vit ici les uns sur les autres. On couche au ventre à fesses. On fait l'amour comme on pète, naturellement, sans penser à mal ni à son voisin. Du temps de Guispe et de Ben Israël, chacun avait sa petite maison d'adobe. Derrière les briques de boue séchée, on menait discrètement sa pauvre existence de péon et les ruts nocturnes, qu'ils soient fruit d'un ennui épais comme un lait caillé ou fruit d'une ivresse à la chicha fermentée, n'incommodaient guère les voisins. Depuis, on a dû apprendre à se supporter et à s'insupporter. On est toujours devant ou derrière quelqu'un. Et si, d'aventure, on veut sortir et s'isoler, la tribu, au nom de la sécurité collective, vous en empêche.

Evelyne ne supporte plus cette promiscuité nauséabonde. Tant qu'elle était cassée en petits morceaux, immobilisée par la force des choses, obligée, mais oui, de se laisser torcher les fesses par Agustina la partera, elle se raisonnait. Elle se disait qu'une fois rétablie, elle saurait entraîner David hors de ce trou à rats et qu'ils iraient chercher refuge au village le plus proche. Evelyne avait eu envie de crier au monde entier qu'elle était vivante, mais son cri et son envie s'étaient étouffés. Maintenant qu'elle est capable de se tenir debout, qu'elle parvient même à marcher, à monter, à descendre sans trop souffrir de ses blessures, elle pense sérieusement à s'échapper. David est prévenu. Nemessio s'en doute. On la surveille étroitement. Oh ! David entreprend tout dans l'espoir de raisonner sa sœur. Il lui laisse entrevoir la liberté au bout du voyage. Il ment, il triche. Il dit que la terre de Sion ne se situe pas forcément en Israël. Qu'Israël pour Nemessio est synonyme de liberté et que cette liberté, ils peuvent la rencontrer en d'autres lieux. Il lui fait croire qu'une fois arrivés à Mollendo, ou même peut-être moins loin du côté d'Arequipa, il laissera tomber la tribu.

Logique, elle demande :

« Arequipa, c'est à combien de kilomètres ?

— Environ six cents. Peut-être six cent cinquante.

— Et Cuzco ?

— Cuzco ? Pourquoi Cuzco ?

— Et pourquoi pas Cuzco ? C'est quand même moins loin ! »

Il est pris en défaut. Il bredouille et dit :

« Cuzco..., c'est impossible. Ça n'est pas ce qu'ils attendent de moi. Ils pensent que je suis leur Messie. Ils veulent que je les conduise au Pays de l'Age Parfait. Ils savent que Cuzco n'est pas ce pays. »

Elle lance :

« Tu as la grosse tête, David. Tu te prends pour Superman, pour Dieu le Père ! »

Il a envie de répliquer qu'il se prend pour le fils de Dieu mais se retient. Il dit :

« Tu ne crois à rien. Même pas aux miracles.

— Le miracle serait que tu redeviennes le David que j'ai connu.

— Non. Le miracle, c'est ce qui m'arrive. Merde alors ! Réfléchis, ouvre les yeux. Je pars de La Celle-Saint-Cloud sans savoir qui je suis et puis boum ! je me casse la gueule exactement à l'endroit où je suis né. Et en plus je tombe sur ma mère, sur mes semblables. Sans parler de mon père après lequel je cours depuis ma naissance !

— C'est ton miracle. Pas le mien !

— Mais si, c'est le tien. Sans toi je serais mort.

— Tu déconnes, David. Si c'est un miracle, j'y suis

pour rien. Si j'y suis pour quelque chose, c'est qu'il ne s'agit pas d'un miracle. »

Il enrage. Il hausse le ton :

« Alors tu trouves ça naturel ? Hein, c'est ça ! Naturel qu'on se crashe ici. Naturel qu'on s'en sorte vivants. Naturel d'être recueillis par des Indiens juifs. Naturel d'atterrir sur le village où je suis né ! Naturel qu'on me reconnaisse. Naturel que ma mère soit là, en bas, à m'attendre. Naturel d'avoir été vendu à une hôtelière de Cuzco. Naturel que ce soit justement Nemessio qui m'y ait conduit. Naturel que Ben Israël fasse mention de mon existence. Naturel que des gens qui ne sortent jamais de leur cachette, et tu en sais quelque chose, viennent à notre rencontre. Naturel que l'on me reconnaisse pour fils et guide ! Alors, tu réponds ou ça t'en bouche un coin ?... »

Son coin n'étant pas bouché, elle répond du tac au tac :

« Ça ne prouve rien. Le même avion aurait pu s'écraser. Un autre enfant aurait pu s'en sortir indemne. Ils seraient venus de la même façon. Ils l'auraient reçu de la même manière.

– D'accord, ma vieille. Seulement, vois-tu, il n'y en a pas eu d'autres. L'autre, c'est moi !

– Ne m'appelle pas ma vieille ! Ne me parle plus. Laisse-moi tranquille. »

Elle prend son visage dans ses mains. Elle pleure. Pleure-t-elle de rage ou de chagrin ? Il voudrait savoir. Il dit :

« Je crois surtout que tu n'aimes plus ton frère. »

Comme elle ne répond pas, il tourne sa question autrement :

« Ton frère t'aime, lui. Et toi ? »

Il voit ses yeux inondés à travers les doigts écartés. Elle le regarde. On dirait une prisonnière au parloir. Elle murmure :

« Je ne sais pas. Je suis trop malheureuse.

– Lorsque tu veux savoir si tu aimes quelqu'un, c'est très simple. Il te suffit de penser qu'il va mourir. De deux choses l'une, ou bien tu te vois aller à son enterrement ou bien tu ne t'y vois pas. Si tu y vas, c'est que tu l'aimes. Si tu n'y vas pas, c'est que sa mort te laisse indifférent.

– Et toi, tu viendrais à mon enterrement ?

– Non. »

Elle a ôté les mains de son visage.

Elle a raison. Il ne doit plus l'appeler « ma vieille ». Elle est belle et rare. Elle fait partie d'une espèce lointaine, d'une race oubliée. Elle est le masque vivant d'une civilisation engloutie. Elle l'interroge de ses yeux mouillés. Il ajoute :

« Non, je ne viendrais pas à ton enterrement parce que tu es immortelle. »

Elle sourit et demande :

« Et est-ce que tu viendrais à mon mariage ?

– Ça dépend.

– De quoi ?

– Du type. Si c'est Ruperto, je t'assassine avant.

– Si tu m'assassines, tu seras obligé de venir à mon enterrement. »

Elle s'approche et lui souffle à l'oreille :

« Je vais te dire un secret : j'ai eu mes premières règles. »

Les règles, ça le dégoûte un peu. Il se recule et dit :

« Je ne vois pas pourquoi tu m'en parles.

– Si je t'en parle, c'est que c'est important. Cela veut dire que je peux avoir un enfant. »

Il hausse les épaules :

« Tu te vois avec un enfant sur les bras ?

– Ça dépend du père. Tiens, c'est à mon tour de te coller. Ecoute et ne réponds pas n'importe quoi. Lorsque tu veux savoir si tu aimes quelqu'un, c'est très simple, il suffit de te demander si ça te ferait plaisir qu'elle en épouse un autre. De deux choses l'une : ou bien ça te laisse froid, ou bien ça te rend jaloux. Alors ?...

– Alors quoi ?

– Jaloux ou pas jaloux ? »

Il avait préféré ne pas répondre. Il trouvait sa suggestion complètement folle. A-t-on déjà vu un garçon de treize ans épouser une fille de douze ? Pour quoi faire, dans quel but ? Il avait entendu dire que l'on mariait parfois, à la va-vite, en cas d'accident du genre « oubli de pilule » ou mauvais respect du calendrier. Il s'était demandé si une chose pareille aurait pu arriver à Evelyne sans qu'il en soit le principal responsable. Mais non. Cela faisait des mois qu'ils ne s'étaient pas frottés l'un contre l'autre. Quant à Ruperto, le monstre, il avait sans doute les yeux plus gros que le ventre pour s'imaginer qu'il lui suffisait de cligner de l'œil pour qu'Evelyne se précipite dans ses bras. Jamais il ne laissera Ruperto s'approcher d'Evelyne, pas plus qu'il ne laissera prendre à Evelyne la moindre initiative. Ça lui ferait mal qu'un Indien puisse toucher, ne serait-ce que du bout des doigts, une aussi jolie fille.

Indien lui-même, il était conscient de l'absurdité de son raisonnement et savait que sa réponse à la question d'Evelyne tenait tout entière dans ce sentiment éprouvé. Il aimait Evelyne, c'était évident, mais sa jalousie était plutôt celle d'un frère que celle d'un amant.

Evelyne ne l'entendait pas de cette façon. Après avoir ressenti la solitude comme un deuil, être passée de l'état d'enfant légitime quelque peu brimée à l'état d'orpheline totalement abandonnée, elle s'était prise à rêver d'une famille. Il ne lui restait, en France, qu'un grand-père gâteux. Quant à son frère, il ne l'était que par appellation incontrôlée. Rien, donc, et pas même la loi juive, n'interdisait qu'elle épousât un compagnon d'enfance et de jeux. Voilà l'idée qu'Evelyne s'était mise dans la tête et elle comptait bien la réaliser, dût-elle employer ruse et force. Elle pensait qu'ils devaient se marier avant le départ et pressait sans cesse le pauvre David, espérant qu'il finirait par céder.

Les conseils d'une mère ajoutés à ceux de la nuit étant irréfutables, David s'en était ouvert à Melchora. Lorsque son quechua le laissait en panne de mots et d'images, il faisait appel à Nemessio qui traduisait l'espagnol des conquérants en idiome des ancêtres. Pour Melchora, David était Cristobal. Pour Nemessio, il était, selon l'heure et les circonstances, Lama Bleu, Moïse ou Yinnon.

Cristobal se plaisait à converser avec sa mère. Il s'asseyait auprès d'elle ou se tenait dos à dos. C'était comme il préférait lui, comme ses jambes encore douloureuses le lui permettaient. Peu importe l'attitude adoptée. La mama andine couvait Cristobal. Pour elle, il n'était ni Messie ni Inkarri, juste un petit huahua que lui avait donné cet étranger venu de l'Est. En écoutant l'enfant, Melchora se surprenait parfois à entendre le père, mais en réalité rien de ce que disait son fils ne lui échappait. Elle s'étonnait beaucoup plus des descriptions concernant la vie passée de David que de son angoisse du présent. Elle ramait tant que ça pouvait en imagination afin d'éviter de rester trop en rade. La maison de huit pièces, la voiture de quatorze chevaux, la boîte à images, la machine à écrire de Michel, la machine à laver d'Elisabeth, tout cela la dépassait. Si l'on ne craignait pas le ridicule du paradoxe, on en userait en disant que ces choses, pour elle, c'était de l'hébreu. Melchora ne se lassait point d'entendre et d'apprendre. Elle interrompait souvent Cristobal, afin que les autres membres de la tribu puissent partager sa surprise. En fait, David était devenu une sorte de poste de télévision que l'on regardait religieusement après avoir récité les prières, car on était très respectueux de la liturgie : Cha'harit le matin,

Minha l'après-midi, Arbit le soir. Il arrivait aussi que l'on murmurât entre toutes ces longues prières une ou deux phrases du Chemah ou du Modé Ani. Mais que l'on ne s'y trompe pas. Dites ainsi, ces formules de dévotion tenaient du sacrilège. Elles reflétaient les mouvements d'humeur tels que les ponctuent chez nous les « Nom de Dieu » ou les « Bordel de Dieu ».

Veillées ou matinées, David est mis à rude épreuve. Il explique et fait rêver sa mère. Il lui révèle que l'homme a marché sur la Lune. Que la navette spatiale a déjà effectué plusieurs voyages interplanétaires. Que la fusée Ariane a déposé des satellites dans l'espace sidéral. Que l'on possède des bombes capables de niveler pour l'éternité la Cordillère. Mais David, en bon fils, accepte également de baisser le niveau. Il délaisse radars, satellites espions, sous-marins atomiques et micro-processeurs pour parler plus simplement de l'aspirateur, cette machine à aspirer la poussière, de l'armoire à sécher le linge, de la machine à coudre électronique, du réfrigérateur à congélation, sans oublier, bien sûr, l'univers prodigieux des grandes surfaces où l'on écrase les prix en s'écrasant les pieds. Il décrit ces chariots cages à poules bourrés à craquer de choses que l'on n'était pas forcément venu chercher, mais que l'on a embarquées sans nécessité aucune, poussé par on ne sait quelle tentation diabolique.

A chaque énumération, ou presque, Melchora, les yeux émerveillés, demande :

« Et en Israël, mon fils ? Est-ce que c'est pareil en Israël ? »

Comme le Messie ne veut pas décevoir, il invente et brode :

« En Israël ? Mais c'est encore mieux, maman ! »

Il cherche des qualificatifs époustouflants, mais,

comme les termes « super » et « extra » n'ont pas cours en quechua, il se rabat sur un vocabulaire classique :

« En Israël, tout est plus grand. Tout est plus beau. Tout est verdoyant. Tout est abondant. Tout est juif, quoi !

– Tout est juif ?

– Oui, maman. Même les animaux sont juifs. »

Elle se tourne vers les autres et les prend à témoin :

« Ecoutez donc un peu, vous, là-bas. En Israël, même les animaux sont juifs ! »

Parfaite mère juive, elle revient aussitôt à son fils :

« Tu veux dire que là-bas le lama est circoncis ?

– Oui, maman. Le lama, le cheval, le chien, le coq. Tout le monde il est circoncis.

– Et les églises ? Comment elles sont, les églises ? Pleines de monde, pleines d'or ?

– Voyons, maman. Il n'y a pas d'églises en Israël.

– Comment ! Il n'y a pas d'églises, mon fils ? Et où prie-t-on, s'il te plaît ?

– On prie dans les synagogues. »

Elle s'entête. Toutes les mères du monde s'entêtent et les Juives mâtinées d'Inca sont les pires :

« Tu te moques de moi, Cristobalito. Tu prends ta mère pour une imbécile.

– Mais non, maman, les églises, c'est pour les catholiques. »

Comment saurait-il que son père ayant vidé l'église de ses saint-sulpiceries y officiait en compagnie de Guispe et de Nemessio ?

Elle ne veut pas le croire. S'obstinant sur l'église, elle appelle les autres à l'aide. Plus on attend des autres, plus on les flatte. Plus on les craint, plus on les amadoue. Le diminutif est l'arme absolue des Indiens :

« Nemessito, Modestina, Alipito ! Dites quelque chose, voyons. »

David, ravi d'avoir semé la pagaille, en remet :

« Melchorita, Melchoritita chérie. Toi qui es une petite maman si intelligente, peux-tu me dire sous quel nom on désigne une église en Israël ? »

Certaine d'obtenir sa récompense, Melchora répond :

« Une synagogue, voyons.

– Mais non, maman. Je te parle d'une vraie église avec des vrais chrétiens. »

Elle se sent impuissante. Elle quémande du regard.

« Eh bien, en Israël, maman, une vraie église à chrétiens, ça s'appelle une synagoye. »

Elle nage, elle se noie mais se rattrape à son sourire. Il ajoute :

« Un chrétien, en yiddish, on appelle ça un goy. Alors tu comprends, une église à chrétiens, forcément, ça devient une synagoye. »

Il est si content de son jeu de mots qu'il en fait part à Evelyne.

Evelynita ne trouve pas ça marrant du tout. Elle se considère comme mise à l'écart, rejetée par la communauté. Barrière du langage. Barrière de la race. Barrière affective. Barrière de la crasse. C'est une chance qu'elle ne comprenne ni la langue ni le sens de la conversation, sinon elle s'en mêlerait et prendrait un malin plaisir à démystifier. Avec elle, le Pays de l'Age Parfait se transformerait aussitôt en Pays de l'Age Infernal. Elle raconterait que le messie Ben Gourion a déjà conduit son peuple à Jérusalem et que, depuis, le peuple y est tantôt assiégé, tantôt assiégeant, tantôt donné en modèle de vertu, tantôt désigné comme bourreau. Elle ne manquerait pas, cette chère Evelynita, de dresser l'épouvantail des Palestiniens, de parler des guerres, du terrorisme, de cette permanente insécurité dont elle avait failli être la victime. Cela se passait à Pâques 79. Elle y était allée avec David et les parents. Un voyage somme toute tranquille. Petit pèlerinage aux sources et au Mur. Tout se serait bien passé s'il n'y avait eu ce jour-là une explosion sur un marché voisin. Il s'en était fallu de très peu qu'Evelyne et Elisabeth n'aient été défigurées à vie. Elle avait eu la jambe droite piquée d'éclats de grenade et sa mère le bras entaillé d'une estafilade.

Oui, c'est une chance que notre Evelynita ne puisse suivre le déroulement de la conversation. Ne croyez pas cependant qu'elle reste isolée et butée dans son coin. Elle interrompt continuellement David par de saillants « Quescequetudis » lancés par tic et curiosité. Aux « Quescequetudis » David répond invariablement qu'il ne dit rien d'important. Ensuite, il s'arrange et lui résume, si cela s'avère nécessaire, des entretiens inventés de toutes pièces.

Ce soir-là, mère et fils sont assis dos à dos au milieu de la chacra. David aime s'appuyer ainsi contre Melchora dont la voix cassée s'infiltre, dirait-on, à travers ses côtes. Il en perçoit la résonance dans sa propre poitrine.

Comme toutes les mères du monde, qu'elle soit indienne, chrétienne ou juive, Melchora redoute le mariage. A cette crainte s'ajoute la réflexion qu'elle risque de perdre une seconde fois ce fils à peine retrouvé. L'âge, disons-le tout de suite, n'entre pas en ligne de compte. A treize ans et demi, Cristobal est pubère; à douze ans et demi, Evelyne est réglée. De toute façon, sur l'altiplano comme en Asie ou en Afrique, l'enfance des hommes ressemble à celle des oiseaux. Dès qu'ils sont en âge de marcher, les gosses volent de leurs petites ailes et sont utilisés à divers travaux. A trois ans, on garde les troupeaux, on traîne ses frères et sœurs sur le dos. A cinq ans, on s'initie au portage.

A six ou sept, aux travaux des champs, si bien qu'en atteignant les dix ans, l'enfant est considéré comme adulte par la communauté, à laquelle il ne doit rien, sinon le respect des traditions.

En ce qui concerne le mariage, il se trouve que la tradition ancestrale inca concorde avec celle du judaïsme. Dans les mémoires comme dans le Talmud, on conseille à l'homme de s'unir au plus tôt. Certes, les règles fort nombreuses qui s'y rapportent ont été modifiées au cours des siècles par des influences tout aussi nombreuses. Chez les Juifs orthodoxes, on se marie à deux étages. Le premier étage s'appelle kiddouchim ou fiançailles. Le second s'appelle nisouim ou mariage. Pour ce qui est du premier étage, cela fait assez longtemps qu'Evelyne et David l'ont gravi. Toujours d'après le Talmud, un homme sans femme ne sera digne du nom d'homme que s'il consent, après union légale, à procréer. Il sera alors « patour » et pourra se considérer comme quitte vis-à-vis de la religion en donnant à sa femme deux enfants : un garçon et une fille.

On a vu, à plusieurs reprises, que Ben Israël avait considérablement assoupli l'orthodoxie des dogmes. Depuis sa disparition et faute d'âmes vivantes, Nemessio s'était cru obligé de prendre des libertés qui frisaient le sacrilège. Par exemple, s'il est permis de prier seul, il est recommandé de le faire dans un mynyiam ou quorum de dix adultes mâles. Au lendemain du massacre de 75, comme il ne restait que six adultes mâles, Nemessio, en vertu de son double pouvoir de pampamesayoq et de chamach, déclara que dorénavant il compterait pour cinq. C'est ainsi que la tribu, un coin pour les femmes, un coin pour les hommes, s'était vue autorisée par le Divin à installer un lieu de prière au fond de la grotte.

Mère et fils sont dos à dos dans la chacra. Les autres travaillent. Eux discutent. Parler n'empêche pas Melchora de filer. Au contraire, les mots s'enroulent et se déroulent au rythme de la quenouille. Non, elle n'est pas pour le mariage précipité. Ça l'ennuierait de ne pouvoir donner à cette union le luxe qu'elle mérite :

« Je t'assure, Cristobalito, il vaut mieux attendre notre retour en Israël. Rends-toi compte. On ira au supermarché. On achètera les meilleures choses, les plus beaux produits aux paysannes. Et pas question qu'elles me roulent ! Tu sais, je les connais, les coquines. Elles trichent, elles mettent le meilleur au-dessus du panier et le pire en dessous. »

Sa remarque le fait rire. Il rectifie :

« Mais, maman, un supermarché, ça n'est pas un marché en plein air avec des paysannes qui portent des paniers... C'est... »

Elle élève la voix et l'interrompt :

« Je sais ce que je dis. Un marché sans paysannes, ça n'est pas un marché. Une paysanne sans panier, ça n'est pas une paysanne. Un panier sans légumes, ça n'est pas un panier. Arrête de me faire des misères ou je te tonds comme un lama. »

Il dit :

« Pourquoi parler de fête quand je te parle de mariage ? Le mariage n'est-il pas une fête en soi ? Et puis on peut tuer un agneau, deux agneaux, trois agneaux. On ne va tout de même pas emmener avec nous toutes ces bêtes. »

Elle s'écrie :

« Oh ! le vilain, l'imprévoyant garçon que j'ai mis là au monde. Mais, mon Dieu, mon Dieu, mais qui m'a apporté un tel Messie ! »

Elle se lamente et en appelle à Nemessio :

« Nemessito, Nemessito. Viens voir. Viens vite ici parmi nous. »

Il croit à un accident. Il jette sa chaquitaclla et accourt.

Il s'adresse à l'homme, pas à la femme :

« Que se passe-t-il, Lamassito ? »

Gentiment moqueuse, elle se lance dans une longue litanie :

« Notre garçon pense que Myriamita est malheureuse. Notre garçon pense que le mariage aura raison du chagrin. Notre garçon pense que nous pourrions tuer l'agneau. Mais, vois-tu, Nemessito, la mère du garçon pense que Myriam n'a pas seulement le chagrin. La mère du garçon pense que Myriam a aussi la colère et l'envie. La mère du garçon pense qu'un mariage doit se tisser lentement et soigneusement, pareil à l'étoffe de la manta. La mère du garçon pense qu'il devrait commencer la route en homme célibataire et finir la route en homme marié. La mère du garçon pense aux épreuves que son Messie devra surmonter. Enfin la mère du garçon pense que manger l'agneau aujourd'hui, ou tout autre animal, serait une folie. La mère du garçon pense qu'il faut tuer brebis et lamas pour en faire sécher la viande. La mère du garçon pense que chacun de nous emportera un peu de cette viande avec lui et qu'il se nourrira ainsi durant la marche. »

Elle redresse la tête, dépose pelote et quenouille et ajoute :

« Et qu'en pense notre Nemessito, por favor ? »

Nemessito est bien ennuyé. En tant que chef de tribu, il serait favorable au mariage et à la procréation. Cela éviterait les convoitises, les jalousies, les intrigues. Il s'est aperçu du trouble de Ruperto, de l'envie malsaine éprouvée par Alipio. Pas plus que Melchora, il n'envisage le mariage sans que fête s'ensuive. Plutôt mourir de honte que de ne pouvoir ripailler et danser toute la nuit. Mais le vrai problème de Nemessio est d'ordre biblique. Un Messie a-t-il le droit de se marier ? Oui, si l'on admet que le Messie a tous les droits. Non, si l'on s'en réfère aux textes connus. Il en va du Messie comme il en allait autrefois du Père Noël. Il est attendu au masculin et non au féminin. Nulle part il n'est fait mention

161

d'une Madame Messie ou d'une Mère Noël. Un Messie marié ne serait-il pas comme un lama entravé ? Sa marche ne s'en trouverait-elle pas modifiée ? Son élan coupé ? Autant de questions auxquelles Nemessio n'est point en mesure de répondre. Comme Melchora le presse, il use d'un faux-fuyant et s'en remet à David :

« Nemessio attend les explications de Cristobalito. Le Messie a-t-il reçu de Dieu l'autorisation de s'unir ? Qu'en pense le Messie ? Si oui, ne vaudrait-il pas mieux attendre que le peuple soit de retour en terre de Sion ? »

Le Messie commence par se lever. Au lieu de rester dos à dos, il préfère se placer tête à tête. Puis, essayant d'être logique avec lui-même, il s'efforce de résumer la situation sur le ton de la litanie chère aux Quechuas :

« Le Messie ne pense pas au mariage. Il pense à Evelyne car Evelyne pense au mariage. Le Messie pense que si le Messie ne s'allie pas à Evelyne celle-ci va s'enfuir. Le Messie pense que si Evelyne s'enfuit elle risque de mettre le peuple en grand danger. Le Messie pense que l'heure du retour a sonné et qu'il est grand temps de se mettre en route. Le Messie pense qu'une Evelyne mariée suivra son mari. Le Messie pense qu'une Evelyne célibataire sera semblable à une roue voilée et qu'elle ralentira l'allure. Le Messie n'a que faire des fêtes et des danses. Le Messie pense qu'il faudrait oublier la Bible ou bien alors la réécrire à partir d'aujourd'hui. Le Messie pense que la Bible s'arrête là où commence l'histoire contemporaine et que la tribu, grâce à lui, vient d'entrer dans la plus contemporaine des histoires. »

Ils l'écoutent. Ils sont en admiration, absolument ébahis par les propos et le raisonnement. Melchora est convaincue, comme toutes les mères juives, qu'elle a mis au monde un fils exceptionnel. Quant à

Nemessio, transporté, illuminé, il entonne à voix basse le fameux verset du Deutéronome : « Chemah Israël, Adonaï Elohenou, Adonaï ehad. »

La chacra baigne alors dans une étrange atmosphère de religiosité où l'être le plus primaire croit atteindre à l'élévation suprême. Et l'on aurait sans doute continué à se gargariser l'âme de mots bénis si Agustina n'avait fait irruption dans le champ pour avertir de la disparition d'Evelyne.

Ils se sont aussitôt comptés, une manière de vérifier si Ruperto est toujours parmi eux. Le pauvre Ruperto, que l'on accuse à tort, se tient aux côtés d'Alipio. Alors, très vite, après avoir barricadé les vieux à l'intérieur de la grotte, femmes, hommes et enfants s'éparpillent alentour. Si la nuit noire ne facilite pas les recherches, elle ne facilite pas non plus la fuite d'Evelyne et Nemessio compte bien là-dessus. Elle possède tout au plus une demi-heure d'avance sur eux et il y a fort à parier, en raison de son état, qu'elle aura choisi la descente plutôt que la montée.

David est de la chasse. Il ne la mène pas mais la suit. Les deux gosses, Saül et Ruth, agiles et passant partout, tiennent le rôle des chiens. Ils fouinent, furètent, sentent. La poursuite est silencieuse. La traque secrète. Les seuls bruits entendus sont des murmures et des herbes froissées.

On a d'abord fouillé les environs immédiats de la grotte. Puis, ayant ratissé roches et buissons, on s'est déployé en une ligne serrée pour entamer la descente. Une heure plus tard, parvenus au bord de l'Apurimac, sans que le moindre indice ait encouragé les chercheurs, Nemessio propose de se diviser en deux groupes. L'un prendrait en amont, l'autre en aval. Quant à David, fatigué, il resterait en un point fixe, attendant que l'un ou l'autre groupe soit de retour.

Evelyne n'étant pas en meilleure condition physique que lui, David ne la croit pas capable d'avoir parcouru autant de chemin en si peu de temps. A la stratégie de Nemessio, il oppose la sienne et se voit écouté. Un Messie sans prémonition n'est pas digne de ce nom et la prémonition de David leur paraît si évidente que tout le monde se remet à grimper.

Evelyne ne s'est pas enfuie. Elle s'est cachée. Il connaît trop bien sa sœur pour se l'imaginer errant toute seule la nuit dans un paysage fantomatique au terrain semé d'embûches et habité d'esprits malins. Il est stupide de ne pas y avoir pensé plus tôt. Il avoue avoir été victime de la psychose générale. Psychose qu'il a d'ailleurs lui-même provoquée en suggérant à sa mère qu'Evelyne, contrariée, finirait peut-être par s'enfuir. Si Evelyne se cache quelque part, ça ne peut être que dans un endroit repéré auparavant et qu'elle saurait atteindre. Secret, cependant. Ce lieu, David le devine.

Une certitude tranquille fait maintenant place à l'affolement. On ne se presse même plus, se contentant de suivre Cristobalito qui va cahin-caha mais qui avance, malgré tout, sans soutien. L'allure du Messie, bien qu'elle soit chancelante, n'est pas traînante et cette marche de nuit, que l'on peut considérer comme une répétition occasionnelle de celle qui les attend pour bientôt, est de bon augure.

Profitant d'un moment d'inattention, Evelyne a contourné la grotte, prête à répondre à sa gardienne qu'elle se retirait pour s'isoler. D'ordinaire, Agustina ne la quitte pas d'un pouce, l'accompagnant même lors de ces isolements. C'est tout juste si la partera ne lui coupe pas l'herbe qui fait office de papier. Mais, cette fois-ci, la vieille femme – elle va sur ses soixante ans – s'est laissé prendre par le sommeil.

Se considérant comme tenue à l'écart du groupe, bien qu'elle se soit ingéniée à provoquer cette situation, Evelyne entrevoit là une façon originale de susciter l'intérêt. Elle se croit délaissée par son idole de frère, lequel, au lieu de la protéger, se met à jouer au guide suprême sous prétexte qu'il se reconnaît en cette bande de pouilleux. Elle ne supporte plus de le voir converser avec sa mère des heures durant. Et passe encore s'il n'était question que de conversations ! Elle est hors d'elle quand il se permet d'embrasser et de tendresser cette Indienne crasseuse. Il n'était pas aussi aimant avec Elisabeth, point aussi respectueux de Michel, son père adoptif, qu'il ne l'est de Nemessio. Oh ! bien sûr qu'elle a essayé de comprendre, essayé d'analyser, essayé de se contrôler, essayé de rentrer dans la peau de son frère. Essayé de savoir comment on peut effacer, gommer, gratter, oublier aussi vite habitudes, sentiments et éducation. Elle n'y est pas parvenue; elle n'y parviendra sans doute jamais. Sa vie à elle n'est pas ici. Ici c'est le faux, le mensonge, l'absurde. Pire : la solitude. A le voir aussi à l'aise, aussi serein, elle se demande s'il n'aurait pas fait semblant de vénérer ses parents adoptifs exactement comme ces Indiens font semblant de le vénérer, lui, après avoir fait semblant de vénérer Ben Israël. N'est-il pas, ne sont-ils pas les plus grands menteurs, les plus grands hypocrites de la terre ? N'est-il pas, ne sont-ils pas devenus juifs pour mieux continuer à célébrer le culte des ancêtres ? Sont-ils des êtres venus d'ailleurs ? Des sortes d'envahisseurs, des transplanteurs d'âmes ? La grotte ne serait-elle pas un laboratoire d'extra-terrestres, un creuset primaire où l'on aurait coulé une nouvelle race d'hommes destinée à gangrener l'humanité tout entière ?

Evelyne est malheureuse. Evelyne ne tourne pas rond. Les analgésiques que l'un et l'autre n'ont cessé d'absorber auraient-ils occasionné chez elle des troubles seconds ? Mais non. Evelyne n'est pas hallucinée. Il y a longtemps que ces drogues de paix intérieure ne lui sont plus administrées. En fait, Evelyne n'a pas changé d'un poil. Elle est ce qu'elle a toujours, été. Elle pense ce qu'elle a toujours pensé. C'est une envieuse, une insatisfaite, une accapareuse, mais elle est aussi là pour faire avancer les choses.

Evelyne est conducteur de courant, médium de miracles. Elle transbahute le Divin en même temps que sa mauvaise humeur. Tout nous laisse supposer – n'est-elle pas née d'une mère qui se croyait stérile ? – que Roal et Yahvé l'ont amenée sur terre pour porter assistance à son Lama Bleu de frère. Si les apparences en font une collaboratrice revêche, on notera que ses actes, qu'ils soient réfléchis ou instinctifs, favorisent assez fréquemment l'extraordinaire.

Ayant contourné la grotte en s'assurant qu'on ne la suivait pas, Evelyne, plutôt que de descendre vers le rio, s'était lancée dans l'escalade du massif. Elle s'y était hissée douloureusement à la force des mollets et des poignets, s'aventurant là où nul depuis des années ne s'était risqué. La grotte étant située à mi-hauteur du versant, personne n'avait jugé bon d'en entreprendre la reconnaissance en raison du danger de s'y faire repérer. Même du temps de Guispe et de Ben Israël, à l'époque où les Huacaramiens jouissaient d'une libre circulation, on ne venait pas jusque-là. On s'arrêtait en contrebas, à la limite du cerro et du rio, se contentant de mettre en valeur quelques chacras arrachées au relief chaotique. C'est grâce à ces lointaines chacras que Nemessio et Melchora avaient échappé au massacre de 1975. La grotte servait alors de remise à outils, de cellier à tubercules, de grenier à céréales. C'était un endroit clandestin, totalement ignoré des autorités et des propriétaires terriens. Les rescapés qui s'y étaient réfugiés n'en sortaient que pour se rendre au rio ou bien retourner rôder de nuit à Huacarama au milieu des ruines et des souvenirs.

Pour aller de la grotte à Huacarama, de même que pour aller de la grotte à la puna du Chiarage, il fallait d'abord gagner le rio, le traverser, puis gravir ensuite l'autre versant et franchir ainsi trois mini-vallées. Le sommet du piton où l'on vivait n'aboutissant à rien, pas même au ciel bien qu'il s'en rapprochât, Nemessio n'avait point cru bon de s'y aventurer. Evelyne, sans le savoir, accomplissait donc ce qu'on appelle en langage d'alpiniste une première.

Après avoir péniblement ascensionné un tiers de la pente abrupte, s'accrochant aux rochers et se raccrochant avec une certaine satisfaction au bon tour qu'elle jouait à David, elle fut prise d'un malaise et rampa à l'aveuglette sous un surplomb dont elle distinguait la masse sombre. C'est là, au petit matin frais qui annonçait, comme toujours en cette saison, une journée torride, que David, Nemessio et Ruperto la trouvèrent. Elle dormait du sommeil des justes.

A la joie des retrouvailles succéda une formidable exaltation, car Evelyne, cette fille née pour faire avancer les choses, s'était endormie, ainsi qu'en témoignait un sigle du Tétragramme gravé dans la roche, à l'endroit même où Luis de Montezinos, autrement nommé Aaron Lévi, avait enfoui en l'année 1570 les livres saints de la communauté juive de Cuzco.

On travailla toute la journée avec prudence et ferveur à la mise au jour d'un coffre rouillé sur les fermoirs duquel, tant ils étaient résistants, on cassa deux chaquitacllas. Du coffre on retira, outre les tefilines, les talets et les mezouzas, un splendide Sefer-Torah dont la robe du parchemin était ornée de deux lions d'argent identiques à ceux qui figuraient sur le sceau du roi Salomon. On peut évidemment penser, et rien ne nous l'interdit, que cette

Torah était deux fois millénaire et qu'elle aurait déjà dispensé son enseignement à l'intérieur des murs du Temple de Jérusalem avant d'être transportée de pays en pays et de continent en continent par une diaspora chassée et pourchassée.

L'événement, on l'imagine, fut considérable. On pria et l'on chanta jusqu'à la nuit tombée. On chanta les louanges de Ben Israël dont la vision s'avérait prophétique. Mais on chanta aussi celles d'Evelyne par qui la découverte arriva.

Vaincue par le concret, troublée par l'étendue de ses propres pouvoirs, Evelyne se prit enfin à admettre que le destin de la tribu passait par celui de David.

CHAPITRE VII

Aucune commune mesure entre la sortie des Hébreux hors d'Egypte et celle de la tribu de la grotte. La Cordillère ne s'est pas entrouverte devant eux comme jadis la mer Rouge sur le passage des prestigieux ancêtres. Les Hébreux s'étaient précipitamment mis en route, emportant pour toute nourriture un pain qui n'avait pas eu le temps de lever et que l'on déguste depuis sous l'appellation « pain azyme » en commémoration de cette sortie d'Egypte qui mit fin à quatre cents années d'esclavage.

Le leur de pain a eu le temps de lever et chacun d'eux en porte plusieurs à l'intérieur des gibecières à bretelles que David a créées, s'inspirant du sac de montagne classique. Le détail peut paraître idiot et superflu, mais il a son importance dans une contrée où le sac à dos reste inconnu. Il permet en effet davantage de mobilité et d'indépendance qu'un poncho noué à ses extrémités et employé tel un balluchon ou bien qu'une hotte tirant de tout son poids sur les reins et le front.

On entasse de quoi manger pendant un mois : pain, viande, patates, maïs et graines de quinoa. Le tout, séché ou cuit, évitera d'allumer des feux, mais on compte aussi sur les nombreux poissons, si possible à écailles, dont les lacs abondent. Si cette occidentalisation du portage n'est pas forcément gage de réussite, elle doit au moins y contribuer. David en tire d'ailleurs quelque fierté. Grâce à lui, on a utilisé jusqu'à « la corde » la peau des trois lamas et des cinq moutons. On a également réduit des os en poudre et mélangé cette poudre d'os à des herbes rares, que l'on prendra sous forme de chique comme stimulant en cas de défaillance physique.

Avec la nourriture, on emporte donc les drogues de base, les douces et les dures, destinées à remplacer les feuilles de coca en provenance de la selva et dont la tribu s'est passée par force depuis le grand massacre de Huacarama, mais on trimbale aussi – comment aurait-on pu l'abandonner à son sort ? – la petite Sarah malgré sa difformité et l'indifférence de Modesta. C'est Evelyne qui avait insisté pour que la petite soit du voyage. Elle en avait fait une fixation, un abcès de conscience. Un « c'est-ça-sinon » qui fut suffisamment convaincant, si bien que les pères présumés, Alipio et Ruperto, ont accepté de se relayer et de la transbahuter sur leurs épaules. Seuls Eusebio et Ambrosio, les deux vieillards qui réclamaient pourtant à cor et à cri qu'on les achève en les étouffant selon l'antique coutume, ont été abandonnés à eux-mêmes. On peut penser qu'ils vont craquer un jour ou l'autre et qu'ils finiront par se rendre aux habitants d'Orqoqa. A moins qu'ils ne s'entraînent mutuellement dans la mort en se laissant crever de faim, bien que l'on ait ensemencé les chacras en vue d'une récolte prochaine.

David veut bien prendre la tribu en charge, mais il refuse de prendre toute la misère du monde à son compte. Sa mission est de conduire son peuple en terre promise. Faut-il encore que le peuple soit capable de mettre un pied l'un devant l'autre ! D'accord pour Sarah. Mais pas question de céder davantage à Evelyne qui, depuis la découverte des livres saints, ne cesse de se prendre pour une miraculée des sentiments. Sa bonté n'ayant d'égale que sa bonne volonté, elle se sent des ailes d'ange et vole spontanément au secours de l'humanité malheureuse.

Nous avons dit plus haut que la sortie de la grotte n'était en rien comparable à la sortie d'Egypte et que la Cordillère ne s'est point entrouverte pour permettre une marche plus facile. Il nous faut néanmoins préciser que la veille du départ, on avait célébré en grande pompe cette libération des esclaves par un rappel de Pessah. Il s'agissait en quelque sorte d'une Pâque de novembre et si l'on s'était permis d'inverser les saisons, c'est à Evelyne qu'on le devait et à son gentil Moïse de frère qui avait préféré laisser sa sœur s'exprimer dans la bigoterie plutôt que dans la colère.

David, auquel sa qualité de Messie conférait tous les pouvoirs, y compris celui de se proclamer adulte, avait ouvert les précieux rouleaux de la Torah. Tous s'étaient groupés autour de lui. Les hommes à gauche, les femmes à droite. Et l'on avait entrepris, qui en français, qui en espagnol, qui en quechua, qui en hébreu, le récit de la Haggada. La lecture avait duré toute la journée. Elle apportait courage au présent et foi en l'avenir, mais elle transmettait en même temps dans la chair et l'âme ce formidable esprit d'invention qui préside à toute épopée. On s'était conté et reconté péripéties et miracles, sans oublier, bien sûr, les grandes souffrances vécues ou à venir du peuple d'Israël. En milieu de journée, on avait interrompu la lecture pour prendre un repas plus symbolique que substantiel, plus biblique que gastronomique. On avait trempé son pain dans les cavités d'un billot de bois censé représenter le plateau du seder, à l'intérieur desquelles reposaient les ingrédients du malheur. Le pain trempé dans une sauce d'herbe amère leur rappelait l'amertume des travaux forcés en Egypte. Le pain frotté contre un os de brebis leur rappelait le sacrifice de l'agneau pascal. Le pain trempé dans l'eau salée leur rappelait que les plaies morales ne peuvent s'effacer. Le pain trempé dans une mixture de boue et de sang leur rappelait que la chair des enfants hébreux avait été utilisée comme mortier par les bâtisseurs des pyramides.

Le plus incroyable, c'est qu'Evelyne était la seule vraie juive du groupe. Mais cela n'empêchait pas les autres, stimulés par David, bâtard élu des deux communautés, de traduire intuitivement le récit de la Haggada comme une sorte de grand poème épique quechua.

Si la sortie des Juifs d'Egypte n'a pas de rapport direct avec les Incas du Pérou, ceux-ci n'ayant pu fuir les cruautés de l'évangélisation, ni celles de l'occupation, elle trouvait, ce jour-là, son équivalence historique et c'est pourquoi, au cours de cette cérémonie consacrée à l'adieu des terres natales, tout le monde se laissa aller aux larmes et aux lamentations.

On se jette dehors à la tombée de la nuit, un par un et sans se retourner, comme le font les parachutistes en sautant dans le vide. Leur frayeur, c'est d'être interpellés une dernière fois par Eusebio et Ambrosio, auxquels on a donné l'abrazo à la va-vite pour éviter d'être étreints au fond de la gorge.

La Mama-Killa étant de la partie, on avance assez vite. En tête : David et Nemessio. Le premier n'est chargé que du Sefer-Torah. Le second, plus résistant, peut se permettre de ployer sous le poids. En tant qu'auxiliaire du Messie et ordonnance de l'Inkarri, il veillera à ce que son officier céleste ne manque de rien. Si David est reconnu comme guide suprême, il reconnaît lui-même bien volontiers qu'il n'a aucun sens de l'orientation et encore moins celui du terrain. En tête donc nous avons Nemessio, le guide terrestre, suivi de David, le guide spirituel. A quelques pas viennent les mâles adultes armés de leur chaquitaclla et du zuriago. C'est la troupe de choc, prête à intervenir en cas d'incident. Derrière s'avance le groupe des femmes et des enfants. Evelyne est coincée entre Melchora et Modesta. Les deux femmes sont à Evelyne ce que Nemessio est à David. Que l'on nous pardonne l'euphémisme si l'on parle ici de « petits soins », mais, après tout, pauvretés et dénuements ont aussi leurs moments d'exception et de répit. Evelyne et David sont vêtus des meilleurs habits, chaussés des plus robustes sandales et allégés de fardeaux encombrants. Ils sont donc relativement favorisés par rapport aux autres membres de la tribu, mais ils sont aussi les plus handicapés en raison des blessures récentes et d'un manque d'entraînement à la marche forcée. David, suivant les conseils de Nemessio qui prévoit de possibles dangers durant les cent premiers kilomètres – crainte d'être reconnus et interceptés – a fait jurer sur la Torah que l'on ne s'arrêterait pas une seule fois de la nuit. Trois heures plus tard, il se prend à rêver de parjure, se demandant comment il pourrait bien casser le pacte. Plus il se tend vers l'effort, plus il bute. Plus il bute, plus il se blesse les doigts de pied. Quand il se retourne, c'est pire. Il voudrait savoir comment va Evelyne et si elle s'en sort mieux que lui. Il n'aperçoit que des silhouettes s'étirant en file indienne. Cette expression « file indienne » prend alors pour lui tout son sens. Pourquoi ne marchent-ils pas de front ou par petits groupes de trois ou quatre ? Peut-être est-ce pour mieux se protéger du vent. Peut-être que les pas attirent les pas. Que l'ombre lunaire aspire les corps. Que marcher en file indienne est une manière de se fondre dans la nuit, de se confondre en un seul être. Pourquoi l'ennemi serait-il posté de face et non point sur le côté ? Et de quel ennemi s'agit-il ? Qui souhaiterait leur extermination après tant d'années de silence ? Quel danger représentent-ils ? Qu'est-ce qu'il fout ici, lui, à zombifier dans la puna ? Qu'est-ce qu'il fabrique avec un Sefer-Torah dans son sac à dos ? Où va-t-il emmener ces frères de race et de culte ? Comment va-t-il s'y prendre ? Par quel moyen ? Avec quel argent ? Avec quels passeports ? Evelyne n'aurait-elle pas eu raison de se rebeller contre une situation qu'elle jugeait absurde ? Pour la première fois depuis qu'il est tombé du ciel, le doute l'assaille. Jusqu'à présent, on était resté dans le domaine des hypothèses. On avait rongé son avenir comme on ronge un os, juste pour s'y faire les dents et avoir une vague idée du goût qu'il offrait. On avait tiré des plans, échafaudé des théories. On s'y était vus, quoi ! Oh ! pas très clairement, pas vraiment, mais on s'y était vus quand même. Le verbe avait excité l'imagination et l'imagination, en retour, avait excité le verbe, si bien que l'on avait fini par s'aveugler de lyrisme intense pour ne pas mourir étranglé de fatalité. Mais, maintenant qu'on a quitté la grotte, maintenant qu'ils ont forcé les étoiles en lui forçant la main, maintenant qu'il est entré dans l'action, l'entreprise lui paraît insurmontable.

David ne bute pas seulement des pieds, il bute également de la tête. Il bute, mais il lutte. Il se refuse à dévoiler ses faiblesses. Pour tromper Nemessio, il se met à siffloter en sourdine un air complètement stupide sur lequel viennent se placer, d'elles-mêmes, des paroles encore plus idiotes. Il déteste cette chanson et pourtant elle l'obsède : « Un kilomètre à pied, ça use, ça use. Un kilomètre à pied, ça use les doigts de pied. » Oui, c'est affreusement con, mais c'est aussi terriblement entraînant, colossalement abrutissant.

Nemessio ne se laisse pas prendre à la fausse joie de l'Inkarri. Il n'est pas pampamesayoq pour rien. Il sait deviner le trouble intérieur à la façon dont les êtres rejettent leur souffle, de même qu'il mesure l'intensité du doute à la cadence du pas, au rythme du balancement. Pour l'instant, Nemessio est trop occupé à percer les secrets de la nuit pour s'intéresser de près à David. Il attendra donc d'avoir passé le col d'Orqoqa et d'avoir franchi la rivière Livitaca en amont de laquelle on distingue les flammes vacillantes de quelques loupiotes.

Il est onze heures du soir. On s'est mis en route à sept heures. Les premiers de la file s'arrêtent. Ils attendent les autres. On resserre les rangs et les coudes. Il va falloir accélérer, se faufiler très vite. David et Evelyne se jettent un bref regard. Quel cran! Elle lui sourit. Il a une envie folle de chialer. Il se reprend. Merde. Ça n'est pas le moment de faiblir. Des hommes vivent là autour d'eux. On piétine leurs chacras boueuses. On y laisse ses empreintes et, à chaque enjambée, un peu de son énergie. La pluie commence à tomber en rafales. Le vent aidant, on perçoit le fumet appétissant d'une soupe d'orge et de fèves. On entend les aboiements menaçants d'un chien et plus distinctement encore la voix déchirante d'un chanteur de complaintes accompagné de sa quena dont les sons aigus font frissonner ces étranges fuyards au plus profond d'eux-mêmes.

On marche encore longtemps. Très longtemps. On longe la ligne de crêtes. On tâtonne. On cherche à se repérer. Se serait-on égarés? Allons, courage. On vient de loin, mais on revient de bien plus loin. Le fond des âges est pour hier. Aujourd'hui, c'est le bord de l'espoir. Alors on suit l'espoir comme on suit la ligne des crêtes. Au hasard, au petit bonheur. Et puis soudain on tombe sur la brèche. Le chemin séculaire décrit par Ben Israël est là, détrempé mais praticable. Trop pratiqué sans doute. Nemessio ne s'y aventure pas. Il préfère tracer son propre chemin parallèle et laisser un large no man's land entre les deux. Chemin des Incas ou chemin des Juifs ? Ils se côtoient et se relaient.

Plus que deux villages à contourner : Layoq et Tokocachi. Ensuite on s'arrêtera sous quelque rocher. On se serrera. On se tassera les uns contre les autres et l'on étendra par-dessus les corps crevés les peaux de bêtes couleur d'éternité.

Mais on n'en est pas là. Il faut marcher, toujours marcher. Dans sa tête et son murmure, David entame le « 1730ᵉ kilomètre qui use les doigts de pied. » En réalité ils n'en ont parcouru qu'une vingtaine. Nemessio le laisse terminer sa phrase et intervient :

« Je sais à quoi tu penses, Lamassito. Tu te dis : où suis-je ? Que fais-je ? Pourquoi ? Pour qui ? Tu es sur le point d'abandonner. Tes jambes te font mal. Ta conviction est hésitante. Ton moral est plus bas que terre. Mais vois-tu, Lamassito, tout cela ne m'étonne pas. »

Il marque un temps, s'attendant à être interrompu en plein envol. Puis, comme David ne reprend pas, il ajoute, étonné :

« Voyons, Lamassito, tu ne me demandes pas pourquoi ? »

Il l'appelle tantôt Lamassito. Tantôt Davidissito. Tantôt Cristobalito. Il ralentit l'allure et laisse le petit venir à sa hauteur. Le Lamassito n'a aucune envie de parler par parabole. Sèchement, il dit :

« Si ça te fait plaisir, vas-y !

– Le Lamassito me demanderait quoi au juste ? Pourrait-il formuler autrement son interrogation ? »

Le Lamassito enrage et lance en français :

« Arrête de faire ta banane, Nemessio. Parle comme tout le monde. »

L'autre ne comprend pas et c'est tant mieux. Il aurait été blessé par les mots bien plus qu'il ne l'est par la voix. Il dit :

« L'Inkarri Davidissito ressemble en tous points

à l'Inkarri Mauricio. Tous *ont le caractère*
oscillant. Parfois, il est en bas *fois, il est en haut.*
Parfois, le caractère se sta*au milieu des*
humeurs. Il m'est arrivé souv*squ'il habitait*
chez moi, d'aider Mauricio à *grimper son*
humeur au-dessus des nuages gri*es et d'effa-*
cer les rides qui barraient son *dant que*
Cipriana tirait le fil de sa quen*ue mes*
deux pauvres fils tiraient la queue *bien,*
moi, je tirais, de bas en haut, les *s de*
Mauricio. Tout le monde tirait que*la*
main et à force de tirer et de filer o*us*
par s'élever. »

David sait où veut en venir Nemes*sio*
zéro ou moral remonté ? Il connaît la c*el*
père, tel fils, ça c'est autre chose. Ça l*ui*
savoir que son père n'était pas de bronze *et*
teté et qu'il piquait caprices et impulsions c*omme*
pique un cheval au galop, chevauchant ainsi *dure-*
ment, à coups d'éclats ou d'abattement, cette *terri-*
ble puna où la maladie l'avait jeté. Pour*quoi*
s'était-il arrêté à Huacarama et non pas à Cuzco ?
Fuyait-il la civilisation ou bien, au contraire, voulait-il s'y ancrer et se vautrer en elle pour finir dans
ce qui aurait pu être son berceau ? Il demande :

« Qu'en penses-tu, Nemessio ? Mon père, il
venait d'où ?

– De l'Est, bien sûr. Tous les étrangers viennent
de l'Est, Lamassito.

– Ça n'est pas une réponse, Nemessio. Tu as vécu
des années en sa compagnie. Il t'a parlé, il a dû te
raconter des choses.

– Oh ! ça, pour parler, il parlait et quand il parlait
ça n'était pas pour tuer le temps. Il était malade, tu
sais, très malade. Il avait la sangre debilitada, alors
il courait après les mots et il jetait ses idées en l'air.
Il nous fallait les rattraper avant qu'elles ne retombent. Il avait peur, très peur même. Pas peur du

. Pas peur d'affronter les ancê-
néant et des d on, il avait peur d'autre chose. »
tres et la gé e brusquement. Il n'est pas aux
Nemessi plement au bout de lui-même. Il
aguets. de cuir qui pue la peau mal tannée
ouvre chique d'herbe, mélange savamment
et en uma et huanarpo.
dos amassito, prends-en un peu et tu verras
eu. Ton père aimait beaucoup ça. Il en
es doses énormes. Il le préférait à la coca
ardiente. Tu sais ce qu'il disait, ton père ? Il
it que ça le faisait marcher dans sa tête. Il
uvrait le visage de son poncho et puis il par-
es loin explorer les territoires inaccessibles. Au
n, il nous entretenait des choses de l'existence et
la religion. C'était comme s'il avait été chercher
nseignement chez les ancêtres. Comme s'il avait
onversé toute la nuit avec eux. Comme s'il avait
escaladé les plus hautes montagnes, celles où sont
assis les Auquis et les Apus. Il en revenait transi de
froid, grelottant, hagard. Mais nous, Cipriana et
moi, on savait que le corps était resté là enroulé
dans son poncho. Seule son âme voyageait. Alors,
quand elle avait suffisamment parcouru les mondes
inconnus, elle déboulait d'un nuage, prenait le vent
ou les ailes d'un condor et réintégrait le corps. »

David connaît les effets de cette drogue pour en
avoir goûté d'infimes quantités. C'est vrai que la
douleur s'envolait. Vrai que, grâce à elle, ils avaient
pu supporter sans trop souffrir la réduction de frac-
tures.

La chique a un goût dégueulasse. Mais que ne
ferait-il pas pour marcher à son tour dans sa tête et
ne plus sentir ses jambes ?

Et l'on repart. Encore quatre heures de ce crapa-
hutage démentiel avant que ne se lève le jour. Tout
en mâchonnant, le Lamassito demande :

« Il redoutait quoi, mon père ? »

La question du Messie embarrasse Nemessio, car Nemessio n'a jamais su réellement ce que l'étranger craignait. Il a supposé. Il a entendu des bribes de phrases, prononcées durant le sommeil, lorsque l'âme absente conversait, là-bas, très loin, avec les Wamanis des montagnes. Outre les phrases tombées du cauchemar et que Nemessio s'était surpris à interpréter, il y avait eu des attitudes obsédantes, des regards jetés vers les horizons. Il dit :

« Vois-tu, Lamassito, ton père donnait l'impression d'être sur ses gardes. C'est comme s'il s'attendait à être démasqué.

— Démasqué ? Pourquoi dis-tu démasqué ? Est-ce que mon père avait volé le visage d'un autre homme ?

— Pas exactement, Lamassito. Ton père avait un visage bien à lui. Un visage très personnel et que nul ne saurait effacer de sa mémoire. C'est cela, je crois, qui tourmentait ton père. Il avait peur d'être reconnu. »

David s'étonne :

« Reconnu ! Mais par qui ? Tu m'as dit toi-même que personne ne s'aventurait à Huacarama.

— Tu as raison, Lamassito. Personne ne s'aventurait à Huacarama. Et d'ailleurs Guispe y veillait. Je t'ai déjà raconté comment il avait neutralisé le méchant frère Francisco. Le danger, nous l'appréhendions, aurait pu venir de ce satané curé. Quoi qu'il en soit, le danger auquel ton père s'attendait est arrivé. Cela faisait une quinzaine de jours que Guispe avait aperçu deux hommes à cheval qui rôdaient dans la puna. Il les avait examinés avec les jumelles de frère Francisco et, tandis qu'il les observait, qu'il suivait leurs mouvements, le village vivait à l'heure de l'alarme, c'est-à-dire que les enfants allaient de maison en maison, d'habitant en habitant, récupérer la Mogen David et les objets de culte. Ton père, quant à lui, s'était couché de tout son long au milieu du corral. Caché parmi les brebis et les agneaux, il ne risquait point d'être repéré. Nous avions répété plusieurs fois ce plan d'alerte pour éviter de se laisser surprendre par une inquisition soudaine. Tout s'était déroulé très rapidement. On avait même eu le temps de suspendre le Christ au-dessus de l'autel et de remettre la Sainte Vierge dans sa niche, mais les cavaliers n'avaient pas jugé bon d'entrer à Huacarama. Guispe s'était vanté de les avoir repoussés grâce à ses quatre yeux maléfiques.

– Quatre yeux, pourquoi quatre yeux ?

– Voyons, Lamassito. Si tu ajoutes aux siens ceux des jumelles, cela faisait effectivement quatre points d'envoûtement par lesquels Supay, le diable, envoyait ses charges de haine. Ton père s'était moqué de Guispe qui continuait à exercer ses pratiques de sorcier. Il n'empêche que les cavaliers s'étaient trouvés face à un mur infranchissable alors que rien, en apparence, ne se dressait sur leur route. Les chevaux s'étaient arrêtés net comme frappés par l'haleine mortelle. Il faut te préciser, Lamassito, que toutes les femmes du village excrémentaient dans une tranchée et que l'odeur de merde mêlée à celle d'un placenta de lama que l'on enfumait à l'intention des étrangers et des chevaux leur parvenait aux narines et aux naseaux. Le vent lui-même s'était mis de notre côté, ou plus exactement nous avions réussi à retourner le vent mauvais, ce terrible samaycum, contre les intrus. Si les chevaux étaient simplement incommodés, les hommes, en revanche, savaient de quoi il retournait. Ils ont donc choisi de s'enfuir au lieu de nous affronter. »

Est-ce l'effet de la chique ou celui du récit ? David patauge maintenant dans une sorte d'univers irréel où la boue d'aujourd'hui se confond à la merde d'hier. La bourrasque liquide sous laquelle il avance et qui le frappe de plein fouet ne serait-elle pas, elle aussi, du domaine des samaycum, balayée par un

Supay super-démoniaque ? Il y a du diable là-dedans. C'est sûr et certain. Du diable et peut-être également du Dieu.

Nemessio s'est arrêté. Oh ! pas longtemps. Deux secondes. Pas davantage. Il a pincé son nez à pleins doigts et soufflé un jet de morve comme s'il voulait en finir une fois pour toutes et cracher en même temps sa mémoire afin que les autres, suivants et poursuivants, puissent la piétiner. Mais David ne l'entend pas de cette oreille. Il s'interpelle et voici qu'à travers son interrogation il se prend à soupçonner son père. Ne s'est-il pas joué de ses hôtes ? N'est-il pas venu à Huacarama pour se cacher d'un crime et se racheter de la faute ? David brûle, il brûle. Plus il avance dans le raisonnement et plus il s'en pénètre. Petit, il jouait à ce jeu avec sa sœur : l'un dissimulait un objet que l'autre devait trouver. Lorsqu'on s'approchait, on brûlait. Lorsqu'on s'en éloignait, on gelait.

Au fond, Nemessio n'est pas mécontent des sentiments éprouvés par David, d'autant que la mauvaise conscience du Messie pourrait profiter à la tribu. Nous avons dit plus haut que Nemessio, sans être le grand altomesayoq qu'avait été Guispe, est néanmoins un très acceptable pampamesayoq et qu'il pressent, de ce fait, les mouvements imperceptibles du sensoriel. Si Nemessio a bien craché son jet de morve, il n'a en rien expectoré sa mémoire. Cela n'était qu'une interprétation due à la sensibilité du Messie. S'essuyant les doigts à son poncho détrempé, Nemessio reprend :

« C'est à partir de ce jour que ton père a changé. Il demandait sans cesse plus d'aguardiente et de drogue. Il insistait pour que Guispe, qui était alors assisté d'Agustina dans son travail curatif, le rétablisse plus rapidement. Agustina faisait ce qu'elle pouvait pour lui insuffler l'énergie, mais il me semble, et je te le dis en toute franchise, que Guispe accentuait plutôt le cours de la maladie qu'il ne le ralentissait. De toute façon, ton père était condamné. Les Inkarri ne sont pas immortels. Parfois c'est la maladie qui les terrasse. Parfois ce sont les hommes. Seuls les dieux survivent et seuls les dieux commandent. Et encore dois-je t'avouer, et ne le prends pas mal, qu'il m'est arrivé de penser que Dieu n'a pas créé les hommes mais que l'homme a inventé Dieu. Ne te choque pas. Ma pensée n'est ni bête ni profonde. Ça n'est qu'une pensée et rien de plus. Tour à tour je l'accepte et la refuse. En vérité, se sachant repéré, ton père s'était mis dans la tête de nous quitter. Ne me demande pas pourquoi il voulait s'en aller ni ce qui l'avait poussé à rester tant d'années en notre compagnie. Je ne le sais pas et personne, à part Guispe, ne l'a deviné. Nous pensons qu'il était recherché par la police, car la police finalement est montée s'en emparer. La seule chose que je sais, c'est que l'Inkarri Ben Israël a tenté de s'enfuir et que nous l'avons ramassé, Guispe et moi, au petit matin à quelques centaines de mètres du village. Il n'en n'avait pas été capable. Il était physiquement trop délabré pour aller plus loin. Il a bredouillé d'étranges excuses, affirmant que notre existence comptait davantage que la sienne et qu'il avait voulu se rendre à Combapata expliquer aux autorités que nous n'étions en rien responsables des choses qui nous seraient reprochées. Guispe ne l'a pas cru. Moi si. Vois-tu, Lamassito, en se livrant à la police, ton père pensait nous éviter le malheur. Avait-il raison? Avait-il tort? Aurions-nous été épargnés? Aurait-il été jugé, relâché ou exécuté? Dieu seul le sait. Tu vois, je me contredis. Ils ont envoyé l'armée. Guispe a résisté. Le village a été rasé, les habitants massacrés, les cadavres brûlés.

— Comment sais-tu qu'ils ont résisté, puisque tu n'étais pas au village?

— Je le sais, Lamassito. Je le sais.

– Et comment sais-tu que c'était l'armée ?

– Si ça n'était pas l'armée, c'était une bande armée.

– Mais ça n'est pas pareil, Nemessio. L'armée appartient au gouvernement. La bande armée lui échappe ! Et comment ils ont combattu ?

– Avec des pierres, Lamassito. Des pierres, des frondes, et des wichi-wichi.

– Qu'est-ce que c'est qu'un wichi-wichi ?

– C'est une espèce de wallpakaldo.

– Et qu'est-ce que c'est qu'un wallpakaldo ?

– Une espèce de wichi-wichi.

– Tu te moques de moi, Nemessito.

– Non. Je me moque de Guispe. Ah ! celui-là, malgré ses « mesa », ses illas, ses sepjas, malgré toutes ses amulettes, tous ses pouvoirs, ses philtres, ses gris-gris et ses connaissances, il aurait mieux fait de remettre Mauricio à la police. Ton père le lui demandait. Ton père usait ce qu'il lui restait de forces sans parvenir à le persuader. En fait, Guispe ne considérait plus Mauricio comme Inkarri. Oh ! certes, il l'avait respecté et vénéré, mais depuis quelque temps il ne lui obéissait plus. Il s'en était surtout servi pour contrer frère Francisco. En opposant le judaïsme au christianisme, il se vengeait du même coup des conquistadores et des curés. Guispe était un ambitieux, un truqueur. Il abusait son peuple, mais il abusait aussi les ancêtres. Guispe aurait pu éviter le massacre. Guispe aurait pu épargner mes deux fils et ma femme. Je lui en veux beaucoup, Lamassito, beaucoup. Tiens ! Renseigne-toi auprès d'Eugenio et d'Alipio. Nous étions une dizaine au village à penser que Guispe était sur le déclin et qu'il faisait plus de mal que de bien, plus de pluie que de beau temps. Guispe savait qu'on allait le mettre en accusation. Il ne le supportait pas. Il avait été notre chef spirituel et il entendait le rester, quitte à nous entraîner dans la mort avec lui. Cette mort, il la provoquait, la nourrissait. Il connaissait son visage et lui donnait corps. Il entraînait les jeunes au combat. Chaque matin, il montrait du doigt, à l'horizon, des cavaliers imaginaires. Et, chaque matin, les jeunes lançaient des pierres et maniaient le wallpakaldo. C'était un étrange spectacle. L'Inca avait repris le pas sur l'Hébreu. S'il n'y avait pas eu, alentour, ces vertes cultures et nos troupeaux magnifiques, cette prospérité terrestre et ce multiple réseau de tranchées transformées en autant de petits lacs artificiels où s'ébattaient les carpes, et que nous devions à la science de l'Inkarri, on aurait pu se croire transportés en pleine puna du Chiarage à l'époque où les brigands chumpiwillkas bouffaient tout crus les pionniers quechuas. De là sans doute vient le rite annuel du Chiarage. Ma parole ! on se croyait revenus au temps des assassins. A la douce tolérance de la religion hébraïque, aux prières de paix et de justice succédaient soudain les chants païens. »

Nemessio, les mains en porte-voix, murmure :
« Ecoute ce qu'on entendait alors :

Ama wayuey, nanchankichu,
Waykechallay, yulanito
Yawar maya, uni pina
Rikukkus papas

N'aie pas peur petit frère
Petit frère mon très grand
Car tu seras recouvert
Par un grand fleuve de sang

« A ces chants succédaient les insultes. Elles pleuvaient avec les jets de pierres et claquaient avec les fouets, déchirant l'air d'un même élan sauvage. Vois-tu, Lamassito, tant qu'on s'en prenait à des cavaliers fantômes, le risque n'était pas considérable. Mais un jour les cavaliers sont arrivés pour de bon. Et ils n'étaient pas seulement deux comme l'autre fois. Eugenio et moi, nous avons relevé les empreintes de deux cents sabots différents, sans compter celles de la troupe à pied. Ah! pour un massacre, ça a été un grand massacre. Le plus terrible, c'est que les ancêtres ont laissé faire. Je leur en ai voulu encore plus qu'à Guispe. Je ne me suis pas retourné vers eux pour implorer leur miséricorde. Ni vers Roal. Ni vers Yahvé. Oui, je prononce ce mot. Et après? Pourquoi aurais-je honte de mon Dieu? Je me suis tourné vers moi et je me suis demandé : « Voyons, Nemessio, tous les tiens ont péri. Qui est « le coupable? Les dieux incas ou le dieu juif? » Une voix m'a répondu et cette voix m'a dit : « Nemessio, tu sais très bien qui sont les coupables. « Le coupable, c'est celui qui permet à l'autre de « tuer. Et les autres ont tué avec la permission des « dieux. Ils ont assassiné ton grand-père. Ils ont « assassiné le père de ton grand-père. Et si tu des- « cends le long des générations, tu ne rencontreras « que des assassins et des assassinés. Toujours les « mêmes bourreaux. Toujours les mêmes victimes. « Souviens-toi, Nemessio. Souviens-toi d'Ata- « hualpa. Souviens-toi de Manco Capac. Souviens- « toi, Nemessio, souviens-toi de Tupac Amaru. « Souviens-toi de Juan Santos. Souviens-toi de José « Gabriel Condorcanqui. Souviens-toi, Nemessio. « Souviens-toi de Tupac Inca Yupanqui. Souviens- « toi. Est-ce que l'indépendance du pays a changé « quoi que ce soit pour toi? Souviens-toi, Nemes- « sio. Souviens-toi de cette phrase de Manuel « Scorza : « Dans les Andes il n'y a pas quatre « saisons, mais il y en a cinq. Le printemps, l'été, « l'automne, l'hiver et le massacre. » Souviens-toi, « Nemessio. Souviens-toi, les dieux ne t'ont pas « abandonné. Ils sont eux-mêmes abandonnés. Les « dieux sont impuissants. Ils n'existent que parce

« que tu les idolâtres. Sans toi ils ne sont rien, sans
« eux tu es toi. »

« Ainsi m'a parlé la voix, Lamassito, mais la voix
m'a encore dit quelque chose. Tu veux savoir ce
qu'elle m'a dit, la voix ? »

Le Lamassito n'en revient pas. Qu'est-ce qu'il lui
chante là ? Qu'est-ce qu'il lui raconte ? Pourquoi tant
de grandiloquence et d'élévation ? Nemessio serait-il
plus grand et plus sage qu'il ne paraît ? Bien sûr
qu'il veut savoir. Mais il voudrait aussi savoir autre
chose. A défaut d'apprendre quel était le crime de
son père, il voudrait au moins qu'on lui dise si ce
père a été tué sur place ou bien exécuté à Cuzco.
Quelle preuve Nemessio pourrait-il lui apporter ? Il
n'ose poser la question. Il craint qu'elle ne tombe en
porte à faux.

« Alors, reprend Nemessio, est-ce que le Lamassito manquerait de curiosité ?

— Mais non. Je t'écoute.

— Tu m'écoutes. Oh ! comme tu as raison de
m'écouter. La voix me parlait justement de toi. Voici
ce qu'elle disait, la voix : « Souviens-toi, Nemessio.
« Souviens-toi de Cristobal. Il est l'enfant des deux
« cultes. Il est fils du Soleil et d'Abraham. C'est par
« lui que le bonheur viendra. Souviens-toi, Nemes-
« sio. Tu l'as pris dans tes bras. Tu l'as serré contre
« toi l'espace d'une marche. Et que s'est-il passé ?
« Souviens-toi, Nemessio. Tu l'as élevé au-dessus de
« la huanca de pierre. Tu sentais son cœur battre
« sous ta main. Il faisait froid et gris. Tout était
« désolé, sinistre. Souviens-toi. Tu l'as offert au ciel.
« Tu as demandé protection et pardon. Souviens-
« toi, Nemessio. Il faisait gris, froid, maussade. Un
« temps à ne pas mettre une poule dehors. Sou-
« viens-toi. Et brusquement les nuages se sont écar-
« tés. La brume s'est dissipée. Souviens-toi. Qu'as-tu
« vu, Nemessio ? Dis, qu'as-tu vu ? Souviens-toi. Tu
« as vu apparaître Inti le Soleil des soleils. Et, tan-

« dis que tu tenais l'enfant à bout de bras sous cette
« trouée d'azur et d'or, quelqu'un, quelque chose,
« une voix t'apprenait que le fils de l'Inkarri serait
« bientôt de retour. Souviens-toi, Nemessio. Ce que
« tu as pris pour une intuition incertaine sera vérité.
« Va, Nemessio. Emmène les survivants dans la
« montagne et cache-toi. Va, Nemessio. Et continue
« à dispenser aux tiens le nouvel enseignement. Il
« n'est sans doute pas meilleur que l'autre, mais il
« est le lien qui te relie à Cristobal. » Voilà ce que
m'a dit la voix, Lamassito, et j'ai suivi ses conseils.
Peut-être pas à la lettre. Peut-être pas à l'accent près,
car entre-temps, au cours de ces longues et pénibles
années, je me suis surpris à reprendre le dialogue
avec les ancêtres. Mais je te le promets, Lamassito,
je laisserai tomber les Wamanis dès que nous abor-
derons les rivages d'Israël. »

Ils se sont réfugiés et tassés sous l'aplomb d'un
rocher. On ne devrait pas les apercevoir. Ils contrô-
lent le paysage. Le sol érodé n'est que plaies et bosses. Aucun village à l'horizon. La nuit prochaine, on
croisera au large de Velile. Le plus difficile sera de
franchir le rio qui serpente, fougueux, le long du
massif des Huayllapacheta. Du plus loin que la vue
porte, on ne distingue ni hommes ni animaux.
L'ichu a fait place à un sol dur, dénudé et glissant.
Univers minéral et désolé. C'est comme si la terre
avait été bétonnée par quelque constructeur fou qui
en aurait fait sa décharge. De-ci, de-là, des flaques
que l'on ne se permettrait pas d'appeler lacs et des
lacs tout juste plus importants que les flaques. L'eau
est sombre, légèrement bleutée, inquiétante. Soleil
ou pluie ? Chaleur ou froid ? Peu importe. L'eau est
là, en surface, et elle y restera toujours. Descend-elle
du ciel ou émerge-t-elle des profondeurs, remontant
et s'infiltrant sous la roche comme une espèce de

sueur ? La terre en bave-t-elle d'être pareillement muselée ? Est-ce sueur ou larmes ? David ne saurait le dire. La pluie est en avance sur la saison, à moins que la saison ne soit en retard sur la pluie. Depuis l'arrivée du Messie, les saisons ne sont plus ce qu'elles étaient. On est entré dans une ère unique que les mots croisés ne sauraient définir. C'est une ère sur laquelle on peut danser à quatre temps comme sur toutes les ères qui ont permis la modification de la race humaine. Ces quatre temps sont : le chaos, l'angoisse, le délire et l'espoir. Le chaos donne l'angoisse. L'angoisse amène le délire. Le délire permet l'espoir. Ainsi va la vie des sédentaires et des nomadisants, à plus forte raison celle des émigrants. Si David se pose des questions et si ces questions font problème, les autres ne se posent que des devinettes, et encore s'agit-il de devinettes dont ils imaginent les réponses. Ils s'en foutent, de la pluie et du froid. Ils s'en foutent, des saisons en avance ou en retard. Ils s'en foutent, des plaies, des bosses et des malheurs passés. Ils se sont propulsés vers l'ailleurs. Et cet ailleurs est forcément meilleur que celui d'où ils viennent, que celui où ils ont fait halte aujourd'hui. Ailleurs, il y a des pluies moins fortes. Des saisons plus clémentes. Des terres plus fertiles. Des hommes moins méchants. Ailleurs, on mange à sa faim, on vit à sa main. Ailleurs, c'est toujours autrement.

Ils ont ouvert leurs sacs à dos, pris leurs médecines et leur nourriture. Les uns ont préféré mâchonner leur potion magique avant d'engloutir galettes et viande séchée. Les autres ont fait le contraire. C'est la seule liberté qu'ils s'octroient. Pour le reste, tout est rationné. Tout, sauf l'espérance et la tendresse.

Après le repas, la partera s'est employée à frotter d'onguent les jambes d'Evelyne et de David. Si l'embrocation n'est pas miraculeuse, elle soulage, et c'est beaucoup. Peut-on parler d'un traitement de faveur ou de gâterie ? Certainement pas. Ce massage est une nécessité. Il a été, osons le terme, programmé par Nemessio, car Nemessio, sous son apparence de triste clochard édenté, se révèle être un grand chef de tribu. David s'en étonne à chaque instant. Qu'il soit tantôt croyant, tantôt athée ne change rien à l'affaire. Il possède un caractère de fer, une assise exceptionnelle. La force de Nemessio est-elle transmissible à David ? Il y a lieu de le penser. N'oublions pas que David a transmis la sienne à Nemessio durant treize années par-delà les montagnes et les océans. Rien d'étonnant, donc, qu'au terme de cette première nuit de marche l'homme et l'enfant se soient atteints.

Et puis l'on s'était endormis comme des bêtes sous les peaux et les oripeaux. On s'était serrés, imbriqués, tassés sur et contre tous. C'était la seule façon d'avoir chaud, la seule manière de s'abriter. Seul Ruperto veillait. Il avait pris le quart telle la vigie dans son hunier. Mais son navire n'était qu'un pauvre tas de chair et d'os meurtris. Ruperto et Alipio, les deux pères présumés, s'étaient relayés pour porter Sarah. Et Sarah l'innocente, bercée par le balancement des épaules, en avait écrasé tant que ça pouvait, si bien qu'à présent, elle restait éveillée, hébétée, assise aux pieds du colosse.

Impossible de dire si elle regardait et ce qu'elle regardait. Si elle entendait et ce qu'elle écoutait. Elle ne savait que manger et crier. Aussi devait-on la bâillonner en permanence. Le bâillon avait donc une double utilité : il empêchait la nourriture de rentrer et les cris de sortir.

Elle se tenait aux pieds de Ruperto avec son bâillon et sa difformité. Sa mère, Modesta, s'en fichait éperdument. Elle dormait. Elle avait eu d'Alipio un autre fils, Saül, et Saül était normal. Il dormait. Tout le monde dormait. On récupérait des fatigues de la nuit et il en sera comme cela, dormir le jour, marcher la nuit, jusqu'à ce que l'on ait dépassé Piccho, un bourg à cheval sur les provinces de Chumbiviscas, d'Espinar et de Cailloma. Derrière Piccho se perdaient les eaux de l'Apurimac. On espérait que la mémoire s'y était également évanouie et que personne, là-bas, n'avait entendu parler de Huacarama. Après Piccho on inversera le roulement : marcher le jour, dormir de nuit. Ça ne leur est pas arrivé depuis sept ans.

David est pris en sandwich entre Evelyne et Melchora. Chacune s'en partage un bout. Le ventre est pour la sœur, les fesses pour la mère. Ils sont couchés en chien de fusil. Sous les peaux étendues, le bruissement est continu. Outre les ronflements, les grognements d'aise et de mécontentement, les pets francs ou traîtres, le craquement sec des jointures et le snif des reniflements, on avait pu aussi, en début de soirée, enfin, en début de jour, surprendre le doux froissement des doigts d'Evelyne sur le pantalon du Messie. Evelyne aurait dû être terrassée de fatigue et s'écrouler comme les autres dès la fin du repas. Mais, étrangement, elle était sortie de l'épreuve plus fraîche que son frère. Il faut dire que Melchora l'avait particulièrement soignée durant la marche, lui offrant, en plus des chiques de huachuma et de huanarpo, d'autres mixtures, liquides et solides, à mâcher sans avaler ou à avaler sans mâcher.

Evelyne avait donc goûté tour à tour à la Puya Raimondi sous forme de résine, aux baies rouges de la mulli, ainsi qu'aux fleurs d'un arbuste, le floripondio, que l'on avait cueillies en chemin. Les sens d'Evelyne s'étaient trouvés perturbés par ces excitants. Le Messie, déjà entouré des bras de sa mère, avait dû caresser sa sœur. Il y avait eu échange de plaisir et tressaillement des corps inassouvis.

Melchora gloussait. Ça lui plaisait de sentir son fils vibrer dans ses bras. C'était un peu comme si elle lui avait fait, elle-même, l'amour. Elle avait eu envie de mêler ses mains à celles d'Evelyne et de tenir ce sexe raide. Elle avait dû lutter contre son désir. C'était une mère, pas une bête. Elle s'était retournée vers Alipio, essayant de le provoquer. Alipio ne répondant pas à ses avances, elle avait serré encore davantage son fils et s'était endormie en respirant dans son cou.

On sommeillait depuis deux heures quand Ruperto, à sa droite, découvrit la caravane. Il y avait quinze lamas bâtés aux oreilles enrubannées de laine rouge et bleue. Et derrière les lamas venaient quatre hommes, armés de zuriagos et de wichi-wichi. Les conducteurs ne semblaient pas belliqueux. Bêtes et hommes allaient à leur train. D'où sortait la caravane et quelle était sa destination ?

Ruperto n'en avait pas la moindre idée. Son premier réflexe fut de se coucher sur Sarah qui commençait à s'agiter. De sa vie la fillette n'avait vu des étrangers et ça paniquait drôlement dans son cerveau malade. Couché de tout son long sur Sarah, Ruperto lui écrasait le visage de sa large main. Le colosse ne se rendait pas compte de sa force. Il suivait des yeux l'avancée du groupe, jugeant qu'il était inutile, pour l'instant, de réveiller Nemessio. Bêtes et hommes foulaient un sentier invisible à l'œil nu, sentier que la tribu, au matin, n'avait pas repéré. S'agissait-il du fameux sentier des Incas emprunté jadis par les Juifs de Cuzco ? Ben Israël se serait-il trompé en esquissant son relevé ? A moins que l'erreur ait été commise par Nemessio qui aurait laissé le chemin plus au nord. N'était-ce pas plutôt un raccourci balisé par le seul instinct des hommes ? En ce cas, le sentier passait-il à leurs pieds ou s'en écartait-il ? Il n'y avait rien d'autre à faire que d'attendre. Et puis que risquaient-ils ? A lui tout seul, en cas de coup dur, Ruperto saurait en neutraliser deux, sinon trois. Ruperto rêvait d'en découdre.

À plusieurs reprises au cours de ces dernières années, il avait eu l'occasion, ainsi tapi, d'apercevoir des villageois d'Orqoqa qui coursaient le gibier en se rendant vers quelque chacra lointaine. Chaque fois il avait ressenti la même fureur l'envahir. Une envie rentrée de vengeance, de meurtre. Il leur reprochait de n'être pas accourus au secours des siens. Il les tenait pour complices du silence et du meurtre. Il les haïssait encore plus qu'il ne vomissait les métis. Il les épiait des heures durant, passant sa rage sur ce qu'il avait sous la main. Il arrachait des touffes d'ichu. Il broyait des mottes de terre. Il blessait ses poings contre les cailloux. Il se tailladait les bras à coups de serpe. Bien que ces hommes soient d'une autre contrée, d'une autre race, la rage le reprenait aujourd'hui. Le drame, c'est que sous lui il n'y avait ni pierre ni herbe, mais juste une fillette infirme qu'il étouffait de ses grosses mains rugueuses.

Il ne lâcha prise que lorsque les hommes se furent éloignés. Elle était bleu-noir comme l'encre des lacs. Bleu-noir avec de grands yeux tout blancs.

Ruperto était violent, taciturne, imprévisible mais pas idiot. Il tenta de ranimer la petite, pratiqua le bouche-à-bouche, massa le cœur et les tempes. Comme rien n'y faisait, il s'affola. Il soufflait l'oxygène de plus en plus vite, pressait la poitrine de plus en plus fort. Et plus il soufflait, plus il pressait, plus il massait, plus montait en lui un désespoir atroce. N'avait-il pas tué sa propre fille ? Ou, pire encore, mis à mort l'enfant d'Alipio ? L'idée lui était intolérable. Tout à l'heure, il allait devoir rendre des comptes à la tribu. Saurait-il seulement expliquer son geste et se justifier d'un tel crime ? Non, il n'en serait pas capable. Alors le colosse se recula. Il s'adossa à un monticule, adressa un dernier regard au ciel couvert et sortit de sa poche une lame qui lui servait à égorger l'agneau. Il était le boucher de la tribu et, en tant que boucher, il savait parfaitement procéder. Ce fut aussi rapide que précis. Il n'y eut ni réflexion ni hésitation. Juste un mouvement vif de la main vers la carotide. Le sang gicla comme un geyser en un gros jet rouge et poisseux que la Pacha-Mama, en cet endroit, si minéral, refusait d'absorber.

De mémoire de mourant, on n'avait jamais vu la terre, d'ordinaire si assoiffée, bouder un plaisir dont elle se régalait habituellement. Ce phénomène rarissime présageait-il des jours meilleurs ? Telle fut la dernière pensée de Ruperto. La lame tomba de sa main. Le bruit qu'elle fit en heurtant le rocher alerta Nemessio...

Oh ! bien sûr, le vieil homme avait vu d'autres massacres, mais celui-ci les dépassait en horreur. C'était un auto-massacre, une destruction interne, une façon d'en finir inacceptable.

S'étant endormie bercée d'une chaude tendresse gentiment bestiale, la tribu se réveillait donc dans une atmosphère de glaciale stupeur. Tout le monde pensait que l'on aurait mieux fait de laisser Sarah à la garde d'Ambrosio et d'Eusebio, mais personne n'osait accuser ouvertement Evelyne d'avoir emmené la petite. Tout le monde pensait que Ruperto avait abusé d'elle, mais personne ne se sentait le courage de procéder à un contrôle aussi déprimant. Certains, comme Nemessio, pensaient au crime rituel ordonné par les grands Incas. Ruperto aurait-il voulu offrir du même coup aux ancêtres une fille et un père bâtards ? Mauvais présage en vérité que ce sang répandu en flaques et que la Pacha-Mama dédaignait. D'autres, comme Evelyne, pensaient au sacrifice d'Abraham, bien que Dieu, ce jour maudit, ne soit point venu au secours d'Isaac.

Sacrifice, viol, suicide ? On était en droit de penser à tout et même au crime crapuleux puisque

David, s'étant écarté pour vomir, découvrait des empreintes suspectes.

On avait laissé les assassinés à leurs postures ridicules – l'un ayant viré au bleu, l'autre au rouge – et l'on s'était transportés, guidés par David, vers ces prétendues traces suspectes. Elles étaient même si fraîches que l'on sentait l'odeur des sabots et des pieds. Instinctivement, Nemessio s'était jeté à terre. Il sentait l'ennemi, donc il le voyait. Les autres l'ayant imité, ça n'était plus qu'un tas d'hommes apeurés qui essayaient, mains en visière, de passer l'horizon au crible des yeux. On avait beau scruter, on ne voyait rien. L'ennemi s'était-il planqué ? Naviguait-il dans une dépression ? Allait-il fondre sur eux d'un moment à l'autre ? Et pourquoi l'ennemi ne les avait-il pas attaqués eux aussi, surpris et massacrés durant leur sommeil ? Ruperto s'était-il avancé à leur rencontre en tenant Sarah dans ses bras ? S'était-il servi de la fillette comme d'un bouclier ou plutôt comme d'une monnaie d'échange ? Ruperto avait-il voulu fuir les siens ou les défendre ? Avait-il fait semblant de cheminer seul, voyageur hagard et égaré ? Avait-il attiré sur lui la fureur meurtrière des étrangers et préservé ainsi sa famille du désastre ?

On s'était d'abord posé toutes ces questions à voix basse et pour soi-même. Et puis, à force de les ruminer, on avait échangé les avis et on les avait interprétés chacun à sa façon.

Enfin, David ayant montré du doigt, au loin, une caravane qui émergeait d'une dépression de terrain, on avait daigné demander l'avis du Messie. Le Messie n'en savait pas davantage que la plèbe, mais, comme il était guide suprême, il jugea bon de convertir l'assassin en martyr. Personne, bien entendu, n'était dupe et surtout pas Nemessio. Tout le monde se sentit réconforté par la version officielle due à la sagesse de cet Inkarri qui préservait, par son jugement, la cohésion du groupe.

Sa vérité crachée, David dégobilla pour la deuxième fois. C'étaient ses premiers morts, ses premiers vrais morts. D'accord, il avait déjà perdu Michel, Elisabeth et tous les autres passagers du 747. N'ayant pas vu leurs cadavres, il les avait inconsciemment classés dans la catégorie des disparus, ou plus exactement des disparus pour toujours. Certes, il les considérait comme morts, mais ça n'était pas pareil. Il avait beau les savoir morts, il gardait d'eux l'image qu'il en conservait dans sa mémoire. Et cette image était vivante, riante. Ces deux-là, il les avait connus vivants. Pas très riants, mais vivants tout de même. Et voici qu'à présent leurs corps s'étaient transformés en cadavres et leurs têtes en têtes de morts. Lorsqu'il pensera à Ruperto, il le reverra la gorge tranchée. Lorsqu'il pensera à Sarah, il la reverra bleu-violet, presque noire. Toute sa vie, il sera poursuivi par le regard inexistant de ses yeux révulsés. Il n'y a rien de pire pour un vivant que de ne pouvoir accrocher une dernière et jolie expression du disparu à son souvenir. Et ça n'est pas l'image des deux compagnons traînés jusqu'au lac le plus proche, ni le « plouf » des corps tombant à l'eau qui viendront, la nuit, rassurer son rêve. Toute tombe est atroce. Qu'elle soit terre, liquide ou cendre. Qu'elle se referme ou qu'elle s'entrouvre. Qu'elle soit monumentale ou pas plus grosse qu'une boîte à sucre. Le tragique, c'est que le défunt y est enfermé pour toujours et ne revivra dans l'esprit des vivants que par la grâce qu'il aura su donner de lui-même.

Respectant la parole de Job : « Nu il est sorti vivant du ventre de sa mère, nu il retournera à la poussière », on avait déshabillé Sarah et Ruperto. Faute de pioches et de pelles, de planches et de clous, on n'avait pu creuser les tombes ni fabriquer les cercueils. Pressés par le temps, surpris par la soudaineté de la catastrophe, on s'était demandé s'il ne valait pas mieux les abandonner sur place et compter sur la voracité des rapaces. Le ciel étant vide de vautours, on a jugé plus honorable, plus juif en somme, de leur donner pour linceul un peu de cette eau dans laquelle ils avaient tant pataugé. On a donc traîné les corps auprès d'un lac, sorte de grosse mare noirâtre, puis en les déshabillant, par habitude, tradition et chagrin, on a fait mine de se déchirer les vêtements et de se labourer le visage. Il y en avait qui pleuraient vraiment. D'autres, les plus bruyants, qui faisaient semblant. La comédie humaine trouvant son paroxysme dans la mort, chacun y va de son morceau de bravoure. C'est à celui qui sera le plus ému, le plus émouvant, le plus digne et le plus spectaculairement sincère. Au milieu de ce tinta-marre des sentiments et des conjurations, le Kaddich des orphelins récité par David et repris par Nemessio n'est qu'un faible murmure. Il faut dire que Modesta, parfait modèle de mère indigne, se découvre brusquement une douleur incommensurable. On doit s'y mettre à quatre pour l'obliger à lâcher la fillette dont elle vampirise les lèvres froides, espérant sans doute y insuffler l'affection qu'elle lui avait jusqu'alors refusée. La scène est dure à voir et à entendre, mais elle est aussi dangereuse parce qu'elle prête à l'hystérie collective. Il faudra toute l'autorité de Nemessio pour mettre fin à ces excès. Aidé d'Alipio qui en a perdu, le pauvre, son éternel sourire, il jette au loin les suppliciés. On croit que les eaux vont se refermer sur eux, emportant dans le même frissonnement le corps des uns et l'angoisse des autres. Mais les ancêtres en ont décidé autre-ment. A peine sont-ils immergés au creux liquide de leur sépulture que les corps remontent, glaçant d'horreur les officiants. Ils tournoient, les corps. Ils se débattent. Ils brassent, ils crawlent. Ils se soulèvent, chavirent, retombent, coulent et réapparaissent. On dirait une folle danse macabre orchestrée par quelques sirènes en rut. Mais les sirènes ne sont pas seulement en rut. Croisement hybride de carpes et de piranhas, elles sont également dévoreuses de chair fraîche et se repaissent de grands lambeaux sanguinolents. Accrochées aux membres ou déjà fichées dans les entrailles, les truchas – c'est ainsi qu'on appelle presque tous les grands poissons d'eau douce – ont tôt fait de nettoyer les squelettes. Elles sont croque-morts au vrai sens du terme, mais elles sont aussi croque-vivants pour peu qu'une plaie mal refermée soit suppurante ou qu'une égratignure laisse perler quelques gouttes de sang frais. Consciente du danger, la tribu n'intervient pas.

Ecœurés, réunis par la même frayeur, Evelyne et David se demandent si Nemessio n'aurait pas jeté exprès les cadavres en pâture à ces odieux carnivores. Impossible, en effet, d'ignorer la présence des monstres et les dégâts causés. En moins d'un quart d'heure les squelettes sont nettoyés. Pas un centimètre d'os qui ne soit récuré. Gencives, yeux, langues, cervelles, tout a foutu le camp des visages. Il ne reste que des cavités béantes et roses que les plus adroits des poissons se disputent par jeu. Œil pour œil, dent pour dent, la partie de water-polo est acharnée. Les têtes roulent, s'enfoncent, rebondissent, retombent à nouveau. On croit que c'en est fini, qu'elles trouveront enfin leur endroit de pause, leur repos éternel dans les profondeurs du lac. Mais non. Il y a toujours deux ou trois animaux, la gueule coincée dans les orbites ou la mâchoire, pour les pousser en surface. David espère que les âmes auront quand même pu s'échapper et qu'elles planent, indifférentes au spectacle, dans la pureté céleste.

Voyant qu'Evelyne est sur le point de se trouver mal, il prend sur lui, s'efforçant d'être naturel. Il dit :

« C'est la vie, ma vieille. Le juste retour des choses. La revanche de la carpe sur le Juif. »

Il bourre sa sœur de gentils coups de poing dans les côtes. Une manière d'accentuer la plaisanterie. Geste que les jeunes Quechuas affectionnent quand il s'agit de commencer une histoire amoureuse. Elle n'apprécie pas les coups de poing de son frère. Il y a longtemps, chez eux, que le flirt est consommé. Ça ne fait rien. Il poursuit. Il faut combattre la déprime, conjurer le sort, se vautrer dans l'horreur et la dépasser. Il ajoute :

« Eh ! Myriam ! Et qu'est-ce que tu dirais d'une carpe farcie à l'homme ? Qu'est-ce que tu dirais d'un geffelt-fish avec du raifort et des cornichons russes ? »

Il continue à la rosser, à l'asticoter. Il voudrait la faire sortir d'elle-même, la voir éclater de colère :

« Tiens ! telle que je te connais, je suis sûr que tu préférerais bouffer un mec farci à la carpe. Hein ! c'est ça ? Tu n'es qu'une vicieuse. Un bon geffelt-mensch, voilà ce qu'il te faut. »

Il la taquine, la harcèle, l'excède. Les autres n'en reviennent pas. Ils se sont détournés des eaux démoniaques et suivent, amusés, mais oui, le manège de leur Inkarri. Melchora, qui n'entend pas le français et encore moins l'allusion à la carpe farcie, est pourtant la première à rire. Et pas n'importe quel rire, s'il vous plaît. Pas un gloussement timide retenu dans une rate contractée. Pas une risette de politesse ou un pouffement d'aise. Non, Melchora s'esclaffe d'un rire bruyant, d'un rire hilarant, d'un rire à en mourir de rire. En un instant, le rire de Melchora fait des ravages. Gagnée par la contagion, toute la tribu se marre à gorge déployée. On se tient les côtes, le ventre. On se désopile, on se gondole, on se bidonne, on se fend la pipe, quoi ! Après l'enterrement, la fête. Après la stupeur, la détente. Après la lugubre vision et l'insupportable étreinte, ce rire, donc, branché en prise directe sur l'instinct de vie et auquel Evelyne n'échappe pas.

Ils avaient été très loin dans le rire et l'oubli. Ils s'étaient retrouvés entre vivants et même entre bons vivants. Ils avaient regagné leur assurance, leur unité. Ils s'étaient réfugiés, en attendant la nuit, à quelques kilomètres de là, sur un monticule volcanique d'où ils apercevaient les huayllapachetas, petites montagnes tourmentées, que Ben Israël décrivait comme encerclées par les eaux. Ils voyaient effectivement plusieurs fleuves converger vers les huayllapachetas qui se précipitaient aveuglément en une rencontre aussi tumultueuse qu'anarchique. Le Rio Velile, le Choco et l'Arenas formaient un confluent qui paraissait infranchissable à l'œil nu. Et à ces trois rios qui mêlaient leurs lits, il fallait ajouter le noble Apurimac, rivière-maison en quelque sorte, dans laquelle la tribu avait puisé sa substance durant ses années d'isolement. Mais ici, enfin au loin, du plus loin qu'on pouvait distinguer, l'Apurimac rendait l'eau et l'âme. Son cours s'éparpillait dans la vallée en multiples bras pour finir, lui ce fleuve si majestueux, en rus, en rases et en infiltrations. Là-bas, la terre redevenue terre buvait l'Apurimac tandis que se fracassaient d'un même élan et par larges gorges profondes les eaux mêlées des trois vulgaires torrents.

Ils savaient qu'ils allaient en baver, qu'il y aurait d'autres morts, d'autres élus, d'autres sacrifiés, d'autres carnages, mais ils avaient préféré ne pas y penser ou du moins ne pas y penser tout haut. Le rire passé, la nervosité matée, ils s'étaient retrouvés emprisonnés dans une sorte de fausse bonne humeur que certains d'ailleurs, comme Alipio et Modesta, avaient poussée jusqu'à la paillardise et même au-delà. Ils avaient copulé. Elle baissée, lui debout, derrière elle. Acte bref, brutal, bestial, que nul ne chercha à dissimuler ou à dissuader.

Melchora, croyant David choqué, était venue se placer dos à dos. Appuyée contre le Messie, elle balança le torse d'avant en arrière comme le font les rabbins en prière. Elle dit :

« C'est toi qui nous as redonné la vie. Et vois-tu, mon fils, que tu le veuilles ou non, l'envie fait partie de la vie exactement comme les saisons font partie de l'année. Si la lama a de la retenue, si elle ne fréquente le mâle qu'à certaines époques, ça n'est pas qu'elle en a moins envie que la femelle de l'homme, c'est que son envie est réglée par la Mama-Killa. Les femmes, mon fils, ont une supériorité sur la lama et cette supériorité c'est qu'elles peuvent, à tout moment, et surtout dans les pires, copuler et procréer. Vois-tu, mon fils, lorsque Nemessio, au soir du grand massacre, nous a rassemblés dans la grotte, nous étions tristes, d'une tristesse de puna désolée. Notre cœur était jaune comme l'ichu desséchée. Notre tête était vide comme le pis d'une lama stérile. Eh bien, vois-tu, mon fils, ce soir-là, malgré les morts et le chagrin, celles qui étaient en âge de s'ouvrir se sont ouvertes. Et ceux qui étaient en âge de les remplir les ont remplies. C'est cela que je voulais t'expliquer, Lamassito. C'est juste cela que je voulais t'apprendre. Juste cela que je voulais te dire. La femelle de l'homme a besoin du plaisir comme elle a besoin d'enfants. Tant mieux si elle peut avoir les deux en même temps. Tant pis si elle n'obtient que le plaisir. »

Il s'était demandé pourquoi elle lui racontait ça. Pourquoi maintenant et sur ce ton. Que croyait-elle, la mama ? Qu'il était débile, innocent ?

Bien sûr qu'il savait que les femmes pouvaient jouir à toute heure, dans n'importe quelles circonstances, dans n'importe quelles positions. Il avait songé, à son tour, à expliquer ce qu'était un magnétoscope, mais il renonça par crainte de la perturber. Ah ! merde alors, il en avait pourtant vu des films porno sur la vidéo du père d'un copain. Alors qu'on les croyait au lycée, ils s'enfermaient à sept ou dix dans la pièce télé d'une maison désertée d'adultes. La mère travaillait à Parly II, le père à Mantes-la-Jolie. Aucun des deux ne rentrant avant vingt et une heures, les mômes du quartier en profitaient pour s'éclater. Ils étaient bien plus forts sur les films X que sur Victor Hugo. Bien plus intéressés par les ruts et les convulsions que par l'intrigue et le décor. Ce qu'ils aimaient, c'était de voir le plaisir monter et la béatitude transformer les visages. Ils étaient tous ainsi, fascinés par les expressions et les gémissements. Mais, au fond, ils se foutaient éperdument des nénés des nanas et des zizis disproportionnés des mecs. Peu leur importait qu'ils se prennent devant ou derrière, par la bouche ou l'oreille, à deux ou à plusieurs. Une seule chose comptait et rien qu'une seule : c'était la crispation et la décrispation des visages, cette façon extraordinaire que les acteurs ont d'illustrer le plaisir en ayant l'air de souffrir.

Oui, il s'était demandé comment expliquer une chose pareille à la mama indienne. Comment lui raconter que chez lui, en France, il y a des hommes et des femmes qui enregistrent leurs ébats amoureux pour permettre à d'autres hommes et à d'autres femmes d'obtenir la jouissance par procuration. En regardant le vieil Alipio qui ramonait la vieille Modesta, David pensa qu'un tel spectacle ne vaudrait pas le prix d'une cassette vierge. C'était pitoyable, mais au moins Alipio et Modesta le faisaient pour eux-mêmes, sans caméra et sans arrière-pensée. Ils baisaient de peur et de froid, comme on tremble, comme on grelotte. Ils baisaient pour se retrouver, pour s'éprouver. Ils baisaient pour préserver la race et la prolonger, par bonheur, avec l'aide des cycles et des dieux.

N'étant pas certaine que David ait entendu son message, Melchora invita Evelyne à venir s'asseoir parmi eux. Ils étaient dos à dos. Elle se plaça au milieu, dos à flancs, si bien que chacun parlait et écoutait l'autre sans réussir à le voir. Cette attitude typiquement judéo-quechua favorise l'affabulation et permet aux vérités de se glisser dans le récit sans être soupçonnées de regards incrédules.

Evelyne se méfiait de Melchora comme Melchora se méfiait d'Evelyne. Que lui voulait-on ? Pourquoi la faisait-on rentrer abruptement dans une conversation qu'elle n'était pas en mesure de suivre ? Se sachant à la merci des mots et de l'interprète, Evelyne se tenait sur ses gardes :

« Qu'est-ce qu'elle dit, qu'est-ce qu'elle veut ?

— Qu'est-ce qu'elle dit ? demande Melchora.

— Elle demande ce que tu as dit et ce que tu lui veux, répond David.

— Voyons, mon fils. Je veux que tu lui répètes ce que je t'ai dit, rien de plus. Explique-lui que, malgré les apparences, la famille de mon fils n'est pas une famille de bêtes.

— Qu'est-ce qu'elle dit ? demande Evelyne.

— Elle dit qu'il faut que je te répète ce qu'elle a dit.

— Et qu'est-ce qu'elle a dit ?

— Elle a dit que plus on a peur plus on fait l'amour. Elle a dit qu'il faut pardonner à Modesta et à Alipio. Elle a dit que la femelle de l'homme a une supériorité sur celle du lama. Elle a dit que la supériorité de la femme sur la bête c'est sa disponibilité au plaisir.

— Elle te l'a dit comme ça ?

— Presque.

— Qu'est-ce qu'elle dit ? demande Melchora.

— Elle demande si tu me l'as dit comme ça.

– Comme ça quoi ?

– Que là où il y a de la gêne il n'y a pas de plaisir.

– Mais je n'ai jamais dit une chose pareille.

– Qu'est-ce qu'elle dit ? demande Evelyne.

– Elle a dit un proverbe quechua : « Là où il y a « de la gêne il n'y a pas de plaisir. »

– Tu te moques !

– Mais non, je t'assure.

– Qu'est-ce qu'elle dit ? demande Melchora.

– Elle dit que tu te moques d'elle. »

Melchora n'est pas du tout contente. Pour un peu, elle se retournerait et allongerait une taloche à Evelyne. Elle hausse le ton :

« Non mais, qu'est-ce que ça veut dire ! Qui se moque de qui ici ! Qui de nous deux a la prévenance et la gentillesse ? Laquelle a convié l'autre à se rapprocher du cercle familial ? Laquelle... »

Il l'interrompt. Le jeu a assez duré. Il dit :

« Ecoute, Melchorassita. Ecoute plutôt ce que je vais te dire. Tu m'as appris une chose. Je vais t'en apprendre une autre. »

Désignant de la tête Modesta et Alipio, il poursuit :

« Eux, quand ils ont peur, ils font l'amour. Moi, quand j'ai peur, je fais l'humour. Les Juifs, j'espère que tu t'en rendras compte plus tard, sont imbattables sur la question. Vois-tu, Melchorita, je crois que l'humour est le complément du massacre, comme le sujet est le complément du verbe.

– Qu'est-ce que tu racontes encore ? demande Evelyne.

– Tais-toi.

– Et pourquoi je me tairais ?

– Qu'est-ce qu'elle dit ? demande Melchora.

– Rien.

– Comment ça, rien ! A qui voudrais-tu faire croire ça ! Mon fils prendrait-il sa mère pour une femme sourde ? »

Evelyne se lève. Elle est vexée. Il la retient par la main :

« Reste. J'essaie seulement de lui faire comprendre, en mélangeant les réponses, que lorsque tout va mal, lorsque tout s'écroule, on peut s'en tirer aussi bien avec les mots qu'avec le sexe. »

En attendant la nuit, toute la tribu avait talmudé sur la démonstration de David. Melchora, émerveillée, s'était ingéniée à mener les débats, mais ça ne leur était pas facile d'admettre que l'on puisse sourire à des propos subtils quand on a l'habitude de rire à côté des propos. De l'humour, ils allaient en avoir besoin pour franchir les huayllapachetas. La veille, ils avaient examiné de très loin les montagnes. Aujourd'hui, ils pourraient les toucher du doigt si un défilé infernal ne les obligeait pas à suivre interminablement les rives du canyon.

Le relevé topographique ne mentionnant pas cet obstacle, on peut penser que Ben Israël, à l'époque où il se croyait toujours maître des âmes et des destinées, avait prévu l'éventuel exode de la tribu en saison sèche.

Ils marchent depuis huit heures. Huit longues heures bourrées d'angoisses et de pièges, de visions macabres et de pressentiments funestes. Partis à douze, ils ne sont plus que dix. Combien seront-ils ce soir ? Lequel manquera à l'appel ? Y aura-t-il seulement un appel du Divin, un élu, un sacrifié ?

Nemessio regrette d'avoir été obligé d'abattre le troupeau. On aurait pu s'arrêter. Faire l'offrande d'un agneau. Espérer un miracle. Comme les agneaux ont été réduits en fines lamelles de viande séchée, comme on a pensé aux provisions de bouche mais pas aux provisions rituelles, on compte sur le hasard pour se tirer d'un si mauvais passage. On marche les yeux écarquillés. On cherche à trouer la nuit épaisse que la fureur du rio rend assourdissante. On marche en silence dans le fracas. Les tempes cognent. Les oreilles bourdonnent. Tout à l'heure, on a franchi un col à 4 700 mètres. Evelyne est tombée. Elle a demandé qu'on la laisse mourir tranquillement. Il n'était plus question de comédie ou d'humour. Elle avait les lèvres gonflées. Les joues enflées. Le regard creux. Ça, c'était l'apparence, mais derrière l'apparence se cachait un moral au plus bas. Dégonflé, le moral. Complètement aplati. David a essayé de la raisonner. Mais comment raisonner quelqu'un qui n'est pas déraisonnable ! Autant remonter le paysage, les éléments, les excentricités de la nature. Elle était à bout de forces, à bout de moral, en même temps qu'au plus haut point terrestre jamais atteint par elle. On ne raisonne pas quelqu'un qui tombe d'épuisement, on le ramasse. Alipio l'a chargée sur son dos. Il l'a portée ainsi durant la descente. Peut-on parler de descente lorsque l'on passe en deux heures de 4 700 mètres à 4 200 mètres et que l'on restera à ce niveau une ou deux semaines, peut-être plus ? Au bout de deux heures, Alipio se décharge d'Evelyne. Eugenio s'apprête à le relayer. La petite refuse. Elle se sent mieux. C'est vrai qu'elle a meilleure apparence audedans comme au-dehors. Alipio lui aurait-il insufflé un peu de son énergie ? C'est possible. Toujours est-il qu'Evelyne tient le coup.

On a dit qu'Alipio était un grand chasseur et il l'a maintes fois prouvé. Bien sûr, en cette contrée inhospitalière, il tue davantage de crapauds que de lièvres, davantage d'oiseaux de proie que de canards sauvages. Mais Alipio a tellement eu peur de perdre Evelyne qu'il fait un vœu. Il se dit que si la tribu parvient à traverser le fleuve maudit, il s'en ira à la chasse à l'heure où les autres vont dormir. Il posera les collets et construira les pièges. Il attendra. Tant pis si les pièges restent vides. L'animal ne venant pas, il ira à sa rencontre. Alipio a son idée. Derrière le fleuve, de l'autre côté des huayllapachetas, devrait se trouver le village de Piccho. Il n'y a pas de village sans troupeau. Pas de troupeau sans jeunes agneaux et jeunes lamas. Il volera l'agneau ou le lama. Il coincera l'animal entre son cou et ses épaules. Il sentira l'animal vibrer comme il a senti vibrer Evelyne. Il le ramènera aux siens. Il le déposera aux pieds d'Evelyne. Tout le monde se mettra à chanter les cantiques de Moïse et, tandis que David déroulera les tables de la Loi, lui, Alipio, brandissant la lame sanglante héritée de Ruperto, offrira là vie au grand régisseur du bien et du mal.

Pour l'instant, Alipio suit le mouvement en poursuivant son scénario. Dire qu'il est amoureux d'Evelyne serait puéril. Il ne l'aime pas, il la vénère. La mort de son ami Ruperto l'a frappé et laissé sans joie. Il n'empêche que la disparition du colosse lui permet aujourd'hui de prétendre au cœur et au corps d'Evelyne. A cinquante ans, ce vieux cochon d'Alipio donne aussi bien dans la religiosité que dans le délire des sens. Hier, il avait fait l'amour à Modesta en pensant à Evelyne. Ça lui avait donné des ailes et procuré une excitation rarement atteinte. Melchora, s'étant étonnée de la durée et de la brutalité des rapports, avait jugé bon de s'en entretenir avec son fils. Même le pampamesayoq Nemessio s'y était trompé. Comme Melchora, il avait cru à une brusque pulsion de survie. Et, pour l'avoir lui-même pratiqué en des circonstances similaires, il avait absous ce coït de nécrophage. Modesta ne venait-elle pas de perdre sa fille ? Le couple n'était-il pas en devoir d'enfanter sans plus attendre ? Pour éviter à Saül, fils légitime d'Alipio et de Modesta, le double spectacle de la mort et de l'amour, Nemessio avait caché le petit sous son poncho. Ils s'étaient tenus l'un et l'autre, comme cela, à l'écart de la bestialité. Eugenio et Agustina avaient pratiqué pareillement avec leur fille Ruth. Mais cette tendresse pudique ne suffira malheureusement pas à protéger les enfants de l'agression des adultes.

Qu'il vienne des hommes ou des éléments, d'une erreur d'appréciation ou de trajectoire, le danger est permanent. Ne pouvant franchir cette barrière liquide qui déferle, la tribu s'éloigne du chemin des Incas. On la voit tantôt hésiter sur la ligne des crêtes, tantôt filant bon train sur un terrain relativement moins accidenté. On cherche la faille, la faiblesse. On espère un endroit accessible, une passe qui permettrait la traversée par bonds successifs. On voudrait que les flots rugissants se transforment par magie en un étang paisible ou bien alors apercevoir soudain un pont de lianes qui tendrait ses bras.

On marche de la sorte sous la pluie et les sorts jusqu'au petit matin. On fait halte, hébétés, transis de froid et d'incertitude. Le vacarme est tel que l'on ne s'entend pas. On ne parle pas, on hurle. Alors, bientôt épuisés par l'effort et le poids des mots, on ne communique plus que par signes. Ils font penser à des naufragés frappés de démence qui auraient repéré, au large, un navire dont ils demandent le secours. Mais, ils ont beau agiter les mains dans toutes les directions et hisser les drapeaux de détresse, leur morse n'est pas compris des dieux. Dieu, à vrai dire, est avec eux comme il a été avec Moïse, lorsque le Libérateur, poursuivi par les légions égyptiennes, s'est présenté devant la mer Rouge. Oh ! bien sûr, on ne se risquera pas à la comparaison en prétendant que le courant mêlé des trois rios déferlant dans le lit du canyon est aussi impressionnant que les lames tumultueuses d'un océan. Toutes proportions gardées, nous disons seulement que le canyon des huayllapachetas est au peuple de David ce qu'a été la mer Rouge à celui de Moïse. Il ne leur manque peut-être que la menace d'une armée pour que s'ouvrent enfin les eaux et que s'aplanissent parois et ravins.

Ils hésitent, ne savent que faire. Faut-il continuer en plein jour, au risque d'être repérés ? Faut-il, au contraire, s'abriter de la pluie, allumer un feu, se sécher, manger, se reposer, retrouver les gestes éternels du genre humain ? Nemessio et David penchant pour cette solution, les autres n'ont plus qu'à acquiescer. Dès la tombée de la nuit, on se remettra en route, recherchant le passage qui ne saurait échapper. L'espoir, lui aussi, a besoin de répit.

Ils se faufilent acrobatiquement entre les cannelures et les feuillets rocheux, rejoignant une corniche sous laquelle ils s'installent. En bas, c'est le vide, la pente abrupte, le déchaînement. Ils sont à fleur de crête. Devant eux, c'est l'abîme. Derrière eux, une sorte de steppe tourmentée. Si l'ennemi vient de face, ils sont sauvés. S'il vient dans leur dos, ils sont foutus. Mais pourquoi penser à l'ennemi ? D'où sortirait-il, pour aller vers qui, vers quoi ?

Nemessio s'est aventuré sur un replat qui permet à la vue de balayer l'horizon. Et l'horizon, ma foi, ne lui dit rien qui vaille. Le ciel chargé d'électricité court-circuite des nuages de plomb. Ils sont si pesants, si statiques, les nuages, qu'on les croirait amarrés à la voûte céleste par des filins d'acier. Il y a pourtant rafales de vent et coups de tonnerre, mais, étrangement, au lieu de filer, les nuages restent là, dérivant sur leurs ancres tels des dirigeables géants. Nemessio n'aime pas du tout cette manière qu'ont les nuages de réagir à l'orage magnétique qui les électrise. Plutôt que de se laisser malmener et de rompre le contact à toute vitesse, la nuée oppose à l'orage sa force d'inertie.

Par deux fois, Nemessio a eu l'occasion d'assister à pareil phénomène et par deux fois la terre s'était insurgée pour retomber ensuite complètement émiettée, ridiculement écrasée.

Craignant la révolte de la terre qui par deux fois déjà a dévasté son village natal, Nemessio fait sortir son peuple de l'abri précaire où il s'est réfugié. Les anciens, Eugenio, Alipio et Agustina, se souviennent. Ils savent que le temps et les nuages ont suspendu leur vol pour mieux se ruer à l'assaut de la terre, pareils au condor qui plane, immobile, hypnotisant sa proie sous l'effet du vertige transmis.

Melchora n'a que trente-deux ans, Modesta trente-six. Ni l'une ni l'autre n'ont connu le premier séisme. Le second, par contre, les a frappées de plein fouet. Modesta en est devenue bête. Elle y a laissé une partie de son âme, la partie intelligente de l'âme, celle qui permet les déplacements aériens de l'esprit. Melchora y a perdu son père. On l'avait retrouvé broyé sous les gravats de l'ancienne église. Seule l'église s'était écroulée, jetant pêle-mêle dans le même affolement hommes, Christ, angelots et Sainte Vierge. Frère Francisco s'en était sorti indemne. Ce dimanche matin, il avait fainéanté dans son lit. On avait murmuré qu'il n'y était pas seul, qu'il s'était accouplé avec le diable. Guispe ayant dialogué avec les ancêtres avait obtenu confirmation de la rumeur. De ce jour, peut-être, date la rupture. On avait refusé de reconstruire l'église. Et l'église était restée écroulée durant des années. On officiait en plein air sur les ruines du temple avec le Christ de stuc déboussolé de sa croix, jusqu'au jour où frère Francisco était monté de Yanaoca accompagné d'une dizaine de métis, des manœuvres en maçonnerie débauchés d'un chantier de Sicuani.

Les anciens se souvenaient encore davantage de la

présence des métis à Huacarama que des désastres causés par la Pacha-Mama révoltée. Les cholos s'étaient comportés en conquérants. Ils avaient pillé la nourriture, violé les femmes, asservi les hommes. Ils étaient restés à Huacarama deux mois, le temps de construire une église toute neuve en récupérant l'ancien matériau, mais ces deux mois avaient fichu toute l'année en l'air. Outre le manque de provisions dont on avait souffert l'hiver, on avait été également obligés de faire avorter les filles susceptibles de porter un enfant de métis, si bien que la natalité avait souffert du déséquilibre. Cette année-là il n'y eut aucune vente de huahua. On manqua même d'habitants. Entre les morts du séisme et les morts d'avortement, on s'était retrouvés à cinquante-deux.

On court. Il faut s'éloigner des rochers, s'éloigner des éperons, s'éloigner des abîmes. S'éloigner des éboulements. Les anciens ont la peur au ventre. Aux souvenirs du désastre naturel se juxtaposent ceux du viol, de l'humiliation, de l'asservissement. S'il leur paraît probable que les métis ont agi avec les Indiens comme les Egyptiens ont agi avec les Hébreux, ils sont en droit, dès lors, de s'attendre au miracle tout comme ils sont en droit de s'attendre à trouver sur leur chemin une bande de métis déterminés. Si ces métis déterminés fondent sur la tribu, frondes en main, ils assimileront cette bande de cholos aux légions pharaoniques et souhaiteront, naturellement, leur anéantissement physique par engloutissement. Mais peut-on parler de miracle lorsque la terre se met à trembler ?

Ils courent, ils s'éloignent. Les anciens ont la peur au ventre. Les jeunes l'ont dans la peau. Peau ou ventre, elle les habite. La peur, curieusement, ne se décrit que par clichés.

Ils courent tant que la terre résonne sous leurs

pas. Mais lorsque, brutalement, leurs pas résonnent dans la terre et même peut-être au-delà, quand leurs pas sont tout à coup piétinés, happés, absorbés par les sabots d'une cavalerie infernale, ils s'immobilisent. Le grondement est trop impressionnant, trop saisissant pour qu'un humain puisse se permettre le moindre souffle, la moindre pensée. Ils se jettent à terre avant que la terre ne se jette à eux. Ils s'y imbriquent, font corps avec elle. Combien sont-ils de chevaux à galoper ? Combien sont-ils de cavaliers à cravacher dans ses entrailles ? Ils ne se posent pas les questions. Ils ne posent rien d'autre qu'eux. Plus même, ils s'y déposent. On dit que la peur paralyse et c'est vrai. Celui qui, de sa vie, n'a connu cette paralysie; celui qui, de sa vie, n'a vu ses cheveux se dresser; celui qui, de sa vie, n'a eu les reins bloqués; celui qui, de sa vie, n'a eu le sphincter brusquement relâché; celui qui, de sa vie, n'a senti couler la chiasse entre ses cuisses serrées ne sait ce qu'est la peur.

Et puis soudainement chevaux et cavaliers sont emportés, réduits à néant par un bombardement souterrain. A la cavalerie qui fonce succède l'artillerie qui défonce. Quatre explosions. Pas une de plus. Quatre déflagrations qui envoient balader les cavaliers et les chevaux jusqu'au ciel. Mais, comme le ciel n'a que faire de cette cavalerie étripée, voici qu'à son tour il se met à en bombarder la terre. On ne sait ce qui tombe, ce qui s'ouvre, ce qui se fend, ce qui craque, ce qui décolle, ce qui s'envole. On ne sait ce qui disparaît, ce qui apparaît, ce qui s'élève, ce qui surnage, ce qui émerge, ce qui retombe. On n'en sait rien et on ne cherche pas à savoir.

Ils sont terrorisés dans leurs chairs et leurs cerveaux. Ils sont eux-mêmes séisme et épicentre, bombes et bombardiers, télescopés et télescopeurs. Ils sont pierre et poussière, boue et sang, lumière et ténèbres. Ils sont tout et ils ne sont rien. Rien que des vauriens, que des va-nu-âmes, que des damnés de la terre. Ils sont damés, écrasés, compressés, mais ils sont aussi lâchés, abandonnés, plaqués.

Et puis, plus rien. Un silence foudroyant s'abat sur eux. La terre ayant éjaculé, elle s'étire maintenant en douceur. Elle bâille, la terre, elle bâille à s'en décrocher la mâchoire. Encore deux ou trois soubresauts. Encore un jet de sperme en fusion, le roulement d'une pierre. C'est fini. La terre est assouvie, paresseuse, pâmée. Ça n'a duré que sept secondes. Sept petites secondes de mort légère et de coma profond.

Le miracle, c'est qu'ils soient miraculés. Le miracle, c'est que le canyon soit comblé. Que les eaux soient détournées. Le miracle, c'est qu'ils se soient trouvés en bout de séisme et non point en son milieu. Ils espèrent que le paysage traversé reprendra sa forme première. D'ici quelques jours, ils arriveront en des contrées intactes. Le milieu, l'épicentre du terremoto s'est situé dans le quart nord-ouest du pays. Le Machu-Picchu a tremblé sur ses bases, mais pas une pierre, pas une construction incaïque n'a pâti de la colère des ancêtres. En revanche, la centrale hydraulique n'est plus. Plus de turbines, de générateurs, de pylônes. Plus de petites maisons blanches aux larges baies. Plus de véranda, de rocking-chair. Plus de piscine, de salle de jeux. Plus d'ingénieurs, plus d'ouvriers, plus de courant alternatif. Plus de haute ni de basse tension. Tout a été emporté, puis noyé, submergé par les eaux du barrage. Le rio Urubamba en a profité pour changer de lit, si bien que les habitants de Quillibamba se demandent s'ils ne devraient pas déménager leur ville, leurs plantations de bananes, de mangues et de paltas pour se rapprocher du rio. Le fleuve en a marre d'être détourné. Si la ville le veut, c'est à elle de venir à lui.

Depuis combien de temps marchent-ils ? Quatre ou quatorze jours ? Ils ne savent plus. La montre des étoiles est déréglée. Partis à douze, ils ne sont plus que sept. Ruth, la fille d'Eugenio et d'Agustina, a eu le crâne fracassé par un éclat de roche. Ecrasé, le crâne. Fendu de l'oreille à l'oreille. Le pire, c'est que le caillou y est resté fiché comme un peigne et que la cervelle, lorsqu'on a voulu le retirer, a suivi la pierre.

Modesta, elle, ne s'est pas relevée. Allongée de tout son long sur le ventre, on a cru qu'elle priait la Pacha-Mama. Cru qu'elle demandait grâce ou qu'elle remerciait. On l'avait laissée en paix pendant un moment. Oh ! pas très longtemps. Juste celui de se retrouver, de se refaire une mémoire, de s'habituer au nouvel environnement. Ils s'étaient levés de terre exactement comme des ressuscités de leurs tombes, aveuglés, au ralenti, en surimpression. Ils s'étaient secoué le bas du pantalon, le haut des jupes, secoué le bas des manches, le haut des épaules. Ils avaient secoué la poussière et la boue parce qu'ils étaient eux-mêmes secoués jusqu'à la moelle et qu'au sortir de ces sept secondes d'éternité ils ne savaient rien faire d'autre que des gestes machinaux. Alors, s'étant secoués, ressaisis, habitués à l'hébétude, ils s'étaient comptés. Ils étaient là, huit, debout, idiots mais heureux. Idiots de se voir vivre, heureux d'avoir été épargnés. Leur premier regard avait été pour le Messie. Le deuxième pour sa sœur. Le premier geste du Messie avait été de sauver son Sefer-Torah. Le deuxième, d'aller vers Evelyne. Ils s'étaient étreints en pleurant. Ils étaient heureux d'être saufs. Heureux d'être ensemble. Heureux d'être immortels. Et puis on s'était penchés sur les inanimés. On avait constaté la mort brutale de Ruth, la mort douce de Modesta : arrêt du cœur. Sang tourné, âme enfuie. Le doute n'était pas permis. La peur avait tué Modesta.

David s'était dit qu'au rythme de deux décès par jour il n'y aurait pas un seul survivant à l'arrivée. Et, comme tout le monde pensait ce que David se disait, on avait posé les corps dans une sorte de cuvette encore fumante et jeté sur eux avec rage des tonnes de caillasse. C'était une manière d'exorciser, une façon de faire comprendre aux dieux qu'ils en avaient assez de payer.

« Nous avons eu tort de ne pas garder l'agneau », dit Nemessio.

Il semblait accuser Melchora d'avoir préféré le ventre à l'esprit.

« Et l'agneau t'aurait suivi peut-être ?

— Je l'aurais porté, dit Alipio.

— Moi, je l'aurais égorgé, répond Nemessio.

— Et ensuite ? De quel animal aurais-tu fait couler le sang ? lance Melchora.

— Nous aurions égorgé un agneau par jour de marche, répond Nemessio.

— Un agneau par jour ? Non, mais entendez-moi cet imbécile ! Notre chef aurait-il perdu la tête ? Où a-t-il été chercher tant et tant d'agneaux ? Aurait-il compté comme siens les troupeaux d'Orqoqa et de Layoq ?

— Ne nous disputons pas, dit Alipio. J'ai fait le vœu de me mettre en chasse d'un animal à sang chaud. Je vous le ramènerai, mes amis. Et ce gibier, voyez-vous, qu'il soit lièvre bondissant ou vigogne effarouchée, je le déposerai aux pieds d'Evelyne. »

Indignée, Melchora s'écrie :

« Quel est ce monstre qui ose nous parler ! Est-ce un chasseur de serpents ou un chasseur de fantômes ? A-t-il déjà oublié la mort de sa Modesta ? De quel droit se permet-il d'enterrer aussi vite le chagrin ? Son cœur est-il hérissé de piquants ? Sa raison empoisonnée de venin ? »

Serrée contre David, Evelyne demande :

« Qu'est-ce qu'il dit, celui-là ? Pourquoi il me reluque comme ça ?

– Tu dois lui plaire, ma vieille.

– Il ne s'est pas regardé ! »

David sourit. L'expression de sa sœur l'amuse. Il dit :

« Et nous, petite sœur ? Depuis combien de temps on ne s'est pas vus dans une glace ? Oui, je crois que tu as raison. Il ne s'est pas regardé. Et le jour où ça lui arrivera, il aura un tel choc qu'il en mourra. »

David ne croyait pas si mal dire. Il y a des prémonitions qu'il vaut mieux ne pas avoir.

Melchora avait attendu qu'Alipio se fût éloigné du groupe. Il marchait d'un bon pas, l'air farouche et décidé. Elle n'aimait pas sa façon de se comporter. Il sentait la poisse. Il fallait le neutraliser avant qu'il ne soit de retour. S'approchant de ses deux enfants, elle dit :

« La mère du Lamassito a eu tort. Le Messie avait parlé mariage, la mère avait parlé fête. Aujourd'hui, la mère pense qu'il est urgent d'accoupler le garçon et la fille. Demande donc à la fille ce qu'elle en pense. »

David n'en revient pas. Ça ne lui dit absolument plus rien de se marier. Il trouve la chose dérisoire, saugrenue. Vraiment déplacée. Non mais ! Qu'est-ce que c'est que cette histoire ! Est-ce qu'on se marie à treize ans ? Elle insiste :

« La mère du Messie attend la réponse de sa belle-fille, car Myriam court un grand danger... »

Enervé, il réplique :

« Le danger ! Quel danger ? Voyons, Melchora. Nous sommes en plein dedans. Il nous déborde de partout. On le crache, on le sue. On le pisse. Alors, nom de Dieu, de quel danger veux-tu parler ?

– Je veux te parler d'Alipio, mon fils. C'est un chasseur. Et comme tous les chasseurs, il aime braconner sur le terrain des autres. Lorsqu'il course le venado ou le guanaco, il est impitoyable.

— Tu ne t'imagines tout de même pas qu'Evelyne va se laisser courser par ce vieux bonhomme !

— Mais si, mon fils. Mais si. J'imagine. Rien ne le lui interdit, car Myriam est une femme. »

Il s'indigne :

« Evelyne est une femme ? Ah ! elle est bonne, celle-là. Et qu'est-ce qui te fait croire qu'Evelyne est une femme ?

— Le sang, mon fils. Le sang. Et ce sang, vois-tu, Alipio en a flairé l'odeur. »

Il réfléchit. Il se tourne vers Evelyne et dit :

« Ecoute, petite sœur. Il y a un problème. Il paraît qu'Alipio va te courser. Et puis, quand il t'aura attrapée entre ses grandes pattes sales, il te fera ce qu'il a fait hier à la pauvre Modesta. Il paraît qu'il a des droits sur toi. »

Evelyne revoit la scène. Elle regrette, par le passé, de l'avoir provoqué. C'était un jeu, une façon d'inquiéter David. Elle s'était laissé toucher une seule fois. Elle en avait éprouvé du dégoût. Elle s'était couchée entre Alipio et Ruperto. C'est comme cela qu'ils se réchauffaient. Ils la voulaient tous les deux. Elle avait appelé Melchora à son secours et Melchora, furieuse, s'était interposée. Elle avait fait basculer Evelyne par-dessus elle et pris sa place. David n'en avait rien su. Il dormait. Elle dit :

« Et qu'en pense la mama ? »

Il y a de l'ironie dans la voix d'Evelyne, mais David ne relève pas.

« Melchora pense qu'il faut couper l'herbe sous le pied d'Alipio.

— Moi, je pense qu'il vaut mieux couper le pied d'Alipio sous l'herbe.

— Tu plaisantes maintenant ?

— Et pourquoi je ne plaisanterais pas ? Qui voudrait interdire à Evelyne de se réfugier dans l'humour ? Qui voudrait, et au nom de quoi, empêcher la sœur du Messie de tenir dans ses deux petites mains dégueulasses le pied coupé d'Alipio ? Est-ce que la Bible, mon fils, ne foisonne pas de tels exemples ? »

Elle parodie Melchora. Ça ne le fait pas rire.

« Qu'est-ce qu'elle dit ? demande la mama.

– Elle dit qu'il faudrait couper le pied d'Alipio sous l'herbe. Elle dit que la Bible est un livre pervers. Que tout le monde se jalouse, que tout le monde se vole. Que tout le monde s'assassine, que tout le monde couche avec tout le monde. Que les frères et les sœurs commettent l'inceste. Que les mères sont abusives. Que les pères sont parricides. »

Il reprend sa respiration et ajoute :

« Vois-tu, Melchora, Evelyne est comme moi. Nous en avons ras le bol des catastrophes. Nous voudrions rentrer chez nous.

– Chez nous ? Mais nous y allons, mon fils. Chaque aube, chaque crépuscule nous rapproche de la terre promise. Tu sais ce que ton père disait ? »

Il sursaute. Elle ne lui parle jamais de Ben Israël. Pourquoi maintenant ?

« Ton père disait : « La pire des catastrophes « serait d'arriver au Jardin d'Eden par l'opération « du Saint-Esprit. »

– Tu inventes. Mon père n'a pas dit ça. »

Elle n'aime pas que l'on mette en doute sa parole. Elle appelle Nemessio à la rescousse :

« Nemessito, vieux sorcier. Arrive un peu par ici ! »

Le vieux sorcier n'est pas dans son assiette. Il a sauvé son peuple du désastre. Il a contemplé les montagnes dévastées, le canyon nivelé, les abîmes arasés. Il en a pris un sacré coup, le Nemessito. Ses cheveux ont blanchi. Ses yeux ont perdu leur éclat. Il n'y a que ses dents qui n'ont pas bougé. Comment auraient-elles bougé, ses dents ! Ça fait des lustres qu'il n'en a plus. Elle le questionne :

« Veux-tu, s'il te plaît, confirmer à l'Inkarri ce que disait son étranger de père. Ouvre toutes grandes tes oreilles, Nemessio, et écoute. Ne disait-il pas : « La pire des catastrophes serait d'arriver au « Jardin d'Eden par l'opération du Saint-Esprit » ?

En sept secondes, Nemessio a vieilli de sept années, mais la mémoire est encore fidèle. Il rectifie :

« Voyons, Melchorita. Ta citation bat de l'aile. Il a dit : « La pire des catastrophes serait d'arriver « indemnes au Jardin d'Eden par la seule volonté « du Saint-Esprit. » Et à cela, ma chère Melchora, il faut ajouter l'autre citation : « Je crois à l'opération « de l'appendice, mais pas à celle du Saint-Esprit. »

– Qu'est-ce qu'ils disent ? demande Evelyne.

– Ils disent que le Saint-Esprit a été opéré de l'appendicite. »

Ils pouvaient dire ce qu'ils voulaient, Alipio s'en foutait. Il était en chasse, aux aguets, en mouvement. Sans cesse il se déplaçait, sans cesse il s'embusquait. Il avait parcouru un nombre considérable de kilomètres sans rencontrer le moindre gibier, sans humer la moindre odeur musquée. Le ciel et la terre semblaient désertés de toute présence animale. Oiseaux, insectes, gibiers, tous avaient fui ou tous avaient péri. Il s'était avancé jusqu'à Piccho. Il n'avait pas osé se montrer. Ses habits, son allure l'auraient trahi. Il s'était caché derrière un monticule. Combien le village avait souffert ! Pas une maison debout. Pas un toit, un mur qui fût épargné. Des morts par dizaines. Des blessés par centaines. Une vilaine puanteur, des plaintes déchirantes. Les survivants s'étaient précipités vers les corrals et les alpages, rassemblant les troupeaux affolés. Groupés derrière les bêtes, ils fuyaient. Ils allaient droit devant eux sur Suyckutambo, mais il y avait fort à parier que c'était la même chose à Suyckutambo qu'à Chivay. La même chose à Chivay qu'à Piccho. Bien sûr, Alipio n'en savait rien. Il se fiait à son instinct de chasseur. Et son instinct de chasseur lui disait qu'il allait revenir bredouille, que son vœu ne serait pas exaucé. Qu'Evelyne ne serait pas sienne. Il aurait voulu offrir un sacrifice aux dieux, amadouer du même geste Roal et Yahvé. Il était triste, penaud. Sa réputation de chasseur était en cause, sa condition d'homme en sursis.

Pendant ce temps-là, au campement, on m a r i a i t son amoureuse au Messie. Ainsi en avait d é c i d é Melchora. Et quand Melchora avait une idée d a n s l a tête, il fallait qu'elle soit appliquée sur-le-cha m p. L e mariage, c'était sa manière à elle de couper sous le pied d'Alipio. Le chasseur n'utilise fronde et ne jette pas la pierre sur le venado par un autre chasseur. Les chasseurs ont l e S'ils braconnent souvent en des terrains évitent de s'emparer des palombes tirées sin. Telle avait été la pensée de Melcho que le pampamesayoq Nemessio, assisté mach Eugenio, avait béni les épousés. C mière fois au monde et sans doute la l'on mariait un Messie. Et l'on avait, l'occasion historique, sorti des sacs à et la viande séchée, les galettes et le avait festoyé à en roter. Prié à en p en perdre la voix.

Assis sous un poncho tendu qui dais, les jeunes mariés s'étaient grâce à la cérémonie. Ils avaient é les sept bénédictions et signé sur un rocher, faute de ketouba, leur nom et leur âge. Quant aux obligations des époux, droits de la femme et droits du mari, droits du couple et droits des enfants à venir, elles étaient sous-entendues. La roche gravée faisant foi de contrat, on avait tendu à David un bâton qu'il rompit en souvenir du deuil et du temple. D'ordinaire on brise un verre, mais, comme il n'y avait ni verre à casser ni anneaux à passer aux doigts, on dessina les alliances au couteau autour de l'annulaire. Chacun but de l'autre les perles de sang. Et puis, comme on était pressés, comme il fallait ruser avec le temps et les lois, on prêta serment, sans trop y croire, bousculant quelque peu les ordres sacrés. On mêla donc dans un même élan les kiddouchim et les nissouim, les fiançailles et les épousailles.

Pris au piège de la solennité qui revêtait pourtant un caractère grotesque, Evelyne et David se demandaient avec appréhension s'ils allaient être obligés de consommer le mariage sur place. Comme Evelyne ne s'en croyait pas capable, son frère, enfin, son mari, la rassura. Il jura qu'ils feraient semblant. Et, parce qu'elle insistait pour qu'il entérine son serment sur la tête de quelqu'un, il jura sur celle d'Alipio.

Alipio revenait vers les siens. Sa fronde pendait à son poignet. Il était déçu, vaincu. Il avait songé capturer le guanaco, le venado ou l'aigle. Il s'était rabattu sur le lièvre et la palombe. Puis il était passé du lièvre au crapaud, de la palombe à l'oiseau commun. Jamais il n'était rentré d'une chasse les mains vides, à croire que tous les animaux sauvages, les infiniment petits comme les infiniment gros, avaient fui le terremoto ou qu'ils avaient été happés par la grande bouche de la terre et digérés par les tripes en fusion.

Il revenait, triste et défait, pareil à Jephté, juge et gouverneur d'Israël. Il voulait exaucer son vœu, remercier les dieux, les honorer d'un sacrifice. Alipio, comme Jephté, avait prêté serment et les serments, ma foi, n'étaient pas très différents. Jephté s'était dit : « Si je gagne la bataille, je sacrifierai la première personne qui se présentera à moi. » Et la première personne qui s'était présentée à Jephté fut sa propre fille. Alipio s'était dit : « Si l'on parvient à passer le canyon, je m'en irai chasser et j'offrirai au régisseur suprême le sang chaud du premier animal rencontré. » Oui, Alipio s'était dit cela. Et comme Alipio ne possédait rien d'autre que cette parole donnée, il n'envisageait pas de la reprendre. Une pensée l'effleura : n'avait-il pas déjà payé son tribut aux dieux ? La mort de Modesta ne leur suffisait-elle point ? Ça n'était qu'une pensée et cette pensée n'atténua pas son entêtement. Il n'aimait pas Modesta. Il n'aimait pas Sarah. On n'offre pas aux dieux ceux qu'ils ont décidé de rappeler à eux. L'honneur lui interdisait de se contenter d'un marché de dupes. Il était malheureux comme les pierres, déchiré comme Job, moins chanceux que Jephté.

Il s'en revenait, la fronde pendue au poignet, le front bas. Il s'en revenait avec son fardeau de peine qui pesait sur sa conscience. Et plus il se rapprochait d'Evelyne, plus l'échec le hantait. Le vieux chasseur aurait tout donné pour Evelyne. Il l'avait dans l'esprit, dans la peau. Elle était sa brebis, sa vigogne. Il était son condor, son bélier. Il la voyait sous lui. Il se voyait sur elle. N'était-elle pas tombée du ciel à son intention, abattue tel un superbe hocco de soleil par le projectile infaillible d'une honda maniée de la main même d'un ancêtre chasseur ? Dès qu'il l'avait vue, il avait su qu'elle était arrivée pour lui. Depuis ce jour, il n'avait cessé d'être tiraillé entre son envie et son âge. Entre cette chair si rose, si fraîche, et son état de vieux bouc puant. Il s'était raisonné, retenu, sermonné. Il avait lutté contre Ruperto. Reçu et donné des coups. Les deux hommes s'étaient affrontés, surveillés, neutralisés. Du vivant de Ruperto, les deux hommes avaient fini par admettre qu'Evelyne n'appartiendrait ni à l'un ni à l'autre. Elle était à eux deux comme le ciel est à la montagne, une sorte de couverture transparente sous laquelle les sommets les plus pointus, les plus dangereux font le gros dos. Ils avaient fait le gros dos sous le regard trouble d'Evelyne et appris au fil des semaines et des mois que la honda des ancêtres, cette super-fronde enchantée, n'avait abattu Evelyne que pour le bonheur de leurs yeux. Ils s'étaient habitués à cette idée, mais les saisons passant, au contact de la tribu, l'allure de la jeune fille blonde s'était modifiée. Elle y avait laissé de sa superbe, perdu des plumes de sa fraîcheur. Petit à petit, à force de vivre à leur rythme, de porter les mêmes habits, de manger la même nourriture, de partager les mêmes craintes, Evelyne s'était mise à leur ressembler. Alipio, s'apercevant de la transformation, s'était dit que ça ne servait à rien d'escalader les aiguilles de la montagne pour caresser le ciel de plus près, car le ciel, de lui-même, descendait chaque jour un peu plus vers la montagne.

Il s'était arrêté pour s'abreuver à un lac. Il avait les lèvres sèches, un goût amer dans la gorge. Il s'était penché sur l'eau, lentement, comme il l'aurait fait sur Evelyne. Il avait écarté avec délicatesse de ses doigts difformes une mousse de moisissures. Et, parce que sous la mousse l'eau transparaissait limpide, il s'était vu tel qu'il apparaissait à Evelyne. Il avait eu un choc, un mouvement de recul. Ce qu'il voyait là, dans cette eau si pure, n'était pas visage d'homme mais gueule de bête. Il s'était examiné sans complaisance aucune. Il avait laissé traîner son index sur la courbe cassée du nez, sur le dessin hachuré des rides, sur les lèvres boursouflées, les pommettes creusées. Pour terminer, l'index, écœuré, s'était perdu dans la broussaille des cheveux gris qui tombaient comme des ficelles le long des joues : « Un cochon d'Inde, pensa Alipio. Un cuy préhistorique, un bœuf musqué. » Frappé par la monstruosité de son apparence, il eut la révélation que le chasseur était parti chasser bien loin et qu'il serait vain de continuer la traque puisque l'animal était en lui-même. Il pensa qu'il avait davantage de chance que Jephté n'en avait eu et que mieux valait répandre son sang que celui de sa fille.

Ils l'avaient trouvé baignant dans le sien. Il en avait plein les mains, plein la bouche, plein sa peau de bête. La terre s'en était gorgée. Et la terre, au passage, les remercia de l'offrande.

Partis à douze, ils n'étaient plus que sept. Ils avaient continué à errer dans la désolation des hauts plateaux et laissé derrière eux les huayllapachetas maudites.

Parvenus aux abords de Piccho, ils s'étaient cachés, attendant le message de l'aube. Le petit matin gris succédant à l'aube, ils étaient restés longtemps à contempler le village fantôme. Il n'y avait plus un chat, plus un cuy, plus un homme pour les empêcher d'avancer. En regard de ce qu'ils voyaient et de ce qu'ils entendaient, maisons écroulées, plaintes des agonisants, ils pensèrent, modestement, que le malheur les avait épargnés. Ils éprouvèrent une immense gratitude pour leur Messie, chacun d'imaginer ce qui lui serait arrivé de pire si l'Inkarri ne les avait contraints au départ. La grotte aurait été leur tombe comme ces maisons, aujourd'hui, étaient celles de leurs frères de race.

Touchée par l'honneur ou la grâce, Evelyne, que l'on vénérait au même titre que David depuis son récent mariage, eut une idée. L'idée d'Evelyne était simple, lumineuse. Elle annonçait des jours meilleurs. Comme elle lui devait obéissance, elle s'adressa d'abord au mari, demandant son avis. Le mari, ayant jugé excellente l'idée de sa femme, en fit part à Nemessio. Le Messie, du coup, prit à son compte l'idée de l'épouse et la traduisit de sorte que tout le monde pût en apprécier la valeur :

« Evelynita pense que le temps de se cacher est révolu. Evelynita pense qu'il faut quitter ici nos habits et nos apparences. Evelyne pense que les femmes doivent se revêtir du fustan, du corpino, de l'lliclla et se coiffer du chapeau des mortes. Evelyne pense que les hommes doivent se revêtir du buchis, du chaleco, du poncho et se coiffer du chuyo des morts. »

Il y avait eu un murmure, un frémissement, une sourde contestation. Mettre l'habit des morts n'est-il pas geste sacrilège, entreprise dangereuse ? Ne risque-t-on pas de se voir investir d'une âme qui ne vous mérite pas ou que l'on ne mérite pas ?

David avait coupé court aux murmures. Il ne faisait que transmettre le message de sa sœur qui elle-même l'avait reçu de l'aube, mais il était le chef, le guide et nul en dehors de Nemessio ne se permettrait de le contredire. Il attendit que le murmure se soit atténué et reprit :

« Evelyne pense qu'ainsi revêtus nous prendrons l'apparence des habitants de Piccho, des habitants de Cuccho, des habitants de Cayrani, des habitants de Velile. Evelyne pense que nous retrouverons l'apparence des peones de Huacarama, l'apparence des peones d'Orqoqa, l'apparence des peones de Layoq, des peones de Livitaca. Evelyne pense que notre fuite en sera facilitée. Que personne ne trouvera étrange notre migration. Evelyne pense que notre fuite ne se nommera plus fuite. Evelyne pense que notre fuite s'appellera exode. Nous ferons comme tous les autres, comme ceux qui ont tout perdu. Nous ferons comme si nous allions là où la terre n'a pas tremblé. Nous ne serons plus des parias mais des

lampe de poche made in Formose, encore une nouveauté appréciable, Melchora déclara :

« La mère du Messie pense qu'il serait agréable de festoyer, de fêter aujourd'hui ce que l'on n'a pu fêter hier. Elle pense qu'il faudrait boire et manger à la santé des jeunes mariés. Boire et pleurer à la mémoire des disparus. La mère du Messie pense que nos hommes devraient se mettre en quête d'alcool et de victuailles, de coca et de chicha. »

Les hommes se regardent et elle regarde les hommes. Sa lampe effectue un va-et-vient, balayant les visages d'Eugenio et de Nemessio. Ils ne sont pas très chauds, les adultes. Ils ont déjà volé des habits et pensent qu'il ne faut pas provoquer les forces du mal. En réalité, ils ont la flemme. David se propose. Ça le distrairait d'aller fouiller les décombres des tiendas.

Sa mère ne l'entend pas de cette oreille. Il faut laisser le guide en dehors des larcins et des rapines. Il s'insurge :

« Voyons, Melchora. Ou bien ton idée est bonne ou bien elle est mauvaise. Si tu crains les hommes, tu ne dois pas envoyer Nemessio. Si tu crains le diable, je suis, de nous tous, le mieux armé pour le combattre.

– Et comment, s'il te plaît, le Lamassito s'y prendrait-il s'il se trouvait subitement nez à nez avec le diable ? »

Pris de court, irrité par l'emploi des formulations bibliques auxquelles se prête le langage quechua, il fait basculer le propos et redevient petit garçon :

« Comment je ferais, tu veux savoir comment je ferais ? »

Comme il n'en sait strictement rien, il invente :

« Je quitterais mon pantalon. »

Ironique, elle s'adresse aux autres :

« Voyez-vous ça ! Non, mais entendez-le. Il quitterait son pantalon. Et pourquoi, s'il vous plaît, quitterait-il son pantalon au nez et à la barbe du diable ?

– Pourquoi ? Comment ça pourquoi ? Réfléchis, bon sang ! »

Elle réfléchit. Elle se dit que la subtilité de la réponse lui aurait échappé. Elle cherche. Ils cherchent tous. Seule Evelyne semble se désintéresser de la conversation. Ses « Qu'est-ce qu'elle dit » manquent au tableau. Evelyne s'entraîne à faire la muette. Et pendant qu'elle s'entraîne, pendant qu'ils cherchent, David se demande d'où et de qui il tient cette façon de casser sans cesse la gravité. Il saupoudre son chemin de plaisanteries comme le Petit Poucet le jalonnait de miettes de pain. Pour qui, pour quels oiseaux égrène-t-il ainsi l'humour ? Est-ce une manière de refuser l'habit qu'on lui fait endosser ? Est-ce une façon de jeter l'insupportable dans le dérisoire comme on jette des papiers à la corbeille ? Le tient-il, cet humour, de Weinberg ou de Ben Israël ? Des Incas ou des Juifs ? La coca aidant, David attend la réponse à son interrogation. Il a la bouche insensibilisée, le palais en carton-pâte, mais il trouve. L'humour, c'est sa bouée de sauvetage. Il se la lance dans l'océan déchaîné, s'y agrippe et s'y hisse. Une fois dessus, une fois dedans, il nage vers ceux qui se noient et leur tire la langue. David se dit que les naufragés, surpris par l'incongruité de son geste, en riront peut-être. Bien sûr qu'il ne les repoussera pas s'ils viennent s'accrocher à la bouée et rire avec lui. Tant pis pour eux s'ils ne viennent pas. C'est à prendre ou à laisser.

Melchora interrompt la réflexion de David. Mains sur les hanches, elle demande :

« Eh bien, Lamassito ? Nous t'écoutons. »

Il ne sait plus très bien où il en était ni ce qu'il voulait raconter. La coca lui monte à la tête. Elle insiste :

« Pourquoi, s'il te plaît, le Messie quitterait-il son pantalon à la vue du diable ? »

Il se lance la bouée et se jette à l'eau :

« Suppose que le diable ait pris la forme du lion et qu'il soit camouflé dans sa peau.

– Un lion. Qu'est-ce que c'est que ça, un lion ?

– Un lion, c'est un animal très gros et très méchant. Une espèce de gros chien jaune avec des dents grandes comme la main et des poils longs comme tes cheveux.

– Et où se trouve le lion, mon fils ? Je ne vois rien ici qui ressemble à un lion. »

Pour lui décrire le lion, il devrait lui expliquer l'Afrique. Il n'en finirait pas. Alors il met le lion de côté et prend l'ours à lunettes. L'ours à lunettes, personne ne l'a jamais vu mais tout le monde en parle. Il est aux Andins ce que le yéti est aux Himalayens. Il reprend :

« Suppose que le diable ait pris la forme de l'ours ou qu'il soit camouflé sous ses lunettes. »

Elle n'est pas contente et le manifeste :

« Non, pas ses lunettes. Je préfère qu'il soit caché dans sa peau.

– D'accord. Comme tu veux. Suppose donc que tu sois seule. Tu marches dans la haute puna et vlan ! tout à coup tu te trouves nez à nez avec l'ours à lunettes. Que fais-tu, petite mère ?

– Je m'enfuis.

– Tu t'enfuis ?

– Oui. Je m'enfuis.

– Et que fait l'ours à lunettes, s'il te plaît, quand ma petite mère s'enfuit ?

– Je ne sais pas.

– Comment ça, tu ne sais pas ! Tu sais très bien, petite mère, que l'ours à lunettes court derrière toi et qu'il va te rattraper. Et lequel des deux, s'il te plaît, court plus vite ? Lequel des deux a les plus grandes pattes, les plus grosses dents ? Lequel des deux ?

– L'ours à lunettes, mon fils.

– Exact. Veux-tu que je te dise maintenant ce que je ferais, moi, si je rencontrais un ours à lunettes ?

– Bien sûr que je le veux. »

Elle se tourne vers les autres et les prend à témoin :

« N'est-ce pas, Nemessio ! Hein, Eugenio. N'est-ce pas, Agustina, que nous le voulons ? »

Le petit Saül, orphelin d'Alipio et de Modesta, auquel on n'a pas demandé son avis, s'est réfugié dans les bras d'Evelyne. Il tremble de peur. Il claque des dents. Cette histoire d'ours à lunettes lui paraît bien plus terrible que celle d'avoir perdu son père et sa mère.

David reprend :

« Eh bien, moi, si je rencontrais soudain un énorme ours à lunettes, je quitterais mon pantalon.

– Et pourquoi quitterais-tu ton pantalon ?

– Voilà la bonne question, petite mère. Oui, pourquoi quitterais-je mon pantalon ? Pas pour le plaisir, bien sûr, mais par ruse.

– Par ruse ? Non, mais vous entendez ! Il quitterait son pantalon par ruse.

– Bien. Veux-tu savoir à présent ce que penserait l'ours à lunettes ? Eh bien, voici ce que penserait l'ours. Il se dirait : « Tiens, c'est bizarre. D'habitude, « tous les hommes que je rencontre s'enfuient. « Celui-ci reste là. »

– Tu es sûr, mon fils, que l'ours à lunettes penserait cela ?

– Mais certainement, petite mère. Et sais-tu ce que je ferais ensuite ? Eh bien, ensuite, je prendrais mon sexe dans mes doigts et je pisserais sur le pantalon. »

Admirative, elle s'écrie :

« Non, mais vous entendez ! Il pisserait sur le pantalon !

– Et sais-tu ce que pensera l'ours à lunettes ? Eh bien, l'ours à lunettes se dira : « Décidément, cet « homme n'a peur de rien. Non seulement il ne « s'enfuit pas, mais en plus il fait pipi devant moi « sur son pantalon. »

– Tu es certain, mon fils, que l'ours à lunettes se dirait cela ?

– Certain, petite mère. Et sais-tu ce que je ferais ensuite ? »

Elle est haletante, bouleversée d'amour :

« Dis-moi, mon fils. Dis-le moi.

– Eh bien, ensuite, je me baisserais. Je ramasserais mon pantalon, je le lui jetterais à la gueule et je m'en irais tranquillement.

– Non, mais vous entendez, vous autres ? Il s'en irait tranquillement.

– Et veux-tu que je te dise de quel côté je m'en irais ?

– Dis-le moi, mon fils. Dis-le moi. De quel côté partirais-tu ?

– Du bon côté, petite mère. Au lieu de rebrousser mon chemin, je le continuerais. Je passerais devant l'ours à lunettes et je lui dirais : « Bonjour, monsieur « l'ours à lunettes. Et comment ça va chez vous ? « Votre femme, vos enfants ? » Vois-tu, petite mère, l'ours sera tellement surpris de mon attitude qu'il me laissera passer devant lui sans broncher. L'ours, le diable et la mort, c'est la même chose. L'important, c'est de leur montrer que l'on n'est pas impressionné. »

Melchora avait écouté David et apprécié la parabole. Elle aimait son histoire, mais, comme elle aimait encore plus son fils que les histoires, elle manœuvra pour qu'Eugenio fût envoyé en reconnaissance à sa place.

Eugenio avait toujours été le second de Nemessio. C'était son double, son autre moi-même. Formés tous deux aux écoles de Guispe et de Ben Israël, ils étaient frères de génération, les élèves sages de l'abominable maîtresse de l'existence qui inscrit les catastrophes au tableau noir de l'avenir. Par la faute de cette maîtresse, Eugenio en avait bavé toute sa vie et souffert, dans sa chair et son âme, des violences infligées. Il avait perdu sa mère lors du premier terremoto. Son père, lors du second. Sa fille Ruth, au cours du troisième. En 1960, ses deux sœurs avaient été violées par les métis de frère Francisco. Lui-même y avait laissé une oreille dans la bagarre et pris deux coups de couteau en pleine poitrine, blessure dont il ne s'était jamais remis. Durant le massacre de 1975, la salope de maîtresse-vie avait frappé encore plus fort, décimant la famille entière, sœurs, femme et enfants s'étant retrouvés inscrits au tableau noir, effacés pour toujours de la surface de la terre. En secondes noces, il avait épousé Agustina la partera, celle-là même qui avait aidé Melchora à accoucher du Lama Bleu. C'est elle qui avait attaché le placenta à la queue d'un lama et fouetté l'animal qui s'était perdu, affolé, dans un brumeux lointain. De l'union sage-femme-homme sage, entre terreur et ténèbres, était née Ruth, la petite dernière, mais la petite dernière, bien que baptisée d'un prénom biblique, n'avait pas échappé à la règle de la maîtresse-vie. Frappant le crâne, la règle de pierre y était restée fichée.

Habitué depuis son enfance aux afflictions et aux injustices, ayant déjà pleuré toutes ses larmes et vécu toutes ses angoisses, Eugenio n'avait pas manifesté de sentiment particulier. Sans dire qu'il était resté indifférent, on peut penser qu'il avait enterré son chagrin de sorte que la souffrance le minait, à présent, passant et repassant des tripes à la conscience, comme passe et repasse la viscacha, la taupe d'altitude, dans ses galeries souterraines à la recherche d'une sortie qu'elle aurait auparavant bouchée, pour se protéger des agressions étrangères.

Habité par sa peine qui tournait et retournait dans sa tête pareille à la viscacha, Eugenio n'avait écouté que d'une oreille la fable du Messie. Il n'en avait saisi ni la forme ni le fond, si bien qu'au lieu de se balader tranquillement et sans crainte dans la rue centrale de Piccho d'où montait une épouvantable odeur de charogne, il en rasait les murs écroulés, bondissant d'une ruine à l'autre. Tous les habitants de Piccho n'étaient pas morts. Tous ne s'étaient pas enfuis. Il y avait encore quelques agonisants qui espéraient un secours et quelques survivants qui avaient préféré rester, fusil de chasse à portée de main, derrière leur comptoir écroulé et leurs marchandises épargnées.

Sachant qu'après chaque tremblement de terre surgissent les pillards en même temps que les vautours, le cholo de la « tienda mayor », canon pointé sur la silhouette bondissante, suit la louche progression d'Eugenio.

Parvenu devant la façade éventrée où s'entassent, parmi les gravats, boîtes de conserve, fruits de la selva, sacs d'épices et jerricans d'aguardiente, Eugenio, qui n'a vu autant de trésors depuis sept ans, reste indécis. Il ne sait s'il doit commencer à dévorer et à boire sur place, s'empiffrer à s'en faire péter les boyaux ou bien, au contraire, s'il ne devrait pas plutôt remplir son poncho et s'enfuir au plus vite. Il réfléchit, le pauvre Eugenio. Et tandis qu'il est là, debout au milieu de tous ces trésors qui le font saliver, une voix lui crie soudain :

« Qui est là ? Que veux-tu ? »

Au lieu de faire face et de répondre naturellement

à la voix, au lieu de s'immobiliser et de quitter son pantalon, Eugenio, surpris dans sa contemplation et son envie, sursaute et décampe. C'est ce qu'attendait le cholo pour tirer. D'abord la sommation. Ensuite le châtiment. Il en est ainsi après chaque tremblement de terre et dans tous les pays du monde.

Ils étaient en train de talmuder sur la fable du Messie. Ils riaient. Ils se préparaient à la fête. La détonation les a rappelés à l'ordre et au silence.

Partis à douze, ils ne sont plus que six. On pourrait croire que le découragement s'est emparé d'eux et qu'il les étreint à la gorge pour leur faire rendre l'âme. Il n'en est rien. Ils ont eu leurs martyrs et leurs sacrifiés, leur dose d'horreur, leur compte de déboires, mais ils tiennent bon. Ils savent que ça n'est pas fini, que la sortie des Juifs d'Egypte a été autrement plus dramatique que la leur. Ils s'attendent à être condamnés à marcher quarante ans dans la Cordillère comme les Hébreux ont été condamnés à errer quarante ans dans le désert. Ils espèrent que deux d'entre eux, au moins, survivront à cette errance. Lequel sera Josué, lequel sera Caleb ? Ils savent qu'un jour ou l'autre Moïse sera appelé à gravir le mont Sinaï pour recevoir, des mains de Dieu, les tables de la Loi. Ils espèrent qu'Aaron est déjà mort. Etait-ce Ruperto ? Etait-ce Alipio ? Etait-ce Eugenio ? Ils espèrent qu'aucun autre frère païen ne se mettra à idolâtrer le Veau d'or. Ils espèrent couper à la colère du prophète, échapper à la punition divine. Ils espèrent, et cette espérance leur donne des ailes.

Ils ont rejoint la piste et rencontré d'autres hommes. Ils se sont salués, présentés. Ils viennent de très loin, d'encore plus loin que la puna du Chiarage.

Leur village a été détruit. La région dévastée. Personne ne s'étonne de leur odyssée. L'odyssée est la même pour tous.

On parle de milliers de morts. De barrages détruits. De vallées inondées. Où vont-ils ? Ils n'en savent rien. Les autres non plus. Ils vont vers des jours meilleurs, vers une terre paisible.

En apparence, ils sont pareils aux autres. Même race, mêmes habits, même langage, même désarroi. Ils ont gommé leur identité, oublié leur religion. Ils réapprennent le signe de croix. Ils s'agenouillent devant les calvaires. Ils en appellent, comme tous ceux qu'ils croisent ou dépassent, à la bonté du Christ, à la clémence de la Sainte Vierge. Ça ne les gêne pas. Ils ont mis leur foi entre parenthèses. Ça durera ce que ça durera. Ça durera peut-être très longtemps. Ils savent par le Messie que les Juifs français, durant la dernière guerre, ont agi comme ils agissent aujourd'hui. Pour échapper au massacre, les Juifs s'étaient fait délivrer de faux certificats de baptême. Ils allaient à la messe, conversaient avec la Trinité, portaient des bérets basques. Ceux qui n'avaient pas voulu converser avec la Trinité, ni porter des bérets basques, avaient payé de leur vie. Des millions et des millions de Juifs étaient partis en fumée. Quelques-uns avaient combattu dans les maquis. D'autres s'étaient réfugiés aux Etats-Unis.

Ils avaient écouté la leçon du Messie qui lui-même la tenait de son père adoptif. Mais, à vrai dire, ils n'avaient pas compris grand-chose à la grande Inquisition allemande. Ils ne savaient pas que l'Europe avait été à feu et à sang. Ils ne savaient pas où était l'Allemagne, qui était Hitler, où était la France. Qui était de Gaulle. Où étaient les Etats-Unis. Qui était Roosevelt. Ils ne comprenaient pas qu'il y ait tant de Juifs hors d'Israël. Ils en étaient restés à la Bible comme les prédicateurs européens en sont restés à Nostradamus.

En apparence, donc, ils sont comme les autres, exactement, identiques aux frères quechuas que le terremoto a jetés hors de chez eux. En profondeur, ils sont complètement différents et le fait de devoir cacher cette différence l'accentue encore davantage. Ils doivent écouter sans s'effaroucher, découvrir sans paraître étonnés ou bien alors, et ça n'est pas le plus facile, s'étonner des mêmes choses que les autres. Ils doivent réapprendre à côtoyer les hommes, s'habituer à la jalousie et à la trahison comme ils doivent s'habituer à la charité et à l'amitié. On ne reste pas enfermé dans une grotte pendant sept ans sans porter, en soi, la crasse indélébile d'une certaine sauvagerie. Les autres en sont d'ailleurs assez souvent surpris. Ils s'étonnent de leur ignorance, de leurs réactions. Mais Nemessio, heureusement, sait trouver la parade. Lorsque sa pensée ou celle de l'un des siens n'arrive plus à suivre un événement que chacun devrait connaître, il s'excuse en disant qu'ils ne sont que de pauvres paysans ignares. Il raconte son village, ses montagnes, ses fleuves. Il décrit Orqoqa en pensant à Huacarama. Chez lui il n'y a pas de routes, pas d'école, pas de machines, pas de radio. Chez lui c'est le bout du monde. Un monde où personne jamais ne vient. Il s'excuse, Nemessio. C'est vrai qu'ils sont bêtes. Vrai qu'ils sont attardés. Vrai qu'ils devraient savoir. Vrai qu'une fois de retour au village, lorsque la terre aura pardonné leurs péchés, ils essaieront de s'améliorer.

CHAPITRE VIII

EVELYNE n'a pas treize ans. Saül n'en a pas encore sept. Tout le monde prend Saül pour le fils d'Evelyne. C'est dire combien Saül fait chétif et combien Evelyne fait femme. De lui-même, Saül a adopté Evelyne. Sans doute a-t-il compris qu'elle était enfin devenue une des leurs. Ils ne se quittent pas. Ils marchent la main dans la main.

Après avoir été le fils d'une débile, Saül devient donc le fils d'une muette. Saül, c'est l'enfant du silence, le rejeton de la clandestinité. Jamais une plainte. Jamais d'exigences. Jamais de questions. Mais Saül n'est pas un courant d'air ou une chiffe molle. Saül est un petit bonhomme, très présent; un de ces gamins qui brûlent leur flamme de l'intérieur et dont la discrétion force l'intérêt. Saül est le dernier vivant d'une lignée maudite dont les proches parents, Ruth, Modesta et Alipio, ont trouvé la mort en chemin.

David et Evelyne pensent que perdre Saül serait perdre tout espoir d'arriver un jour en Israël, aussi l'entourent-ils d'une auréole de tendresse, sorte de bulle invisible où s'inscrivent les fumetti d'un dialogue que nul ne tient mais qui n'échappe à personne.

Saül est venu se placer entre le Messie et la femme du Messie. Que l'on ne s'y trompe pas. Il ne s'agit point d'une interposition ou d'une manœuvre mais plutôt d'une aimantation naturelle.

Ils ne sont plus que six, mais depuis quelque temps ils marchent trois par trois. Il y a le groupe des jeunes et le groupe des anciens. A eux viennent s'ajouter, au hasard des rencontres, d'autres jeunes et d'autres anciens. Le rôle d'Evelyne n'est pas commode à tenir. Elle doit surveiller ses réactions et refréner son envie de parler. Elle se permet tout juste des grognements, des borborygmes et si d'aventure, oubliant son état, un mot s'apprête à sortir de sa gorge, Saül, d'une pression de la main, lui rappelle qu'il y a danger. Parfois, heureusement, ils parviennent à s'isoler, alors Evelyne en profite pour se libérer de toutes les phrases accumulées en elle. Comme les quelques formules quechuas apprises et retenues ne suffisent pas à la conversation, David, bien entendu, reste son interlocuteur privilégié. N'est-il pas frère et mari ? Guide suprême et dernier détenteur de leur certitude juive ? Ne porte-t-il pas dans son sac à dos le Sefer-Torah qu'elle avait fait miraculeusement surgir, par sa brève révolte, de la nuit des siècles ?

Contrairement aux Juifs de Cuzco, David s'est refusé à enterrer une seconde fois les tables de la Loi. Il prend un risque énorme en trimbalant de la sorte les textes saints, mais il sait aussi que cette Torah est son seul drapeau, son seul trésor, sa seule monnaie d'échange pour le cas où il devrait se faire reconnaître à Mollendo ou ailleurs d'un officier de marine israélien.

Si l'on a cru à certains moments au découragement du Messie, il faut bien admettre qu'il s'est ressaisi depuis, malgré les avatars et les tragédies qui, comme la pluie, n'ont cessé de lui tomber dessus. David a son idée, son plan. Mais le plan de David ne sera valable que si l'idée s'avère justifiée. Au départ de la grotte, il n'y croyait pas tellement. Ils étaient trop nombreux, trop lourds, trop encombrants. On ne monte pas clandestinement à douze à bord d'un navire quand bien même le navire serait énorme. Dieu ayant permis, pour affreuse que fût la sélection, que l'on passe ainsi de douze à six, David avait repris espérance en son idée, à ceci près que l'idée première, elle aussi, s'était modifiée. Pourquoi serait-on obligés de s'embarquer clandestinement puisqu'il possédait dans son sac à dos un Sefer-Torah qui valait à lui seul presque autant que la moitié des pierres du mur des Lamentations ? N'importe quel officier de marine israélien se contenterait de garder la Torah en gage. Une fois arrivés en terre promise, les rabbins et les antiquaires se la disputeraient avec acharnement. David savait, pour avoir couru les synagogues et les antiquaires de Jérusalem et de Tel-Aviv derrière son père adoptif, que les Torah modernes calligraphiées au pinceau ne se vendent pas à moins de quatre-vingt ou de cent mille francs.

La valeur présumée de la sienne lui donne le vertige. Combien de millions transporte-t-il sur ses frêles épaules ? Peut-être un ou deux. Trois ou quatre ? Qui pourrait donc savoir que ce réfugié loqueteux est l'enfant le plus riche de la Cordillère, le mari le plus doté...

De temps à autre passe un camion, un car. On essaie de l'arrêter, d'y prendre place. Mais les camions ne s'arrêtent pas. Ils sont bondés, déjà pris d'assaut. Il y a autant de gens agrippés aux portières qu'entassés à l'intérieur. Il y en a sur les capots, sur les toits, sur les ailes, sur les pare-chocs. Vision fugitive d'un exode à peine commencé et qui semble ne jamais vouloir se terminer. On dirait que la terre entière a cédé à la panique, poussant les hommes à permuter d'un point de chute à l'autre. C'est à croire que les camions sont devenus fous, que les conducteurs sont déboussolés, que les passagers sont bringuebalés au hasard de renseignements contradictoires. Difficile en interrogeant ceux qui vont et viennent d'obtenir une information précise. On est obligé de crier sa question et d'en saisir la réponse dans le même instant, d'autant que les réponses sont aussi floues, aussi vagues, aussi délabrées que les esprits et les moteurs.

Toutefois, au soir de ce troisième jour de marche à découvert, alors que l'on s'approche d'Achoma, on peut se douter que la région d'Arequipa a été épargnée. La présence de l'armée confirme la supposition. Redoutant le pillage de la ville, les autorités de la province, plutôt que de venir en aide aux réfugiés, ont préféré protéger les nantis. Des soldats barrent la route. D'autres, déployés sur la ligne des crêtes et en contrebas des cols, interdisent l'accès de la vallée. Rien à faire. Personne ne passe. Camions et cars sont stoppés. Certains font demi-tour, repartent d'où ils viennent. D'autres, à bout de souffle et de mécanique, s'entassent et s'enchevêtrent, créant par leur impuissance à redémarrer un sacré merdier d'embouteillage. Métis et Indiens sont parqués sans ménagement dans un camp hâtivement délimité. C'est à prendre ou à laisser. A accepter ou à s'en retourner. A s'en contenter ou à s'en déprimer.

Quelques tentes sont dressées pour la frime. Deux ambulances, sirènes hurlantes et gyrophare à la dérive, tentent de se frayer un passage à travers le tas de ferraille mais n'y parviennent pas. De toute façon, ce sont, elles aussi, des ambulances frimeuses. Pas plus d'infirmiers que de brancards. Pas plus de médecins que de médicaments.

Quand la nuit tombe, ils sont environ cinq cents et leur nombre n'aurait cessé de grossir si l'armée, afin d'éviter l'engorgement du camp, n'avait établi des têtes de pont et créé d'autres centres d'hébergement. Pas de couvertures, pas de nourriture, pas d'amitié, pas de pitié. Le mot hébergement est impropre comme serait impropre le qualificatif de concentrationnaire. Il s'agit plutôt d'un camp de rassemblement et de triage destiné à stopper la migration des populations terrorisées. Des responsables civils, militaires et religieux s'emploient à dissuader d'aller plus avant, persuadant de battre en retraite.

Ils se sont groupés par famille, par village, par condition. On mange ce que l'on possède. On boit l'eau du ciel à même les flaques. On urine et on excrémente sur place. On attend, transi de froid, trempé jusqu'aux os, que le curé, l'alcade ou l'officier vienne jusqu'à soi apporter la bonne parole. Et cette bonne parole se résume ainsi : « On vous autorise à stationner ici vingt-quatre heures. Passé ce délai, ou bien vous rentrez chez vous de plein gré, ou bien nous saurons vous y obliger. »

Comme aucun Indien, échoué dans ce camp, en dehors des six membres de la tribu, n'envisage de s'obstiner ou d'opposer la moindre résistance aux forces légalistes, l'atmosphère du camp est à la résignation. On parle à voix basse. On essaie de paraître le plus petit possible, de s'effacer, de se faire oublier.

Tassés dans leur coin, les nôtres ne sont guère plus bruyants. Ils ont voulu s'échapper avant que ne se referme sur eux le piège, mais les autorités, qui tiennent là une occasion en or de mettre en fiches ces putains d'Indiens vivant pour la plupart en marge des lois, les ont refoulés à l'intérieur de l'enceinte.

Tandis qu'ils attendent leur tour d'être interrogés et contrôlés, ils mettent au point une histoire susceptible de tenir debout. Ils habitent Orqoqa. Ils travaillaient dans une chacra très éloignée du village lorsque le terremoto les a surpris. Choqués, abrutis, ils se sont enfuis droit devant eux. Plus tard, rattrapés par les survivants d'Orqoqa, ils ont appris la mort des parents, des amis.

Ils sont assis en rond. Saül dort la tête posée sur

les genoux d'Evelyne. Saül et Evelyne ont été rebaptisés par Nemessio. Le premier s'appelle Ruperto, la seconde Modesta. Prendre le prénom des morts est moins grave que de prendre leurs habits. Les âmes préfèrent hanter le pli des vêtements que les lettres des prénoms. Evelyne aura dix-neuf ans au lieu de douze et demi et Saül cinq ans au lieu de sept.

Deux hommes se tiennent maintenant debout à l'intérieur du cercle. Ils ont la vue plongeante sur les chuyos des hommes et le chapeau mou des femmes. Le frère Vicente Varella pose les questions d'une voix forte. Le sergent Miguel Benavidès note les réponses sur un calepin. Le frère s'adresse en espagnol aux plus anciens :

« D'où venez-vous ?

— Nous venons d'Orqoqa, hermanito de Dios.

— Orqoqa. Qu'est-ce que c'est qu'Orqoqa ?

— C'est notre village, hermanito de Dios.

— Por favor. Cesse donc de m'appeler petit frère de Dieu et dis-moi plutôt de quel district tu relèves. »

Nemessio ne se sent pas bien. Il a le regard creux, les lèvres pincées, la mémoire en vadrouille. Il cherche, Nemessio. Il cherche. Et, comme il ne trouve pas, il le demande à Melchora :

« De quel district relevons-nous, petite mère ?

— Nous relevons du district de Yanaoca, padresito. »

Le nom à peine prononcé, craignant d'avoir lâché une bêtise, elle se reprend :

« Pardonne à la pauvre Melchora, petit père, mais le chagrin a noyé son souvenir. Ça n'est pas le district de Yanaoca, c'est le district de Combapata. »

Le prêtre interroge Nemessio. Il paraît soupçonneux :

« Combapata ou Yanaoca ?

— Claro que si, padrito. Combapata, c'est cela. Nous relevons du district de Combapata.

242

« – Et qui sont ces gens qui t'entourent ?

– Voici Melchora, ma femme, et Cristobal, mon fils.

– Et ces trois-là ?

– Ces trois-là, eh bien... »

Il hésite, Nemessio. Il a le cœur et les tempes qui battent. Manquerait-il de courage pour affronter l'ours à lunettes ou bien ne serait-il pas déjà à moitié avalé par la gueule, à moitié digéré par l'estomac du monstre ?

« Eh bien quoi ?

– Eh bien, voici ma sœur Agustina, sa fille Modesta et Ruperto, le fils de la fille de ma sœur. »

Le curé se penche sur Evelyne. Il examine le visage en partie masqué par le rebord du chapeau de feutre. Tous les cœurs et toutes les tempes se mettent à battre au rythme de l'angoisse.

« Relève donc un peu la tête, toi, que je voie depuis combien d'années le Seigneur habite tes yeux ? »

David intervient. Sa phrase est adroite, son accent parfait :

« Le Seigneur habite ses yeux, padresito, mais il n'habite plus sa bouche.

– Et pourquoi n'habite-t-il plus sa bouche ?

– Parce qu'il s'en est retiré, petit père, répond Melchora, le terremoto l'a laissée sans voix et sans oreilles.

– Quel âge a ce garçon ? »

Saül sursaute. Le doigt du frère a effleuré son épaule.

« Cinq ans, padresito. Cinco años, répond Nemessio.

– Et elle ?

– Dix-neuf ans, padresito. Bientôt vingt.

– Où est le père du garçon ?

– Il est mort, padresito. »

Ils ont triché sur les âges, retranché et ajouté les

années. Et si Nemessio ne s'était pas trompé de père, s'écartant de la fausse vérité pour affirmer un vrai mensonge, leur passage dans ce camp aurait certainement pris une tournure moins dramatique.

Au regard du sergent, Evelyne sait que Nemessio a peut-être commis l'irréparable. Pourquoi ne pas avoir dit, comme ils en étaient convenus durant les répétitions, que David était le mari d'Evelyne et Saül le fils d'Evelyne et de David ? Oui. Pourquoi avait-il fallu que le diable fasse fourcher sa langue et dévier sa pensée ?

« Montre un peu à quoi tu ressembles, señorita ? »

Señorita, c'est ainsi qu'on appelle les jeunes filles et les veuves...

Le sergent s'accroupit.

« Ma parole ! Mais c'est une Indienne blanche. Regardez, padre. Mais regardez donc ! »

Il a relevé les pans de la longue jupe et dénudé la cheville.

« Madre de Dios. Mais vous avez raison, sergent. C'est une Indienne blanche. »

Ils se redressent dans un même mouvement et interrogent, du regard, la mère présumée de l'Indienne blanche. Agustina fait preuve d'un étonnant réflexe. Elle n'est pas sage-femme pour rien. Elle a mis au monde des dizaines et des dizaines de huahuas et, si elle n'en a jamais vu de toutes les couleurs, elle sait, pour l'avoir entendu dire, que parfois les gènes remontent le courant des générations, comme les truites remontent le cours des rivières. Elle dit :

« Voyons, padresito. Si le Seigneur me l'a envoyée aussi pure et aussi blanche, c'est que la faute en incombe à l'un des tiens.

– A l'un des miens ? Qu'est-ce que tu entends par là, petite mère ? »

La voix du curé s'est radoucie.

244

Ils sont suspendus aux lèvres de leur partera. Comment va-t-elle s'en tirer ?

« Rassure-toi, padresito. La faute ne date pas d'hier. C'est une faute très ancienne que Notre-Seigneur tout-puissant a pardonnée de sa clémence. Il y a longtemps, padresito. Très longtemps, des lunes et des lunes, des soleils et des soleils que le choc des races a eu lieu. »

Elle est formidable, Agustina, et David s'en étonne. Jusqu'alors elle s'était montrée réservée, n'intervenant que pour l'essentiel. Et voici qu'à présent, confrontée au danger, elle accouche des mots qu'il faut comme elle accouchait jadis les huahuas de Huacarama :

« Je te parle du temps de mon arrière-arrière-grand-mère. De ce temps où les jésuites, encore un peu guerriers, maniaient le mousquet et le crucifix. L'un d'eux, un homme blanc comme neige et barbu comme la pomme de terre germée, s'était accouplé avec mon aïeule. C'était chose courante à l'époque et lorsque pareille mésaventure survenait, et tu le sais, padresito, ou bien la partera avortait la femme indienne, ou bien la mère se séparait de l'enfant bâtard. Mais vois-tu, padresito, mon arrière-arrière-grand-mère mit bas un bébé en tous points semblable aux autres bébés quechuas. Pas une goutte de sang blanc ne coulait dans ses veines. Cela avait causé grand bruit à l'époque chez les anciens du village, préoccupés du phénomène. On raconte que la discussion fut si longue et si passionnée qu'elle chevaucha les saisons tout comme le sang blanc du père jésuite chevaucha les siècles pour réapparaître un beau jour à travers celui de ma fille. Telle est la vérité, padresito, et tu dois la prendre comme elle vient, sans m'en faire reproche. »

Le frère Vicente Varella n'est pas un mauvais prêtre. Il est pieux et bon. Pas tristement pieux et stupidement bon comme tant et tant de missionnaires andins qui évangélisent à tour de bras, offrant une charité de Prisunic et des actions de grâces n'ayant plus cours à la Bourse du Ciel. Non, frère Vicente ne se contente pas de distribuer aux Indiens des jeans américains démodés, des cachets d'hydro-chlonazone désagrégés, des sandalettes de plastique ou des boîtes de thon à l'huile hyper-mercurées interdites de consommation en Europe. Frère Vicente, malgré sa grosse voix et son air bourru, ne distribue rien d'autre que ce qu'il possède, c'est-à-dire une certaine compréhension de la détresse humaine. Bien sûr que le récit d'Agustina l'a troublé. Bien sûr qu'il y croit. Bien sûr que les jésuites ont ferraillé autant avec leurs sexes qu'avec leurs épées et métissé les populations de l'Alaska à la Terre de Feu, faisant renaître d'un côté ce qu'ils extermi-naient de l'autre.

Frère Vicente jette un regard de compassion à ces deux malheureuses familles assises en cercle autour de leur solitude boueuse, puis, s'excusant d'avoir mené sèchement l'interrogatoire, il entraîne le ser-gent vers le groupe suivant.

Ils ont eu chaud. Ils ont eu peur. Trop chaud et trop peur pour ne pas manifester leur émotion. On commente l'attitude du prêtre. On n'en revient pas de sa gentillesse, de ses excuses. On félicite Agustina de son esprit d'à-propos. On explique à Evelyne pourquoi ils ont eu si chaud et si peur. Evelyne les écoute sans partager le soulagement. Elle n'a pas eu besoin de comprendre les mots pour saisir le sens de l'incident. Elle a su que Nemessio avait craqué et pressenti, au fur et à mesure de la conversation, que la partera l'emportait sur le curé. Mais la femme du Messie appréhende des événements bien plus graves. Elle a vu l'envie s'allumer dans les yeux du sergent. Elle se demande ce qui a poussé Nemessio à la faire passer pour veuve, donc pour libre. Nemessio aurait-il voulu la sacrifier qu'il ne s'y serait pas pris

autrement. Mais Nemessio a-t-il agi de lui-même ?
N'aurait-il pas servi d'intermédiaire aux grands
ancêtres, de messager à Yahvé ?

Nemessio fait triste figure. Il sent venir sa dernière heure. Il se prépare à affronter l'ours à lunettes
comme Evelyne se prépare à affronter le sergent
Benavidès. On ne sait pas encore lequel des deux va
passer le premier des bras de l'homme dans ceux de
Dieu, pas plus que l'on ne sait si les bras qui étrein-
dront Evelyne lui seront fatals. La seule chose que
l'on sache, c'est qu'il faut partir au plus vite, ne pas
attendre le lendemain matin, se faire légers, invisibles et prendre le large, devrait-on pour cela refaire
à l'envers le chemin parcouru.

Ils ont eu chaud. Ils ont eu peur. Mais ils auront
encore plus chaud, encore plus peur. On ne reste pas
impunément des années, des mois, enfermés dans un
ghetto aux murailles de rocs avec pour seule hantise
la crainte de voir surgir leur semblable sans se
retrouver innocemment désarmés une fois sortis des
murailles. Oh ! certes, ils avaient trop trinqué avec la
vie pour oublier que la vie était jungle, que leur
semblable était loup. Non, ils n'avaient rien oublié
des ruses et des trahisons de la vie. Ils s'étaient crus
habités d'une force divine. Alors, portés par cette
force, ils s'étaient mis en marche à travers leur
désert. Et, maintenant qu'ils touchaient presque au
but, voici que le plus juste des leurs, celui qui avait
rassemblé les consciences et les énergies, celui qui
avait reçu l'enseignement et attendu que surgisse
enfin, du ciel, le Messie promis à son peuple, ne
parvient plus à se relever.

Il est cloué sur place, le Juste des Justes, lamenta-
ble et tremblant devant l'ours à lunettes qui se tient
dressé sur ses pattes arrière comme pour mieux le
narguer.

Il ne peut plus faire un geste, plus dire un mot. Il est livide, Nemessio. Si on tente de le redresser, ses jambes flanchent. Si on l'assied, sa tête bascule. Mourir chez soi est d'une banalité exceptionnelle, mais mourir dans un camp de réfugiés, mourir anonyme au milieu d'une foule elle-même agonisante est un départ que David se refuse à accepter. Il pense que la mort de Nemessio devrait faire plus de bruit que sa naissance. Et comme il le pense vraiment, comme il s'indigne que nul ne s'en préoccupe, que nul ne sache, que nul ne puisse reconnaître en ce moribond si ordinaire l'un des élus de Dieu, il décide, mû par un réflexe de gamin occidental, de se mettre en quête d'un secours. Ça n'est pas possible que Nemessio disparaisse ainsi quand la terre promise se profile à l'horizon. Pas possible que ce paysan-prophète, dont la foi et l'obstination hébraïques donnent peut-être un sens à la théorie de son grand aïeul Manassé Ben Israël, soit appelé à se rendre au ciel sans jouir de toute sa raison. Puisque les drogues n'agissent plus sur Nemessio et que les ancêtres eux-mêmes semblent l'abandonner à une fin si peu glorieuse, David va donc s'adresser aux hommes qui détiennent le pouvoir. Il y aura bien un médecin, un officier, un prêtre pour aider Nemessio à desserrer l'étreinte de l'ours à lunettes. Alors il va, le petit David. Il erre, il cherche, il se lamente.

Frère Vicente est un brave curé, mais il s'en fout. Son boulot aujourd'hui n'est pas d'assister un Indien et de lui donner l'extrême-onction. Il n'en finirait pas, le pauvre, de déposer l'hostie sur le bout des langues. D'ailleurs, il y a beau temps que ses munitions divines sont épuisées. Epuisées comme il l'est lui-même à force de recenser les réfugiés. Son boulot aujourd'hui, au frère Vicente, c'est plutôt de faire le comptable que de faire la charité. Et pourtant frère Vicente cède à la persuasion. Ce drôle de petit « mactta » qui demande des médicaments à cor et à cri pour son machu-runa de père dégage une attirance peu commune. Tout à l'heure, il n'avait pas remarqué la couleur des yeux, mais là, pris dans le faisceau de la torche, les yeux lui apparaissent d'un bleu d'archange. Il pense à Gabriel, le frère Vicente, à un Gabriel fléché de partout. Et comme cet archange l'impressionne, que ce regard clair le défie et l'attire, il prend le jeune homme par la main et l'entraîne vers l'une de ces ambulances frimeuses à court de batteries dont les gyrophares ne tournent même plus.

Les ambulances ont été envoyées d'Arequipa pour figurer dans le décor. Ni l'un ni l'autre ne savent que les autorités de la ville ont préféré garder auprès des citadins médecins et matériel, pour le cas où une épidémie s'y déclarerait.

Enfermé dans sa carlingue, un chauffeur hagard refuse d'en ouvrir les portières. Il faut dire que le véhicule est assiégé par une cohorte de blessés et qu'à force d'avoir donné de la voix, tout ce qu'il possédait, l'ambulancier en est devenu aphone. Elle est cruelle, la vérité, et elle fait mal. Elle fait même très très mal lorsqu'on la regarde soudain en face et qu'elle vous tombe dessus sans crier gare.

Abandonné par son curé, privé de chef spirituel, le sergent Benavidès, un métis de la côte qui se croit irrésistible parce qu'il possède une part de sang blanc et une mitraillette à l'épaule, pense qu'il devrait mettre à profit son oisiveté. Après s'être donné un hâtif coup de peigne et soigné l'ondulation de la mèche de devant, le sergent se dirige vers la fille dont il a retenu le nom et ressenti l'attirance. Cette Modesta n'a rien de modeste et tout en se frayant un chemin entre les moribonds, que d'autres militaires, croque-morts improvisés, alignent près d'une tranchée creusée au caterpillar, il s'imagine culbutant la fille. Il sait même, le malin, comment il procédera. Ces putains d'Indiennes ne baisant qu'à quatre pattes, il la prendra par-derrière comme un chien et quand il l'aura bien remplie, bien bourrée, quand il lui aura bien tripoté les nichons, quand il se sera bien défoncé, bien vidé, il lui fera cadeau d'un paquet de cigarettes. Il est gentil, Benavidès. Il ne prend pas sans récompenser. Ça n'est pas un violeur, c'est un tombeur. Il a vingt-deux ans, Benavidès. Encore trois mois avant la quille. Le service terminé, il se fera embaucher dans un hôtel d'Arequipa dont il connaît la patronne. Il aime bien Mme Menandez. C'est une vieille femme qui a eu pas mal de déboires lorsqu'elle habitait Cuzco. On dit qu'elle était un peu négrière, qu'elle trafiquait avec les enfants. Des on-dit, rien de plus, car pour ce qui est de la moralité, Mme Menandez est irréprochable. Elle est très pieuse, Mme Menandez. Tout le temps fourrée à l'église. Tout le temps en prière. Tout le temps à essayer de sauver les âmes égarées. Tout le temps à faire le bien. Pour sûr qu'elle est dans le coin, Mme Menandez. Demain, quand il fera jour, il apercevra certainement sa Volkswagen jaune bourrée de vêtements et de couvertures. Il ira embrasser Mme Menandez. Elle lui donnera des nouvelles de sa mère. Leur maison avoisine l'hôtel. Parfois, lorsque l'albergo affiche complet, ils héritent d'un client pour la nuit. Oui, il aime bien Mme Menandez, mais ça ne va pas l'empêcher de se faire la petite salope d'Indienne blanche.

Quand le sergent Benavidès arrive enfin à la hauteur d'Evelyne, David n'est toujours pas revenu.

David et frère Vicente sont même assez loin du camp. Ils ont franchi le cordon de sécurité et se dirigent vers un autre centre d'accueil où les bonnes gens d'Arequipa montés à la hâte pour porter secours aux victimes du terremoto, se dépensent sans compter, distribuant vivres et soins à ceux qui ont échappé à l'internement.

Le sergent s'approche. Du groupe, il ne reste qu'Evelyne et Saül, la mère et l'enfant. Les autres, Melchora et Agustina, se sont accrochées au brancard des croque-morts venus enlever Nemessio. Elles ont suivi, laissant leur barda à la garde d'Evelyne.

Les croque-morts ont fait basculer le prophète dans l'excavation béante que le bulldozer continue de creuser en hennissant de tous ses chevaux-vapeur. C'est une bête énorme, monstrueusement bruyante et vorace. Auprès d'elle, l'ours à lunettes fait figure d'agneau.

Il n'est pas mort, Nemessio. Il remue, il murmure.

Penchées au-dessus de la tranchée, elles hurlent. Que murmure-t-il ? Que lui hurlent-elles ? Ils sont des dizaines et des dizaines au fond du trou à murmurer leurs dernières volontés au Seigneur, leurs premiers balbutiements à l'ours à lunettes. Ils sont des centaines allongés, collés contre le remblai, à hurler leur chagrin, si bien qu'entre le vacarme du monstre et la fureur des gorges, personne n'entend plus personne.

Les croque-morts étaient donc venus ramasser Nemessio. Que l'homme fût mort ou moribond, peu leur importait. On leur avait donné l'ordre de dégager les grands blessés et les défunts, alors ils dégageaient à tour de bras. Ils avaient allongé Nemessio et tous les autres en bordure de tranchée pour faciliter la tâche au médecin militaire qui aurait dû, en principe, s'arrêter devant chaque individu et vérifier si l'âme appartenait encore au corps ou bien, au contraire, si elle s'en était détachée.

Le médecin tardant à se présenter, on avait basculé tout le monde dans la fosse. Les plus costauds s'en étaient sortis en grimpant et en patinant dans la terre glaise. Mais Nemessio, malgré tous ses efforts, son titre et sa condition spirituelle, n'était parvenu qu'à s'adosser à la paroi gluante.

On ne peut laisser s'éteindre un homme de cette importance sans recueillir ses dernières paroles, quand bien même celles-ci n'illustreraient que des platitudes prononcées au seuil de la Maison de Dieu. On ne peut laisser s'éteindre un homme de cette importance sans essayer de le sauver, ne serait-ce que pour lui donner une sépulture plus décente.

Les deux femmes se disputent l'honneur de porter assistance à Nemessio, mais la partera l'emporte. Elle a perdu Ruth et Eugenio et n'attend plus rien de la vie. C'est elle qui possède les drogues et la science. C'est donc à elle de descendre soulager Nemessio. Elle parle sagement, Agustina. Elle a du courage, de la classe, mais elle a aussi un sacré vertige. Elle pense à se balancer dans le vide, mais, curieusement, sa volonté la trahit. Elle reste là au bord de la fosse, les bras ballants, les jambes raides, sans parvenir à sauter, à croire qu'une mauvaise prémonition l'avertit qu'elle va effectuer là son dernier saut. Elle s'en veut, Agustina. Elle se trouve lâche et, comme elle ne peut se décider, elle demande à Melchora de l'aider :

« Por favor, ayudame. S'il te plaît, pousse-moi ! »
Et Melchora la pousse.

Elle tombe aux pieds de Nemessio pareille à l'Inkarri qui était tombé du ciel. Mais Agustina n'est pas cassée. La vieille partera est même en pleine forme, toute surprise de se retrouver en bas sans dommage.

Il a suivi des yeux la chute d'Agustina.

Il va mieux, Nemessio, beaucoup mieux. Il a repris ses esprits, réglé son compte à l'ours à lunettes. Il n'avait eu qu'un évanouissement, qu'un trou de mémoire, qu'une perte d'âme. Mais maintenant, grâce à la partera, il va pouvoir se tirer de là.

Pas la peine de parler ni de remercier. Ils n'ont que deux à trois minutes d'avance sur le caterpillar. Elle lui fait la courte échelle. Mais l'échelle est courte. Très courte même en regard de cette tranchée si profonde.

Il s'y reprend à plusieurs fois. Il s'accroche, glisse, retombe, recommence. Elle a les mains en sang, l'oreille arrachée, mais elle tient bon. Elle le pousse au cul, le propulse de toutes ses forces. Et là-haut, les pieds retenus par une âme charitable, voici que Melchora plonge à son tour, tête la première, au-dessus de la fosse. Elle va au bout d'elle-même, la Melchora. Jamais elle ne s'est sentie aussi grande, aussi étirée, aussi indispensable. Celui qui la retient ne va-t-il pas lâcher prise ? Ne sera-t-il pas bousculé, matraqué, contraint d'abandonner ? Mais non, le type a une poigne de fer. Encore un effort, un petit centimètre à gagner, et les doigts de Melchora effleureront ceux de Nemessio.

La partera pousse tant que ça peut. Elle a réussi à jucher Nemessio sur ses épaules. Pour lui permettre de se hisser et de s'en sortir avant que n'arrive le monstre d'acier, elle piétine un moribond qui rampait auprès d'elle. Cette abomination sauvera le prophète mais lui sera fatale. S'accrochant à la cheville d'Agustina, le moribond fait s'écrouler l'échafaudage. La pauvre partera s'affaisse et ne se relève pas. Elle le savait avant de sauter. Ça ne lui sert à rien de s'agiter, à rien de crier, à rien de prier. Et d'ailleurs prier qui, puisque Roal, Jésus et Yahvé ont souhaité dans leur grande cruauté qu'il en soit ainsi ! La lame d'acier est déjà sur elle, pelletant à tout va cette terre qui n'en finit pas de s'ouvrir et de se refermer.

Le sergent Benavidès traque Evelyne sous le faisceau de sa torche électrique. Il l'hypnotise comme les phares d'une automobile hypnotiseraient une hase égarée. Evelyne se sait prise. Elle est sans voix, sans appel. Elle espère que ça va aller très vite, que David n'en saura rien. Blotti dans ses bras, Saül, l'enfant du silence et des ténèbres, n'est qu'un rempart de frémissements, un bouclier de courant d'air. Le sergent pense s'en débarrasser d'une pichenette, mais, pour l'arracher à celle qu'il croit être sa mère, il devra le frapper à coups de pied.

Evelyne repousse Saül et s'en détache. Elle devient méchante, Evelyne. Elle roule de gros yeux. Le petit s'écarte. Saül ne comprend pas davantage la brutalité d'Evelyne que celle du sergent. Et, quand les gros yeux d'Evelyne font brusquement place au sourire, Saül, l'enfant du silence et des ténèbres, sent monter en lui, pour la première fois de sa vie, une rage qu'il ne soupçonnait pas.

Le salaud a coincé la femme du Messie contre lui. Il a relevé la longue jupe et s'est débraguetté. Il est de dos, le sergent. Ventre contre cul. D'une main il maintient la taille de la fille, de l'autre il cherche à la pénétrer. Il bande, le sergent. Il bande et il s'énerve parce que la fille ne mouille pas. Alors il reprend sa main et crache dedans. Qu'importe, si elle ne mouille pas, il s'en charge. De ses doigts baveux il fouille le sexe d'Evelyne. Ah ! il est à son affaire, le sergent. Il sent que ça vient, que les lèvres décollent...

Le sergent Benavidès n'ira pas au bout de son plaisir. Il n'en éprouvera pas même un soupçon, ne percevra pas davantage la douce chaleur des profondeurs qui irradie le corps entier lorsque s'entrouvrent enfin les chairs.

Saül se saisit de la chaquitaclla de Nemessio. L'arme brandie à bout de bras, il prend sa respiration, sa force, son courage, son élan. Ayant ainsi rassemblé l'énergie et concentré la rage, il abat sur le crâne du soldat la chaquitaclla chargée du poids des siècles d'avilissement.

Evelyne et Saül errent. Ils courent dans l'obscurité, s'accrochant à la lueur des cigarettes, à la flamme éphémère d'une allumette, aux jets lumineux des lampes de poche. Ils vont, haletants, de groupe en groupe, cherchant les leurs. Ayant fait le tour du camp, la peur aux trousses, sans rencontrer David, ils sont brusquement happés par les phares du monstre d'acier qui comble la tranchée. Les soldats ont pris position de chaque côté de la fosse commune, repoussant à coups de crosse la foule des parents et des amis tandis que le caterpillar s'avance inexorablement entre cette drôle de haie d'honneur.

Au petit matin, tout devrait être fini, terminé, arasé, chaulé, désinfecté.

Melchora et Nemessio ont croisé Evelyne et Saül sans les apercevoir. Et comment auraient-ils pu, les compagnons d'infortune, voir autre chose que leur propre douleur ! Lestés de larmes et de boue, visages maculés, vêtements déchirés, ils s'en reviennent au point de rassemblement. Si Saül ne les avait reconnus sous leur masque mortuaire, les uns et les autres auraient continué à interroger la nuit de leurs yeux épouvantés. Et lorsque Saül, fils de demeurée, enfant du silence et des ténèbres, raconte qu'il a planté la chaquitaclla de Nemessio dans le crâne du sergent, Melchora, en tant que mère de Messie, mère de ce garnement de Messie parti chercher du secours et qui n'est toujours pas revenu, prend le commandement de la tribu. Tant pis pour Nemessio provisoirement démis de son autorité. Tant pis pour les affaires restées sur place. Tant pis pour le Sefer-Torah abandonné une fois de plus en cette funeste nuit comme il fut, quatre siècles auparavant, abandonné au creux d'un piton rocheux par Luis de Montezinos.

On fuit, on s'infiltre. On se fait tout petit, vulnérable. Il faut s'éloigner des lieux du crime, prendre sa distance, échapper à l'inquisition qui ne manquera pas de s'ensuivre.

Et Melchora n'a pas tort. Les croque-morts qui sillonnent le camp à la recherche de cadavres d'Indiens et d'agonisants viennent de tomber sur celui du sergent. Ils sont perplexes, les croque-morts, très perplexes même. Qui a bien pu porter un coup aussi fort et d'aussi haut à ce sergent de l'armée régulière affalé sur son sexe débraguetté ? Qu'est-ce qu'il foutait donc, le sergent ? Pissait-il ou baisait-il ? Pourquoi l'avoir assassiné si ce n'est pour le voler et le déposséder de sa mitraillette ? Personne n'a volé le sergent. Personne ne s'est emparé de l'arme. Personne n'a rien vu, rien entendu. Ils sont perplexes, les croque-morts, et comme ils ne savent qui accuser, qui châtier, qui fusiller, l'un d'entre eux hurle dans son mégaphone, réclamant d'urgence la présence d'un officier.

Cette voix venue du ciel cloue sur place Melchora. Mais où est donc passé son fils ? Que fait donc le Messie ? Alors à cette voix du ciel elle oppose la sienne. Elle crie, Melchora. Et les autres en font autant. Il crie, Nemessio. Il crie, Saül. Elle crie, Evelyne. Et cette muette qui appelle, cette Indienne blanche qui lance ses « Lamassito » en porte à faux ne manque pas d'intriguer frère Vicente.

C'est un brave curé, frère Vicente. Tout à l'heure il a mené le jeune homme aux yeux d'archange auprès d'une Volkswagen jaune. Il espère que le jeune homme aura obtenu l'aide qu'il réclamait. Il n'est pas resté, frère Vicente. Juste le temps de boire une infusion de coca, de serrer quelques mains, de desserrer l'angoisse. Non, il n'est pas resté longtemps, frère Vicente, mais ces minutes d'absence

256

auront été fatales à son sergent. Il ne connaissait pas Benavidès. Un officier le lui avait adjoint. Ils font équipe pour la circonstance. Il le trouve plutôt gentil. Il s'en revient vers lui. Ils vont reprendre leur comptabilité et ça ne sera pas des plus faciles, car il leur faudra remettre la liste à jour, ajouter les nouveaux arrivants et retrancher les âmes mortes.

Il a reconnu la muette, pas les autres. Les autres ressemblent à leur terre, à leurs ancêtres. Ils sont dévastés, désemparés, consumés. Ils sont ombres incendiées, silhouettes fumantes. La muette ne leur ressemble pas. C'est un être à part. Une part d'être, une résurgence de chromosomes. Il a pitié, frère Vicente. Une Indienne blanche, une muette qui parle ? Ça ne court pas le pays. Il ne veut pas en savoir davantage, frère Vicente. Le désarroi des siens lui suffit. Il demandera au sergent de les barrer de la liste. La fille l'observe, le fixe. Une Indienne ne regarde pas de la sorte. Une Indienne baisse les yeux et s'efface devant l'envoyé de Dieu. Frère Vicente la trouve biblique, émouvante. N'est-elle pas fille de jésuite, donc fille de l'Eglise ?

Il est ému, frère Vicente. Emu et touché par la grâce. Ça n'est pourtant guère le moment de se laisser aller à des sentiments troubles ni à des considérations théologico-génétiques. Il n'empêche que frère Vicente, sans savoir très bien ce qu'il fait ni pourquoi il le fait, leur ouvre le passage de la liberté. Il est respecté, frère Vicente. Son crucifix et sa parole suffisent aux militaires.

Le cordon de sécurité franchi, frère Vicente indique à la muette où elle trouvera le jeune homme aux yeux bleus. Le miracle, c'est que la muette, troublée par tant d'événements, le remercie d'un mot qu'il comprend. Une muette qui parle, c'est déjà rarissime, mais que dire d'une Indienne qui s'exprime en français !

Il est troublé, frère Vicente, très troublé, mais il

n'insiste pas. Il y a du diable là-dessous, du Supay, du surnaturel. Les Auquis et les Apus ne viennent-ils pas de lui jouer un de ces tours dont ils ont le secret ? Les Wamanis des montagnes ont-ils dialogué avec le Seigneur Jésus-Christ et obtenu son blanc-seing tout comme il dialoguait lui-même jadis avec un certain Ben Israël entre Talmud et Evangiles ?

Ils aperçoivent David, mais David ne les voit pas. Leur Messie est assis à l'intérieur d'une voiture jaune. Il ne s'aperçoit de rien, le Messie. Il écoute. Il ne sait pas qu'Agustina n'est plus. Il ne sait rien du sauvetage de Nemessio. Il ne sait pas qu'Evelyne a échappé au viol, que Saül a fracassé la tête du sergent. Il ne sait pas que frère Vicente était aumônier de la prison d'Ayacucho. Qu'il appréciait Ben Israël, qu'il lui procurait de la lecture, qu'ils entretenaient des rapports fraternels, qu'ils discutaient de la religion et des mouvements sociaux. Non, David ne le sait pas encore. On ne peut pas tout apprendre en même temps, surtout quand le destin semble avoir jeté sur la même route et dans le même tourment tous ceux qui ont côtoyé Ben Israël et subi son influence.

Car l'histoire de Maurice Ben Israël, voyou repenti, prophète des prophètes et Inkarri des Incas, ne s'arrête pas au récit qu'en a donné Nemessio. Mais comment Nemessio, prophète par procuration, aurait-il pu imaginer que l'Inkarri Ben Israël n'avait pas été fusillé et brûlé sur place ? Comment aurait-il su, ce prophète des chacras, ce péon zoophile, ce roitelet des lamas, que le descendant du grand Manassé ne pouvait disparaître en un combat douteux ?

On avait épargné Ben Israël, ramené le Juif à Cuzco, jeté le criminel en prison, puis transféré l'hérétique à l'hôpital.

Il était au bout du rouleau, Ben Israël. On avait massacré son peuple, brûlé son village, détruit les objets de culte. Oui, il était au bout du rouleau, au bout de la maladie, au bout de son chemin de croix, mais il n'était pas encore au bout de sa peine. Condamné à vingt ans de prison, il lui en restait seize à tirer, sans compter qu'on allait le juger à nouveau pour évasion et que d'autres années viendraient s'ajouter aux anciennes. Il était au bout du rouleau et il le savait. Il s'en moquait, Ben Israël, que des années de peine viennent s'ajouter à d'autres années de peine. Il se savait foutu, cuit, râpé, usé, mâchonné par la leucémie.

La vie allait le cracher d'un moment à l'autre. Mais, en attendant d'être éjecté comme une glaire dans un quelconque caniveau, Ben Israël voulait avoir un vrai procès, un grand et beau procès en place publique avec la foule et les procureurs, avec le bourreau et sa hache, avec sa tête et le billot. Il aurait aimé qu'on le juge sur le fond, qu'on l'accuse d'hérésie, de déviationnisme, qu'on l'inquisitionne, quoi !

Ben Israël s'était trompé. On n'était plus au temps de Luis de Montezinos. On ne jugeait pas au grand jour, on assassinait dans l'ombre. Il s'était demandé pourquoi on ne l'avait pas égorgé comme on avait égorgé Guispe. Pourquoi Huacarama n'avait pas été son bûcher. Il s'était posé la question et avait obtenu une réponse : l'armée était montée le chercher, mais l'armée n'avait pas fait le sale boulot. D'autres gens, des bandits, des racistes, des fanatiques, s'en étaient chargés.

Peut-être allait-on l'interroger, le faire avouer et consigner sa version des faits, communiquer le document au clergé. Peut-être qu'on avait l'intention de le laisser pourrir dans cet hôpital. Peut-être que l'on connaissait la gravité de sa maladie. Peut-être qu'on allait lui injecter du sérum de vérité, le psychanalyser, l'enregistrer sur magnétophone. Peut-être qu'on allait ressortir des archives le récit du conquistador Montezinos ainsi que l'essai de Manassé *Esperanza de Israël,* lequel essai fit grand bruit en l'Europe du XVIIe siècle. Peut-être que la thèse de l'aïeul Ben Israël faisait, grâce à lui, sa preuve. Peut-être qu'il en était la conclusion, l'aboutissement exemplaire. Peut-être que des ethnologues, que des anthropologues, que des philosophes allaient être appelés à son chevet. Peut-être que le monde en sera transformé, que les hommes en deviendront meilleurs.

Il rêvait, Ben Israël. Il se mettait le doigt de Dieu dans l'œil. Si on l'avait ramené à Cuzco au lieu de l'achever à Huacarama, si on le laissait à Cuzco au lieu de le transférer à Ayacucho, c'est parce qu'un petit curé, un certain frère Vicente, aumônier des prisons, s'était payé de ses deniers le voyage d'Ayacucho à Lima. Une fois arrivé en la capitale du Pérou, il s'en était allé conter, frère Vicente, les malheurs et les espérances de ce prisonnier pas ordinaire à l'ambassadeur de France. Oh ! frère Vicente n'avait pas été à Lima pour trahir Ben Israël. Il avait laissé à celui-ci assez de temps et d'espace pour qu'il puisse vérifier, sans être inquiété, les théories passionnantes qui l'enfiévraient. Frère Vicente espérait bien que son prisonnier d'élite, auquel il fournit des cartes et le peu d'argent qu'il possédait, avait réussi dans son entreprise. Il espérait même que Ben Israël s'était fondu dans la nature, qu'il s'était fait oublier, qu'il était parvenu à regagner son pays.

Cela faisait des années qu'il n'en avait entendu parler. Des années d'un silence aussi épais que rassurant. Il avait même fini par oublier son ancien prisonnier lorsqu'il apprit qu'il se passait de drôles de choses du côté de Yanaoca. On disait qu'un prophète hébreu errait dans la Cordillère, qu'il judaïsait les Indiens. Qu'il se jouait des sorciers et des ancêtres. On disait que prophète et sorcier de Huacarama s'étaient alliés pour voler l'âme de frère Francisco, l'ancien curé de la paroisse. On disait que l'église était devenue synagogue. Que les terres en friche étaient devenues oasis. Que l'on circoncisait les enfants, que les *Amen* n'avaient plus la même signification. On disait à l'évêché que ça ne pouvait plus durer. Que l'on allait faire monter l'armée et arrêter l'imposteur.

Pressentant l'imminence de la répression, frère Vicente s'en était donc allé pour Lima. Il s'y était entretenu longuement avec l'ambassadeur de France, si bien qu'un attaché d'ambassade avait été dépêché sur place pour veiller au sort de Ben Israël. Les autorités avaient promis à l'attaché que la troupe épargnerait l'étranger. Pour le reste, cela ne le regardait pas. Les autorités n'admettant point d'ingérence au-delà de cette promesse, l'attaché d'ambassade avait été retenu dans une posada de Yanaoca d'où il put voir, effectivement, retour d'expédition, la troupe et son prisonnier.

Ben Israël ignora jusqu'à sa mort qu'il avait été sauvé par le seul homme dont il se méfiait. Maintes fois, durant son séjour à Huacarama, il s'était attendu à la trahison de l'aumônier et cette attente, cette inquiétude tenace n'avaient pas échappé à Nemessio.

Frère Vicente savait où se cachait Ben Israël comme il savait ce qu'il recherchait. Mais comment se serait-il douté, cet humble curé des prisons, qu'il allait enfin voir de ses yeux, un jour, le Sefer-Torah orné du sceau d'un roi d'Israël !

On avait laissé moisir l'hérétique sur un lit d'hôpital. Il était protégé par son ambassade, d'accord, mais il était malgré tout gardé au secret, interdit de lecture, d'informations et de visites. On le soignait, on le nourrissait. On le laissait crever à petit feu de cette maladie inguérissable que Guispe avait réussi à enrayer mais devant laquelle les médecins avouaient leur impuissance.

Il avait eu des moments d'abattement terrible, des crises de conscience, des cauchemars hallucinants. Il avait survécu dans le remords, s'était reproché le carnage. Il avait compté et recompté les assassinés. Compté et recompté ceux d'entre les villageois qui ce matin-là cultivaient les chacras lointaines en bordure du rio Apurimac. Il revoyait Nemessio le bon, Alipio le chasseur, Eugenio le fidèle, Agustina la sage-femme, Ambrosio l'éclopé, Ruperto le taciturne. Il les revoyait tous défiler dans sa mémoire affûtée, mais celle sur laquelle il prenait plaisir à s'attarder, c'était la gentille, la douce Melchora. Elle avait porté en secret son enfant, parce qu'on n'avorte pas du fils de l'Inkarri. Il n'aurait jamais rien su de cette naissance si le bon Nemessio ne le lui avait confié. Il avait piqué une colère noire. Il s'en était pris à Guispe, aux ancêtres, à Dieu, à lui-même. Il avait exigé qu'on lui ramène son enfant. N'était-il pas, ce fils, le propre fils de l'Inkarri ? Guispe s'y était refusé sous prétexte que les ancêtres s'y opposaient. On ne peut, avait-il prétendu, garder sous le même toit, et d'un horizon à l'autre, le Messie et le fils du Messie.

A la réflexion, Ben Israël s'était félicité de l'attitude du sorcier. Resté au village, son fils ne serait plus de ce monde. Il aurait péri avec les autres gosses et cramé sur le bûcher. Vision d'horreur atténuée quelque peu par la certitude que l'enfant aujourd'hui vit sa vie quelque part.

Il avait casé dans un coin de sa mémoire le nom de la trafiquante. Il se souvenait de ce que lui avait révélé Nemessio. La femme tenait un hôtel calle

Concebidayoc. Ça n'était pas une méchante señora. Elle faisait cela pour venir en aide aux pauvres Indios. Elle troquait de la chair bien fraîche contre une liasse de sols usés jusqu'au filigrane. Ensuite elle plaçait les mômes selon la demande.

Il avait gambergé son affaire. Il y avait beaucoup pensé, guetté les allées et venues, noté l'heure des relèves, celle des transferts, des promenades, des toilettes, de la douche. Il s'était entraîné à marcher, la nuit, autour de son lit, et les jambes, pas à pas, s'étaient remises à fonctionner. Il avait repéré le placard où les infirmiers laissaient leurs vêtements et répété inlassablement son évasion.

Trente-trois jours après son internement, il parvenait à fausser compagnie à ses gardiens et sonnait à la porte de l'hôtel Los Reyes.

Il y était entré, déclarant qu'il arrivait de très loin, qu'il était épuisé, que son bagage suivait. Elle avait été frappée par sa maigreur, ses yeux bleus, si intenses. Elle eut l'impression d'avoir déjà soutenu ce regard-là. Elle le convia à s'asseoir dans son salon, lui offrant le traditionnel maté de coca.

Ils s'étaient examinés, tenus sur leurs gardes. Son costume bon marché ne lui inspirait pas confiance. Que voulait-il : prendre une chambre ou un enfant ? Pourquoi venait-il si tard et d'où arrivait-il ? Pourquoi n'ôtait-il pas son chapeau ? Le crâne aurait-il été rasé ?

Du visage cireux, anguleux, il ne restait que cette paire de grands yeux bleus qui la pénétraient jusqu'à l'âme. C'étaient des yeux auxquels on ne pouvait échapper. Lorsqu'elle comprit que ça ne servait à rien de les fuir et que mieux valait faire front, elle demanda :

« Vous êtes français ?
– Je suis français. »
Il parlait peu, se limitant à l'essentiel.
« Vous êtes un ami du señor Weinberg ? »

Il connaissait Weinberg de réputation. Sa mère, d'ailleurs, lui avait expédié, à la prison d'Ayacucho, un de ses bouquins, la relation épique d'un voyage en Sibérie. Sans paraître étonné, il dit :

« Oui, je connais Weinberg. »

Elle se détendit. S'il connaissait Weinberg, c'est que l'écrivain français lui avait recommandé l'établissement. Elle sourit et lança :

« Dites-moi plutôt comment va le petit Lama Bleu. A-t-il grandi ? S'est-il habitué à la vie parisienne ? »

Son sang n'avait fait qu'un tour. Et, comme son sang était complètement débilité, il dut se retenir aux bras du rocking-chair pour ne point basculer en avant. Ainsi le Lama Bleu, son propre fils, vivait chez Weinberg. Il fit un effort sur lui-même et répondit :

« L'enfant va très bien. Il est très beau. »

Elle était heureuse, Mme Menandez, très feliz. Elle s'exclama :

« Avec de tels yeux, je parie que ce petit bonhomme ira loin ! »

Nostalgique, elle poursuivit :

« Voulez-vous connaître le fond de ma pensée ? Eh bien, si M. Weinberg ne s'était montré si empressé, si insistant, je crois bien que je n'aurais laissé à personne le soin d'élever Cristobal. »

Il frémit à l'idée qu'il aurait pu revoir son fils ici même. Six années déjà qu'on lui avait enlevé le petit. Mon Dieu ! Que de drames, que de catastrophes évités. Il sut gré à Guispe d'avoir agi de la sorte. Il eut une pensée pour Nemessio qui s'était chargé du transport et des tractations.

Cela lui était égal de savoir combien elle avait acheté et revendu le fils de l'Inkarri. L'essentiel était que l'enfant fût en sécurité. Il allait recevoir l'éducation et la religion. Sans admirer Weinberg, il l'appréciait. C'était un bonhomme plein de vie. Un de

ces types avec lesquels on peut s'embarquer pour le
bout du monde sans risquer de descendre à la première escale.

« Eso es asi, Cristobal. Voici comment j'ai rencontré ton père. Je lui ai donné ma meilleure chambre. Celle qui ouvre sur le patio. Il m'a saluée. Il
s'est découvert. Il avait le crâne rasé. Je l'ai regardé
monter l'escalier. Il s'agrippait à la rampe. Il butait
contre chaque marche. Mais figure-toi que ça ne
l'empêchait pas de sourire. Le lendemain matin, il
était mort.

– Il était mort ?

– Oui, Cristobal. Il était mort, mort le sourire aux
lèvres. »

David se tourne vers Evelyne :

« Dis, tu te rends compte ! Il est mort le sourire
aux lèvres. »

Comme elle ne manifeste ni contentement excessif
ni surprise, il élève la voix :

« Tu ne trouves pas ça superbe ? Tu ne trouves
pas ça merveilleusement beau ? »

Ils sont assis tous les trois à l'arrière de la Volkswagen. Saül est sur les genoux d'Evelyne. Le meur-
trier suce son pouce.

Mme Menandez, grosse et affable matrone,
occupe l'avant de la voiture.

Les deux autres, Melchora et Nemessio, sont restés dehors. Ils attendent. Ils se demandent ce que dit,
ce qu'apprend le Messie. Cette señora serait-elle
juive ? David opère-t-il une nouvelle conversion ?
L'automobile ne va-t-elle pas démarrer subitement
pour la terre promise, abandonnant dans le même
chagrin le vieux prophète et la mère ? Est-il seulement au courant de la mort d'Agustina ? Evelyne lui

a-t-elle raconté les violences subies, l'assassinat commis ? Doivent-ils s'en accuser au cas où les soupçons se porteraient sur le groupe ?

Partis à douze, ils ne sont plus que cinq, mais en dépit de cette hécatombe, ils sont prêts à s'offrir en victimes pour que les trois élus, qu'ils distinguent à peine derrière les vitres embuées, puissent accéder au Pays de l'Age Parfait.

Ils ne le savent pas, mais cette fois Dieu veille sur la tribu. Si ça n'est pas vraiment Dieu, il agit et se manifeste à travers son serviteur.

Là-bas, de l'autre côté du cordon de sécurité, on est en plein mouroir, en plein univers concentrationnaire. Ici, c'est la zone-tampon, un entre-deux, un no man's land, une sorte de boudoir sismique où les conversations et le souvenir vont et viennent dans le chaos des destinées.

Frère Vicente se met à la recherche de son sergent. Il y a toujours la queue devant les ambulances frimeuses. Toujours des morts déversés des camions. Toujours le caterpillar en action. Toujours cette voix dans le mégaphone qui réclame un officier. Et lorsque frère Vicente, attiré par cette voix du ciel, parvient auprès des croque-morts, c'est pour voir ceux-ci – les mains tachées du sang de leur camarade – dérouler dans le vent et la pluie la Torah du roi Salomon.

Il a un choc, frère Vicente, un vrai choc au cœur.

Ils ne savent pas ce que représentent ces rouleaux trouvés dans un sac à dos, ni ce que signifient ces drôles de caractères. Les uns pensent qu'il s'agit d'un dépliant publicitaire, d'une bande dessinée japonaise. Les autres, d'une farce et attrape inca, d'un rébus planétaire. Il faut dire que l'on ne distingue pas très bien. Que le sceau d'argent et d'or est terni. Que le lion, à force d'avoir séjourné en terre des Andes, a pris des airs de lama. Il faut dire que la bible des bibles est poisseuse, boueuse. Dire que les tables de la Loi sentent l'odeur du boucané. Dire que les chiques de huachuma mêlées à la viande séchée et aux patates écrasées, répandues sur le précieux parchemin, ne mettent pas en valeur, et c'est tant mieux, la relique.

Emu, frère Vicente voudrait se recueillir et prier son Dieu. Mais frère Vicente fait exactement l'inverse. Il se précipite, vociférant, insultant, maudissant ces trop curieux croque-morts.

S'étant saisi des précieux rouleaux, frère Vicente se calme. Il explique que ces affaires lui appartiennent, qu'elles témoignent de l'existence d'une foi multimillénaire. Colère passée, explications données, le prêtre ferme les yeux du sergent et le bénit. Il se doute bien que son comptable n'est pas mort innocemment le sexe à la main. Il connaît trop la vie, frère Vicente, pour laisser passer une telle occasion de se surpasser dans un sermon chargé de menace. Il exhorte les soldats à la clémence et à la charité, faisant peser sur les voleurs et les violeurs le poids de tous les châtiments réunis. Il en rajoute, frère Vicente. Et comme il excelle dans le prêche, comme il est si heureux, si sûr de lui, il parvient à convaincre le gradé enfin arrivé sur les lieux qu'il serait préférable d'éviter le scandale : l'armée ne sortirait pas grandie de cette histoire de viol.

Frère Vicente, lui, est sorti vainqueur de son prêche. Du moins, le croit-il. La Torah dissimulée sous la cape noire, il s'en revient à grands pas vers le no man's land, se rapprochant de ce boudoir sismique où la mémoire va et vient dans le chaos des destinées.

Il se rappelle, frère Vicente. Il se souvient. Il avait aidé Ben Israël à localiser cette Torah dans la géographie et l'espace. Ils y avaient pensé, passé des heures et des heures, compilant, analysant des documents qui traitaient de l'Inquisition et des supplices endurés par la communauté hébraïque de Cuzco. Ensemble, de la cellule exiguë, ils avaient retracé les péripéties, interprété les sentiments, refait sur le papier l'itinéraire emprunté, ou supposé emprunté, par les amis de Luis de Montezinos. Ils avaient cru divaguer plus d'une fois, se laissant aller au découragement, mais, quand l'un flanchait, l'autre était là avec son idée fixe pour relancer l'hypothèse.

Au début, frère Vicente s'était méfié de cet homme capable d'abattre froidement le vigile d'une banque. Comme il ne pouvait confesser un prisonnier qui manifestait, et de quelle vigoureuse manière, son athéisme, puis plus tard sa judaïcité, frère Vicente, ayant engagé le dialogue et placé celui-ci sur un plan philosophique, eut bientôt la conviction que Ben Israël n'avait rien d'un tueur fou. Ça n'était pas le type capable d'abattre froidement un gardien. Il avait commis un bien mauvais hold-up, mais on lui avait fait un bien mauvais procès.

Le vigile était tombé sous les balles du complice, pas sous les siennes.

Fort de son opinion, frère Vicente s'était donc lié d'amitié et de culture avec le Français, procurant au prisonnier des ouvrages auxquels il n'aurait eu accès. L'échange avait duré quatre ans. Quatre années au cours desquelles les deux hommes avaient appris à se connaître. Embarqués sur le même bateau ivre, ils avaient remonté le temps, les mythologies, l'Histoire. Si frère Vicente n'avait pas réussi à évangéliser le prisonnier, il s'en était fallu de peu que Ben Israël, en revanche, n'ébranlât les croyances du prêtre. Frère Vicente s'était souvent demandé ce qu'il serait advenu de lui-même si le prisonnier n'avait profité, pour s'enfuir, d'une sauvage mutinerie. Il s'était félicité de l'évasion de son ami. Et cela à double titre. D'abord parce qu'il le croyait innocent. Ensuite parce qu'il avait pu se reprendre, se remettant corps et âme entre les mains du Seigneur dont il avait failli, lui aussi, s'évader.

Dès qu'elle vit le jeune Indien, Mme Menandez eut la certitude qu'il s'agissait du Lama Bleu. Un peu plus de treize ans s'étaient écoulés depuis le jour où on lui avait amené l'enfant. Sept ans déjà que Ben Israël était entré dans son hôtel de Cuzco pour y mourir le sourire aux lèvres. Et pourtant, malgré les années, les événements, les mésaventures, elle ne s'y trompait pas. Il n'existait pas dans toutes les Andes deux Quechuas de cet âge animés du même regard, habités d'un tel magnétisme.

Elle avait eu à subir bien des revers, Mme Menandez, depuis cette nuit fatale où Ben Israël s'était présenté chez elle. On l'avait accusée de complicité d'évasion, d'assistance à personne dangereuse. De fil en aiguille, de soupçons en enquêtes, les autorités avaient découvert le trafic auquel elle se livrait. On l'avait condamnée à payer une forte amende. On l'avait montrée du doigt, désignée à la vindicte populaire. Humiliée, salie, elle avait été obligée de solder l'hôtel Los Reyes à bas prix et s'était repliée sur Arequipa. Elle s'y était refait situation et réputation. Elle avait même fini par oublier toute cette sinistre affaire jusqu'au jour, il y aura bientôt huit mois de cela, où elle apprit par la radio et la télévision qu'un 747 de la compagnie Aviantina s'était écrasé contre la puna du Chiarage. Sur le coup, à chaud, elle avait été commotionnée, comme tout le monde lorsque pareil accident d'avion survient. Quelque temps plus tard, comme tout le monde, machinalement, elle avait déplié son journal habituel et s'était mise à parcourir distraitement la liste des disparus. Un nom soudain l'avait fait sursauter ; « Weinberg ». Un nom et deux prénoms : Michel et Elisabeth. Elle n'en avait pas cru ses yeux, Mme Menandez. Pas cru son journal. Elle avait couru en acheter un autre et dans cet autre diario, le nom et les deux prénoms y figuraient également. Elle s'était posé des tas de questions, des tas de problèmes. Que venaient-ils faire au Pérou ? Pourquoi leur fils ne les accompagnait-il pas ? Etait-il resté en France ? S'était-il sauvé de la maison ? Les Weinberg avaient-ils l'intention de le lui reprocher, ou bien, au contraire, désiraient-ils adopter un second enfant ?

De toute façon, les Weinberg se seraient cassé le nez à l'hôtel Los Reyes. Cela faisait sept ans qu'elle tenait une posada à Arequipa. Sept ans qu'elle avait renoncé au commerce des muchachos.

Sans affirmer que Mme Menandez vivait dans l'attente de rencontrer, un jour ou l'autre, le Lama Bleu en sa posada, dans sa rue ou sa ville, on peut dire, sans tronquer la vérité d'un esprit tourmenté, qu'elle s'attendait à une certaine confrontation avec la Providence. N'avait-elle pas reçu, voilà déjà fort longtemps, une lettre de France écrite par l'enfant qui s'inquiétait de sa bonne ou de sa mauvaise naissance ? L'enveloppe insuffisamment affranchie lui était tout de même parvenue, réexpédiée de Cuzco sur Arequipa. Elle se souvenait avoir payé un supplément de timbre au facteur. Elle n'avait pas répondu au petit Cristobal qui signait sa lettre David parce qu'on ne répond pas à ce genre de demande sans la permission des parents adoptifs, mais elle avait conservé la lettre.

Lorsque Mme Menandez aperçut l'Indien aux yeux bleus accompagné de frère Vicente, elle attendit que le prêtre se fût éloigné et chercha, pour se donner contenance, quelque médicament susceptible de soulager le vieux « père » dont il parlait.

270

Elle cherchait les médicaments, Mme Menandez. Mais, tout en fouillant dans sa trousse à pharmacie, elle examinait le jeune homme par en dessous. Il paraissait avoir le même âge que Cristobal. Il ressemblait trait pour trait à tous les petits Indiens qu'on lui avait apportés de Huacarama. Le cœur battant, elle demanda :

« Quel âge as-tu ?

– Treize ans et demi, señora.

– Et quel est ton prénom ?

– Mon prénom est Cristobal. »

Le fait qu'il s'appelait Cristobal ne prouvait pas qu'il fût son Cristobal à elle. Cristobal était un prénom très usité dans la Cordillère. Elle tourna sa phrase autrement. Et cette autre manière de traquer la vérité fit surgir le miracle. Elle dit :

« Tu es Cristobal, c'est exact. Mais je sais que tu portes un autre prénom et que ce second prénom est David ! »

Il en était resté comme paralysé, comme foudroyé. Elle avait été obligée de l'aider à monter dans la Volkswagen jaune. Elle s'était installée à ses côtés, reprenant d'une voix chargée d'émotion :

« Tu te demandes comment je le sais. Eh bien, David, je le sais parce que tu me l'as écrit. »

Ils s'étaient fait confiance et cette confiance avait éclairé beaucoup d'événements.

Le fait qu'il se soit retrouvé chez des Indiens qui pratiquaient les rites juifs n'étonnait pas Mme Menandez. On le murmurait déjà en 1975. Elle avait été mise au courant par des ouï-dire, des rumeurs que l'on prêtait à des miliciens engagés dans l'opération de nettoyage. Ce qui étonnait Mme Menandez, c'est qu'il y ait eu des survivants au village et que ces derniers, au lieu de venir alerter les bonnes gens du massacre, s'étaient crus bannis, proscrits à jamais du monde civilisé. Elle n'en revenait pas, Mme Menandez, que ces Indiens juifs aient pu résister aussi longtemps à la solitude, se barricadant au moral et au physique à l'intérieur d'une grotte. Elle se demandait pourquoi ils avaient eu si peur, pourquoi ils s'étaient ainsi entêtés à croire qu'on en voulait à leur foi, alors que cette foi n'était sans doute pas la cause de leur persécution. Elle paraissait sincère, Mme Menandez, et elle l'était. Ça n'est pas parce qu'on a troqué des bébés contre du pisco ou de la coca que son âme en reste pervertie la vie durant. Mme Menandez se disait que son pays était une grande nation démocratique et que, s'il y avait eu effectivement des exactions commises envers cette population, la faute n'en incombait pas forcément à son gouvernement. Et Mme Menandez n'avait pas tout à fait tort. Le gouvernement s'était tenu à l'écart du massacre. La faute du gouvernement était d'avoir fermé les yeux et les oreilles alors qu'une bande de miliciens fanatiques s'engageait dans le sillage de l'armée régulière. La troupe était montée s'emparer de l'étranger, pas du Messie. Elle était montée pour reprendre le prisonnier évadé et non pour mettre à sac le village. Seulement voilà..., derrière la troupe suivaient les irréductibles...

Ils avaient donc tenu le coup sept ans à l'intérieur de cette grotte. Ils y avaient cultivé une véritable maladie de la persécution, et cette névrose, entretenue par les images horribles de la calamité qui s'abattit sur Huacarama, avait fini par gagner le Lama Bleu et sa sœur Evelyne.

David reconnaissait qu'ils avaient été contaminés. Il en convenait, accordant à Evelyne davantage de lucidité qu'il n'en avait eu lui-même. Il avait été gouroufié, épidémié par Nemessio. Et puis, à son tour, il avait communiqué la contagion à Evelyne.

David faisait confiance à Mme Menandez, car elle était la dernière personne à avoir vu son père vivant. Mais David ne lui disait pas tout. Comment aurait-il pu expliquer à cette dame de la ville, à cette chrétienne repentie, persécutée, elle aussi, pour avoir reçu, un soir, Ben Israël chez elle, qu'il n'était pas qu'un simple Lama Bleu, qu'un gentil et triste Quechua européanisé par un heureux hasard qu'elle avait elle-même poussé un peu du coude. Oui, comment lui expliquer, à cette dame, qu'on lui avait prêté, malgré lui, un pouvoir divin. Qu'il était à la fois Inkarri et Yinnon et que les deux pauvres personnes qui attendent dehors comptent toujours sur lui pour les mener en terre de Sion. Il est désintoxiqué, d'accord, mais il se sent responsable. Il y a eu trop de morts, trop de sacrifiés. Ils ont trop cher payé pour stopper ici leur déplacement messianique.

David n'osait demander à Mme Menandez qu'elle les conduise à Mollendo, le port d'Arequipa. Ils étaient sans papiers, sans identités, sans argent, sans autres ressources que celle d'émigrer en Israël. Rien ne les retenait au pays, pas même la terre qui les avait rejetés loin d'elle. Comment expliquer à cette dame que le terremoto ne les avait pas précipités l'un vers l'autre comme elle se plaisait à le croire. Comment lui expliquer que leur présence en ce camp de réfugiés n'était qu'une étape. Qu'ils s'étaient mis en route bien avant que la terre ne se fâche.

Il en était là, David, de ses réflexions et de ses interrogations. Il en était là, dans cette voiture jaune en compagnie d'une dame qui l'avait acheté et vendu, sans se décider à avouer toute la vérité, rien que la vérité, comme on le dit dans les tribunaux. Il était là serré contre Evelyne et Saül. Il était là bloqué dans son exode avec une sœur dont il était le mari, avec une femme dont il était le frère. Ils étaient là tous les deux, accompagnés d'un enfant qu'ils n'avaient pas conçu, d'une mère qu'il n'avait pas choisie et d'un vieillard exceptionnel qui l'avait lui-même amené, treize ans plus tôt, chez cette dame. Il était là, David, avec tous ces gens sur le dos, sans savoir comment il allait assumer sa charge, quand arriva brusquement frère Vicente.

Il était excité, illuminé, rayonnant. Il déposa le Sefer-Torah sur les genoux de David et dit :

« Je sais qui tu es, mon fils, et ces tables de la Loi judaïque sont les tiennes. C'est moi, frère Vicente, aumônier de la prison d'Ayacucho, qui ai guidé les pas de ton père vers ces livres saints. »

David crut qu'il allait défaillir. Encore un qui savait. Encore un qui connaissait Ben Israël. Et d'où sortaient ces rouleaux si semblables à ceux qu'il gardait dans son sac à dos ? Il faillit s'en prendre à Evelyne d'avoir osé abandonner le Sefer-Torah, leur seul trésor, leur seul passeport. Mais lorsqu'il sut ce qu'Evelyne avait subi, ce que Saül avait accompli et que la partera n'était plus, il craqua.

Il s'était mis à pleurer comme un gosse, comme le gosse qu'il était redevenu. Et tout le monde avait repris à son compte les larmes de David. Ceux qui croyaient aux miracles comme ceux qui n'y croyaient pas.

CHAPITRE IX

On avait invité Melchora et Nemessio à monter dans la Volkswagen jaune.

Ils s'y étaient entassés à sept. Et sur ces sept personnes de sang, d'origine et de condition différents cinq d'entre elles étaient profondément marquées par l'empreinte de Ben Israël.

Frère Vicente et la señora Menandez se fréquentaient de longue date. Il était son confesseur. Elle était la bienfaitrice de ses pauvres, mais ni l'un ni l'autre, en dépit des confidences et des relations amicales, n'avait été amené, jusqu'ici, à évoquer les liens qui les unissaient à l'étranger.

En sa qualité d'aumônier de la prison d'Ayacucho, il avait eu la charge du prisonnier, de ce prisonnier évadé qu'elle avait elle-même hébergé l'espace d'une nuit. En aidant Ben Israël à trouver le chemin de Huacarama, frère Vicente ne lui avait-il pas déjà envoyé et confié le petit Lama Bleu qui les réunissait aujourd'hui ? N'avait-elle pas, d'ailleurs, compris le message du prêtre et œuvré pour que cet enfant du miracle puisse prendre essor et envergure à partir d'un monde moins cruel que ne l'est le monde andin ?

Le prêtre et la matrone, ces associés de l'impossible, n'étaient-ils pas soumis à leur insu au pouvoir de Ben Israël comme ils l'étaient depuis toujours à ceux des Auquis et des Apus ? N'avaient-ils pas travaillé en secret pour que surgisse enfin des entrailles de la terre, à la faveur d'un terrifiant terremoto, cet enfant souverain dont ils subissaient l'étrange ascendant ?

Ils s'étaient posé sincèrement ces questions. Ils s'étaient regardés au fond des yeux et des cœurs. Et, comme les réponses convergeaient toutes vers l'hypothèse du miraculeux, ils avaient décidé d'aider ces Hébreux à gagner la terre promise.

Au volant de la voiture, Mme Menandez fonçait sur Mollendo. Elle aurait voulu passer par Arequipa et s'arrêter chez elle. On y aurait fait la fête. On s'y serait restaurés. Elle aurait montré à David sa lettre qu'elle avait conservée. Bref, ils auraient célébré dans la ferveur et la ripaille cet événement extraordinairement spirituel. Et les choses se seraient certainement déroulées de cette façon si l'officier, un instant ébranlé par le prêche de frère Vicente, n'avait quand même ordonné l'ouverture d'une enquête.

Comme les soldats commençaient à interroger durement les réfugiés et que le mégaphone réclamait d'urgence l'aumônier au P.C., David insista pour filer tout de suite plutôt que de risquer d'être à nouveau jetés en camp de concentration.

Le prêtre avait pris l'enfant dans ses bras. Il l'avait serré, embrassé, béni. Ils s'étaient promis de s'écrire. Promis de se suivre. Promis la fidélité éternelle. Pour donner à leur promesse la valeur symbolique qu'elle exigeait, ils avaient juré sur la Torah et baisé avec ferveur le sceau du roi Salomon. Et, tandis que Mme Menandez, aidée de quelques bonnes bourgeoises d'Arequipa, parvenait à dégager l'automobile, frère Vicente, les larmes aux yeux, la croix sur l'épaule, se rendait à la convocation de l'officier.

Bien sûr que Mme Menandez regrettait le sergent Benavidès. Bien sûr qu'elle allait devoir consoler sa mère, une brave voisine qu'elle emploie parfois comme servante. Mais que s'était-il donc passé dans la tête de Miguelito pour qu'il s'en prenne aussi sauvagement à Evelyne ? Mme Menandez pense qu'Evelyne aurait dû se défendre, se faire reconnaître. Jamais Miguelito n'aurait osé violer une étrangère. Elle le pense et le dit :

« Pourquoi la jolie señorita ne s'est-elle pas défendue ?

– Qu'est-ce qu'elle dit ?

– Elle demande pourquoi tu ne t'es pas défendue.

– Tu le sais très bien, David, pourquoi. Est-ce qu'on peut se défendre sans crier ?

– Et pourquoi n'as-tu pas crié ?

– Mais parce que j'étais muette. Imbécile !

– Qu'est-ce qu'elle raconte ?

– Elle dit qu'elle était muette.

– Et pourquoi la señorita était-elle muette ? »

Mme Menandez ne comprend pas très bien. L'âme indienne la dépasse, mais quand l'âme indienne est doublée d'une âme juive, alors là, elle se sent complètement débordée.

Crispée sur son volant, elle jette un regard à Nemessio. Elle ne l'aurait pas reconnu. Il a vieilli de cent ans. Elle aime bien Nemessio. Le bonhomme l'impressionne. Elle ne le savait pas capable de tant d'abnégation :

« Rends-toi compte, petit père. Tu as cru pendant des années qu'on t'accusait des pires crimes. Tu as cru qu'on en voulait à ta vie, à ta race. Tu t'es réfugié dans la haute montagne. Tu as protégé les tiens. Tu en as fait des hommes invisibles, des êtres inabordables. Tu les as élevés dans une nouvelle religion. Eh bien, vois-tu, petit père, je voudrais te dire une chose.

– Dis-le, señora. Dis-le donc.

– Tu étais innocent, Nemessio. Personne n'avait rien contre toi. Tu aurais pu rester caché jusqu'à la fin des jours. Seulement tu es sorti. Tu as quitté ta montagne. Tu t'es mis en route pour une terre sans Mal et, chemin faisant, le mal est arrivé.

– Le mal est arrivé. Oui, petite mère. Nous sommes partis à douze, nous ne sommes plus que cinq. Et si la pauvre Agustina n'était venue à mon secours je ne serais même pas là pour te répondre.

– Ça n'est pas ce que je veux dire, Nemessio.

– Moi, je sais ce que la señora veut dire, lance David. Elle veut dire qu'il faut se presser. Elle veut dire que maintenant nous sommes recherchés pour un vrai crime. Un crime que nous avons réellement commis. »

Mais Melchora ne l'entend pas de cette façon :

« De quel crime parles-tu, mon fils ? Qui est l'assassin ? Celui qui viole ou celui qui tue le violeur ? Qui est le plus désarmé : le soldat ou l'enfant ? Celui qui possède la mitraillette ou celui qui possède la chaquitaclla ? Qui oserait accuser Saül ?

– Qu'est-ce qu'elle dit ? demande Evelyne.

– Elle dit ce qu'il faut dire, répond David.

– Merci du renseignement. J'existe, non ?

– Ne vous disputez pas, dit Nemessio. C'est de ma faute. A force de rester terrés comme des lapins, on finit par ne plus savoir courir lorsque le chasseur s'avance. »

Melchora s'indigne :

« De quel chasseur il parle, celui-là ? Qui est le lapin ? Qui est le chasseur ? Que nous chantes-tu là, Nemessito ?

– Qu'est-ce qu'elle dit ? demande Evelyne.

– Elle dit que Nemessio déconne.

– Ecoute, David. Ça suffit. Je suis ta femme. J'ai le droit de savoir !

– Qu'est-ce qu'elle dit ? demande Mme Menandez.

– Elle dit qu'elle est ma femme.

– Ta femme ?

– Enfin oui. Ma sœur. »

Il n'a pas envie de lui expliquer. Il n'a plus envie de traduire. Il espère qu'Evelyne sera plus douée pour l'hébreu que pour l'espagnol.

Ils avaient talmudé sur leur sort durant tout le trajet. C'était à coup sûr un sort hors du commun. Un de ces sorts pétri de sang et de divin, de clairvoyance et d'obscurantisme.

En apprenant que l'Inkarri Ben Israël n'avait pas été brûlé à Huacarama comme il le croyait, Nemessio avait failli être victime d'une seconde attaque et l'on dut lui tapoter les joues pour le faire revenir à lui.

Il était sidéré, Nemessio. Stupéfait d'apprendre que l'Inkarri avait été épargné. Interloqué d'apprendre qu'il avait été interné à Cuzco. Médusé d'apprendre qu'il s'était évadé. Renversé d'apprendre qu'il s'était rendu chez Mme Menandez. Abasourdi d'apprendre qu'il s'y était éteint le sourire aux lèvres. Estomaqué d'apprendre que frère Vicente avait été l'ami de Ben Israël. Etourdi de constater que si David ne s'était pas mis en quête de secours tout le monde serait passé à côté de tout le monde. Il était sidéré par l'attitude de Saül. Abasourdi par son geste. L'enfant n'était-il pas une sorte de préfiguration des générations futures ? N'allait-on pas dorénavant rendre coup pour coup, œil pour œil, dent pour dent ?

Il était stupéfait, Nemessio, interdit, épaté, baba. Mais il était heureux. Quelque chose, quelqu'un, une voix lui disait que leur odyssée touchait à sa fin. Et cette voix, qui était peut-être celle de la huanca au-dessus de laquelle il avait tenu à bout de bras le petit Cristobalito, l'informait que là-bas frère Vicente se défendait comme un diable, brouillant les pistes et les esprits.

Evelyne et David dormaient. Ils étaient joue contre joue, main dans la main. Ils tendressaient sans questionner, sans traduire. Mme Menandez les préférait à la route. Elle les trouvait plus beaux que le paysage. Plus émouvants que le petit matin.

Les autres ne dormaient pas. Ils regardaient, ils interprétaient. Ils n'étaient jamais montés dans une voiture. Ils n'avaient jamais goûté à l'ivresse de la vitesse. En fait d'ivresse, les deux adultes ne connaissaient que celle de l'aguardiente et de la coca. Saül n'en éprouvait aucune. Il était frêle et froid, flexible et affûté comme une lame d'acier. Mme Menandez le craignait. Elle ne l'aurait pas acheté. Trop difficile à revendre. Elle le craignait, mais elle augurait de son avenir. Il est de la race des meneurs d'hommes, de l'espèce des Inkarris. Il n'a que sept ans, Saül, mais attention ! il menace l'avenir.

Ils n'avaient jamais vu de grande ville. Ils n'étaient jamais descendus en basse Cordillère. Ils n'avaient jamais traversé les contreforts désertiques. Ils ignoraient les dunes, les étendues blanches, les bêtes faméliques, les squelettes entassés à même le sable pareils aux Apachetas, à croire que les animaux ont déposé là leurs carcasses en offrande.

Ils n'ont jamais aperçu la mer. Jamais vu de bateaux. Jamais imaginé que le soleil puisse se refléter dans l'eau d'un fleuve aussi large. Ils n'ont jamais vu d'horizon aussi plat. Ils ne sont jamais allés aussi loin. Ils n'ont jamais été aussi vite. S'ils savent en quelles circonstances et à quel prix ils sont arrivés jusqu'ici, ils ne s'inquiètent nullement de savoir comment ils vont en partir. Ça ne les concerne plus. C'est à Yinnon d'amarrer le navire au soleil. A Yinnon de souffler sur les vagues. A

Yinnon de construire son pont d'or. A Yinnon de faire apparaître enfin les murailles de Jérusalem.

Ils ont raison de se reposer sur lui. Leur Yinnon se débrouille comme un chef. Il est Messie, David, et il le prouve. Ne ramène-t-il pas en terre promise le Sefer-Torah du roi Salomon ?

A en juger par son nom, le bateau à bord duquel ils sont montés leur a été providentiellement désigné, comme si le grand aïeul Manassé Ben Israël continuait, de sa tombe, sa fascinante démonstration.

Le cargo s'appelle *Tiqvat-Israël.* Tiqvat, cela veut dire « espérance ». Il porte donc, ce navire, le plus beau nom des noms. Le fait qu'il soit chargé à ras bord de guano n'enlève rien à son prestige. Il s'en dégage une odeur épouvantable. C'est pire que la pulpe, pire que le lisier, mais ça sent bon quand même la liberté.

Le commandant n'en croit pas ses yeux. Il n'a jamais vu Torah si ancienne. Parchemin si bien calligraphié. Texte si bien inspiré. Sceau si bien travaillé. Il n'a jamais vu non plus une bande de Juifs aussi crasseux, un prophète aussi indien, des Indiens aussi enjuivés. Ils disent s'être égarés. Ils disent que les Assyriens en sont la cause. Ils disent qu'on les croyait perdus pour toujours. Ils disent marcher depuis des millénaires. Ils disent avoir subi maintes persécutions. Avoir eu beaucoup de morts. Ils disent n'en plus pouvoir.

L'autre femme dit exactement la même chose. Elle est pourtant bien mise, la dame, belle allure, bonne santé, bien propre, l'air tout à fait normal. Elle possède même une voiture, la dame. Elle voudrait la monnayer contre son voyage. Oh ! bien sûr, elle n'est pas juive. Mais elle le deviendra. N'est-elle pas déjà à moitié convertie? N'a-t-elle pas abrité le Messie lorsqu'il était tout gamin?

Ça alors! Il n'en revient pas, le commandant. Il est vieux. Il est fatigué. Presque aussi vieux et fatigué que Nemessio. Il honorait son dernier contrat. Il est venu de l'autre bout du monde charger le guano. Il a essuyé la tempête. Il a mis son navire au radoub. Il a bouffé du pélican jusqu'à l'indigestion. Il a un fils tankiste, une fille chimiste. Il en a vu de toutes les couleurs, le commandant. Il a fait trois guerres. Il a été blessé, il a été médaillé, il a été persécuté, il a été persécuteur. C'est un bon Juif. Il est croyant. Pas fanatique, juste ce qu'il faut pour mériter de vivre honnêtement.

Il regarde le jeune homme dans les yeux, le commandant. Il n'a jamais vu une telle limpidité, une telle couleur, une telle détermination. Nom de Dieu! pense le commandant. Et si c'était vrai? S'ils étaient les descendants des tribus perdues d'Israël?

Il hésite, le commandant. Il examine la jeune fille. Elle est blonde. Une vraie sabra. Elle ressemble à sa fille Esther. Et puis il y a le petit. Quel âge a-t-il, ce môme? Pourquoi est-il si dérangeant?

Il tourne autour du groupe, le commandant. Il réfléchit. Il hume l'air du large. Il a besoin de respirer, d'y voir clair. Il cherche l'inspiration, sa sagesse, la lumière. Ah! comme il aimerait entendre, une fois dans sa vie de marin, la voix de Dieu percer la voûte céleste! Il se recueille, le commandant. Il espère un conseil, un signe.

Et cette voix, miracle, il l'entend.

La voix ne vient pas du ciel. Elle y monte. C'est celle de David. Elle est forte, la voix. Elle mue et elle remue. Elle est chaude, vibrante. Et à la voix de David se mêlent soudain toutes les autres voix:

« Chemah Israël, Adonaï Elohenou, Adonaï

ehad. Ecoute Israël. Adonaï est notre Dieu. Adonaï est Un. »

C'était le bon signe. La bonne étoile, la bonne parole. Peu importait au commandant que Mme Menandez, agenouillée sur le pont, priât la Sainte Vierge au lieu de prier le Dieu des Juifs.

Le cargo *Tiqvat-Israël*, bourré à craquer de guano, n'était-il pas devenu en l'espace de quelques secondes l'Arche d'Alliance où se mêlaient harmonieusement, sous le regard bienveillant des grands ancêtres incas, les Ave Maria et les Chemah Israël...

DU MÊME AUTEUR

« Composition réalisée en ordinateur par IOTA »

IMPRIMÉ EN FRANCE PAR BRODARD ET TAUPIN
58, rue Jean Bleuzen - Vanves - Usine de La Flèche.
LIBRAIRIE GÉNÉRALE FRANÇAISE - 14, rue de l'Ancienne-Comédie - Paris.
ISBN : 2 - 253 - 03448 - 7